THORSTEN POLLEIT

MIT GELD ZUR WELTHERRSCHAFT

Warum unser Geld uns in einen dystopischen Weltstaat führt – und wie wir mit besserem Geld eine bessere Welt schaffen können

FBV

Bibliografische Information der Deutschen Nationalbibliothek
Die Deutsche Nationalbibliothek verzeichnet diese Publikation in der Deutschen Nationalbibliografie. Detaillierte bibliografische Daten sind im Internet über http://dnb.d-nb.de abrufbar.

Für Fragen und Anregungen
info@finanzbuchverlag.de

Originalausgabe, 1. Auflage 2020

Nymphenburger Straße 86
D-80636 München
Tel.: 089 651285-0
Fax: 089 652096

Redaktion: Matthias Michel
Umschlaggestaltung: Pamela Machleidt, München
Umschlagabbildung: Shutterstock/DrAndY
Satz: Carsten Klein, Torgau
Druck: GGP Media GmbH, Pößneck
Printed in Germany

ISBN Print 978-3-95972-304-6
ISBN E-Book (PDF) 978-3-96092-562-0
ISBN E-Book (EPUB, Mobi) 978-3-96092-563-7

Für meinen Vater
Dr. Horst E. Polleit

1934–2018

»A global economy requires a global currency.«

— Paul Volcker

»Die Menschen verdrießt's, daß das Wahre so einfach ist.«

— Johann Wolfgang von Goethe

»Es ist niemals zu spät, vernünftig und weise zu werden; es ist aber jederzeit schwerer, wenn die Einsicht spät kommt, sie in Gang zu bringen.«

— Immanuel Kant

Stimmen zum Buch

»Sozialismus beruht auf bürokratischer Planung. Dies bedeutet eine Einschränkung persönlicher Freiheit. Der Traum nach Gleichheit, ein Ziel auch des demokratisch verbrämten Sozialismus, lässt sich nur durch Zwang erzielen. Mit klarer Logik zeigt Thorsten Polleit in diesem bedeutenden Werk die Ziele und Wege des demokratischen Sozialismus zu einem global geplanten Staat, beherrscht von einer ›Nomenklatura‹. Mit überzeugender Logik zeigt er aber auch die freie Marktwirtschaft als überlegene Alternative. Ein faszinierendes Buch!«

— S.D. Prinz Michael von und zu Liechtenstein

»Ein ganz großer Wurf.«

— Professor Dr. Hans-Hermann Hoppe,
The Property and Freedom Society

»Gibt es einen Zusammenhang zwischen politischer Zentralisierung, Masseneinwanderung und dem Streben nach einem gemeinsamen Geld? Ja. Thorsten Polleit entlarvt mit bestechender Logik die destruktive Kraft des demokratischen Sozialismus, seiner Instrumente und seines Strebens nach Weltherrschaft. Ein aufklärendes und warnendes Buch zugleich. Dringende Leseempfehlung!«

— Malte Fischer, Chefvolkswirt der WirtschaftsWoche

»A minimum of theoretically sound knowledge that enables us to grasp the content, the significance and the impact of the dominant socio-economic systems of our times is the precondition of any meaningful discussion. All readers, whatever their political views, will find much to stimulate their thinking in Thorsten Polleit's new book. His breadth and scope, the stark nature of his arguments and his eye for absurdity will provoke both thought and emotions. Polleit, once again helps us think more clearly about today's pressing issues«.

— Kurt R. Leube, Academic Director of The European Center of Austrian Economics

»Wer verstehen will, was in Politik und im internationalen Geldsystem wirklich passiert, muss dieses Buch lesen!«

— Andreas Marquart, Vorstand des Ludwig von Mises Institut Deutschland

Inhalt

EINLEITUNG

Um was es in diesem Buch geht

»Eine jede Handlung ist recht, die oder nach deren Maxime die Freiheit der Willkür eines jeden mit jedermanns Freiheit nach einem allgemeinen Gesetze zusammen bestehen kann.«

– Immanuel Kant

Am 18. Juni 2019 verkündete der US-amerikanische Social-Media-Gigant Facebook, er wolle Mitte 2020 eine *Weltwährung* herausgeben. *Libra* soll sie heißen. Große US-Unternehmen stehen hinter dem Vorhaben, wie zum Beispiel Mastercard, Visa, PayPal, Stripe, eBay, Coinbase, Andreessen Horowitz und Uber. Bahnt sich eine globale *Geldrevolution* an? Gibt es bald eine Weltwährung, die von privaten Unternehmen angeboten wird? Am 23. August 2019 erklärte der Gouverneur der Bank von England, Mark Carney, die Abhängigkeit der Finanzmärkte und der Volkswirtschaften vom US-Dollar müsse verringert werden. Dazu regte er an, dass die Zentralbanken eine gemeinsame digitale Weltwährung (die »Synthetic Hegemonic Currency«) herausgeben.

Diese aktuellen Vorstöße sind Steilvorlagen für das vorliegende Buch. Denn sie deuten darauf hin, wie praxisrelevant und zeitkritisch die Gedanken sind, die in ihm ausgebreitet werden. Ihnen liegt eine zentrale Einsicht zugrunde: Gäbe es weltumspannend ein System freier Märkte, in denen jeder ungehindert das kaufen kann, was er zu kaufen wünscht, und in denen die Produzenten ungehindert das produzieren können, was die Konsumenten nachfragen, dann gäbe es auch einen *freien Markt für Geld*, und es würde sich – durch eine freiwillige Übereinkunft aller Beteiligten – ein einheitliches *Weltgeld* herausbilden.

Denn das wäre ökonomisch optimal. Wenn nämlich alle Menschen der Welt das gleiche Geld verwenden, wird die produktive Wirkung des Geldes bestmöglich ausgeschöpft: Die mit Geld ausgeführte *Wirtschaftsrechnung* – das Rechnen mit Geldpreisen, das Kalkulieren – wird so für alle *optimiert*. Mit einem freiwillig gewählten Weltgeld würden die weltweite Arbeitsteilung, die Ergiebigkeit der Produktion und der Welthandel bestmöglich gefördert – und damit auch die friedvolle und produktive Kooperation der Menschen national wie international.

Was man derzeit auf diesem Planeten vorfindet, ist aber *kein* System freier Märkte, sondern ein gehemmtes, ein gegängeltes Wirtschafts- und Gesellschaftssystem: Ob Erziehung, Bildung, Transport, Gesundheit, Recht, Sicherheit, Altersvorsorge, Umweltschutz und vor allem auch Geld und Kredit – alles ist von den Staaten ganz maßgeblich (mit-)bestimmt und (mit-)gesteuert. Nichts geschieht ohne ihre Zustimmung, Vorgaben und Gebote – ob in den USA, Europa, Japan oder Lateinamerika. Das ist kein Zufall: Sie alle eint der *demokratische Sozialismus*. Er ist in den letzten Jahrzehnten zur weltweit mächtigsten politischen *Ideologie* aufgestiegen.

Der demokratische Sozialismus hält alle, die ihm folgen, dazu an, das System der freien Märkte nach und nach aufzuheben und es durch eine staatliche Lenkungs- und Befehlswirtschaft, eine geplante Wirtschaft zu ersetzen. Hinter ihm haben sich viele Interessen versammelt, die teilweise ganz unterschiedliche Ziele zu verfolgen scheinen: Befürworter des Wohlfahrtsstaates, soziale Marktwirtschaftler, Interventionisten, Antikapitalisten, christliche Sozialisten, Staatssozialisten, Syndikalisten, Kulturmarxisten, Umweltaktivisten und Ökologisten, politische Globalisten, Keynesianer und wie sie alle heißen. Was sie vereint, ist die Bereitschaft oder das ausdrückliche Ziel, das System der freien Märkte – beziehungsweise das, was von ihm noch übrig ist – zu zertrümmern.

Das Programm des demokratischen Sozialismus ist nicht national oder auf Regionen beschränkt. Von seinem Wesen her beansprucht es *weltweite Geltung*, zielt auf *Weltherrschaft* ab, eine *Weltregierung*, einen *Weltstaat*, in der Diktion des Philosophen Karl Jaspers (1883–1969) die »Friedensruhe einer Despotie«.[1] Der Weltstaat, der in diesem Buch thematisiert wird, kommt im Kern dem gleich, was Jaspers als *Weltimperium* bezeichnet:

> *[Es] ist der Weltfriede durch eine einzige Gewalt, die von einem Orte der Erde her alle bezwingt. Es hält sich aufrecht durch Gewalt. Sie formiert durch Totalplanung und Terror die nivellierten Massen. Einheitliche Weltanschauung wird in simplen Grundzügen allen durch Propaganda aufgezwungen. Zensur und Lenkung der geistigen Tätigkeiten zwingt diese in den jeweiligen, jederzeit modifizierbaren Plan.*[2]

Die Erkenntnis, die sich aus den Ausführungen der folgenden Kapitel ergibt, ist: Die Befürworter des demokratischen Sozialismus arbeiten – manche bewusst, viele vermutlich unbewusst – auf die Schaffung einer *Weltregierung*, eines *Weltstaates* hin. Doch das wird sich nur erreichen lassen, wenn zuvor ein einheitliches *Weltgeld* aus der Taufe gehoben wird, das die Staaten kontrollieren. Die Aussicht, dieses Vorhaben könnte den Sieg davontragen, muss jeden beunruhigen, der Freiheit und Wohlstand für sich und seine Mitmenschen wünscht. Ein Weltstaat, aufgebaut auf den Prinzipien des demokratischen Sozialismus, ist eine *Dystopie*, sie würde politische Tyrannei und wirtschaftliche Verelendung bedeuten, für unzählige Menschen auf der Welt vermutlich sogar den Hungertod.

Es handelt sich hier im Grunde um nichts anderes als um das Bestreben, eine *Einheitszivilisation* zu schaffen, bei der sich sogleich das biblische Bild des *Turmbaus zu Babel* einstellt (Gen. 11, 1–9). Die Menschen versuchten schon einmal, die *eine* Welt zu schaffen durch die Macht des eigenen Könnens. Mit dem Bau eines Turms, der bis in den Himmel reichen sollte, wollten sie selbst an die Schaltstellen der Macht gelangen und zum Göttlichen vorstoßen. Doch Gott verhinderte das, weil er sah, dass die Menschen drauf und dran waren, durch ihre Selbstüberhebung ihr Eigentliches und Eigenes zu verlieren; dass ihr moralisches Vermögen nicht Schritt hielt mit ihrem technischen Vermögen; die moralische Kraft war nicht mitgewachsen mit der Fähigkeit der Menschen, zu machen und zu zerstören. Gott schritt gegen diese Art von Vereinigung ein und schaffte eine andere Welt: nicht eine der Uniformität, sondern eine Welt der Vielfalt, in der sich die Menschen in ihrer Individualität zur Einheit verbinden können.

Die Gedanken, die zu dieser Einschätzung führen und die in diesem Buch ausgeführt werden, beanspruchen, streng *handlungslogisch* oder *apriorisch* zu sein. Was ist damit, mit dem Begriff *a priori*-Theorie gemeint? Der Begriff *a priori* besagt, dass etwas evident ist, dass es als erfahrungsunabhängig wahr und allgemeingültig angesehen werden kann, wie beispielsweise die Aussage »Wenn *a* größer ist als *b*, und *b* ist größer als *c*, dann ist auch *a* größer als *c*«. Der Begriff *Theorie* bezeichnet ein *System* wissenschaftlich begründeter Aussagen, das Ausschnitte aus der Realität abbildet und die zugrunde liegenden Gesetzmäßigkeiten erklärt und schlüssig miteinander verbindet.

Mithilfe der *a priori*-Theorie kann die Expansionsdynamik des demokratischen Sozialismus, der sich seit Jahrzehnten zur weltweit vorherrschenden Ideologie vorgearbeitet hat, aufgedeckt werden: Sie kann verständlich machen, wie der demokratische Sozialismus den Staat prägt; warum der Staat das Geldmonopol beansprucht, und auf welchen Wegen er es erlangt; wie er mit der Hoheit über das Geld das Wirtschafts- und Gesellschaftsleben beeinflusst; wohin es führt, wenn der schon seit Jahrzehnten beschrittene Weg unbeirrt weitergegangen wird. Unter diesem Gesichtspunkt behaupten die in diesem Buch ausgeführten Gedanken, eine verlässliche *bedingte* Zukunftsskizze bereitzustellen.

Die *a priori*-Theorie kann ebenfalls dazu dienen, den möglichen Gegenentwurf zum demokratischen Sozialismus zu skizzieren: die *Privatrechtsgesellschaft*. Sie ist der konsequente Aus- und Lösungsweg, um dem zerstörerischen Wirken des demokratischen Sozialismus ein Ende zu setzen.

Der Weltherrschaftsanspruch des demokratischen Sozialismus bedeutet nicht, dass er notwendigerweise in die Tat umgesetzt wird beziehungsweise realisiert werden kann. Es gibt so gesehen keinen zwingenden Grund, in Pessimismus zu verfallen. Gleichwohl muss sich Wesentliches im Denken und Handeln der Menschen ändern, damit der demokratische Sozialismus letztlich nicht doch den Sieg davonträgt und zur Weltherrschaft gelangt.

Letztlich sind es die *Ideen* (oder: *Theorien*), die das Handeln der Menschen leiten. Die Ideen bestimmen, was als gut und böse, als gerecht und ungerecht, als machbar und unmöglich angesehen wird. Menschliches Handeln wird allerdings nur dann erfolgreich sein, wenn die Ideen, die es anleiten, vereinbar sind mit den *Gesetzmäßigkeiten*, die es unzweifelhaft im Bereich des menschlichen Handelns gibt. Entscheidend ist es daher, die heute vorherrschenden Ideen zu verändern, wenn die *Dystopie* eines politischen Weltgeldes und eines Weltstaates verhindert werden soll. Das erfordert, die herrschenden Ideen in einem rigorosen intellektuellen Diskurs auf den Prüfstand zu stellen und sie, wenn sie der kritischen Prüfung nicht standhalten, als falsch zu entlarven und auszusortieren.

In diesem Buch dient die *Logik des menschlichen Handelns* als unparteiische Beurteilungsinstanz, um die Konsequenzen, die Entwicklungsdynamik des demokratischen Sozialismus zu erfassen und abzuschätzen; dabei werden die konkreten Umstände, die der demokratische Sozialismus vorfindet und die er selbst herbeiführt, berücksichtigt.

Dieses Buch richtet sich vor allem an Nicht-Ökonomen, an interessierte Laien. Vielleicht spricht es aber auch meinungsfeste

Fachleute an, die sich den hier ausgebreiteten Argumenten gegenüber öffnen und sie dann weitertragen wollen. In jedem Falle hoffe ich, dass für alle Interessierten die Lektüre dieses Buches ein Gewinn ist – dass es erhellend ist und dazu anregt, vorgefasste Meinungen in kritischer Weise herauszufordern und zu überdenken.

Ich danke an dieser Stelle vielen Menschen, ohne deren Einfluss, Kritik, Rat, Ermutigung und Herausforderung dieses Buch vermutlich nicht entstanden wäre. Es sind zu viele Namen, als dass ich sie hier angemessen aufführen und würdigen könnte. Ausdrücklich und ganz besonders möchte ich an dieser Stelle jedoch meiner Frau Dr. Ruth Polleit-Riechert danken: für ihre Unterstützung, ihr Verständnis und ihre unerschütterliche Liebe.

Thorsten Polleit
Königstein i. T., Oktober 2019

Zusammenfassung

Einleitung: Um was es in diesem Buch geht

Der demokratische Sozialismus – die heute weltweit dominierende Ideologie – strebt einen Weltstaat an. Der Weg dorthin erfordert die Schaffung eines einheitlichen Weltgeldes. Das wäre zweifelsohne eine Dystopie. Kann sie Realität werden? Und wenn ja, wie lässt sie sich abwenden? Dieses Buch will Antworten auf diese Fragen finden.

Teil 1: Vorarbeiten

1. Über das richtige Denken: *die Logik*

Die Argumente in diesem Buch beanspruchen, streng handlungslogisch zu sein. Zum besseren Verständnis werden daher zunächst ein paar Grundlagen der Logik – der Lehre vom richtigen Denken – vorgetragen. Sie zeigen die Möglichkeit auf, von einer unbestechlichen Urteilskraft Gebrauch machen zu können.

2. Was man zweifelsfrei weiß: *Der Mensch handelt*

Der Satz »Der Mensch handelt« ist logisch unbestreitbar wahr, er gilt a priori. Aus ihm lassen sich weitere wahre Aussagen ableiten – sogenannte Handlungskategorien –, die helfen, die polit-ökonomischen Fragestellungen, die in diesem Buch aufgeworfen werden, unparteiisch zu durchdenken.

3. Was sich nicht wegdenken lässt: *das Privateigentum*

Das Privateigentum ist keine willkürlich gesetzte Größe, wie viele meinen. Es ist eine Kategorie des menschlichen Handelns und lässt sich nicht widerspruchsfrei in Abrede stellen; der unbedingte Respekt vor dem Eigentum erweist sich zudem als ethisch überzeugende Handlungsnorm.

4. Geschichte deuten: *die Rolle der Theorie*

Wer die Geschichte verstehen will, muss notwendigerweise auf Theorien zurückgreifen; es gibt kein theorieloses Erfassen der Realität. Die Erkenntnisse, die die a priori-Theorie bereitstellt, sind eine unverzichtbare Zutat, um geschichtliche Ereignisse unvoreingenommen deuten zu können.

5. Triebfeder der Zivilisation: *das Glück der Ungleichheit*

Die Voraussetzung für eine friedvolle und produktive Kooperation und wirtschaftlichen und kulturellen Fortschritt der Menschen ist ihre Ungleichheit in Bezug auf ihre Fähigkeiten und Ziele. Das ist ebenfalls eine handlungslogische Einsicht, und sie erklärt den Zivilisierungsprozess der Menschheit.

6. Die Perfektionierung des Tauschens: *das Geld*

Die moderne, arbeitsteilige Wirtschaft und Gesellschaft werden in besonderem Maße befördert, wenn die Menschen Geld verwenden. Das Geld ist spontan im freien Markt, ohne Dazutun eines Staates, entstanden, und ein Geld für die Welt wäre ökonomisch optimal.

7. Die dezivilisierende Kraft: *der Staat*

Der Staat (wie wir ihn heute kennen) ist ein territorialer Zwangsmonopolist mit Letztentscheidungsmacht über alle Konflikte in seinem Gebiet. Er löst nicht etwa zwischenmenschliche Konflikte, er ist vielmehr die Ursache für viele und zunehmende gesellschaftliche Streitigkeiten.

8. Staat und Geldverschlechterung: *vom Waren- zum Fiat-Geld*

Aus Eigeninteresse beschafft sich der Staat (wie wir ihn heute kennen) das Monopol über die Geldproduktion, und er ersetzt per Zwang das Warengeld durch sein eigenes Fiat-Geld. Dadurch weitet er seine Macht gewaltig aus, wird dadurch im Grunde unkontrollierbar groß.

9. Anatomie einer Zerrüttung: *Was Fiat-Geld anrichtet*

Das staatliche Fiat-Geld leidet unter ökonomischen und ethischen Defekten: Es behindert den wirtschaftlichen Fortschritt und ist sozial ungerecht. Das Fiat-Geld führt zu einer »Umwertung aller Werte«, es ist mit einer freiheitlichen und prosperierenden Wirtschaft und Gesellschaft nicht vereinbar.

10. Eine destruktive Ideologie: *der demokratische Sozialismus*

Der demokratische Sozialismus ist weltweit zur beherrschenden Ideologie aufgestiegen. Auf vielfältigen Wegen relativiert und untergräbt er das Eigentum, lässt den Staat immer mächtiger werden und zerstört damit die Bedingungen für das freiheitliche und prosperierende Gesellschafts- und Wirtschaftsleben.

11. Folgeabschätzungen: *ein Fall für die a priori-Theorie*

Um die Folgen von menschlichen Handlungen verlässlich abzuschätzen, lässt sich auf die a priori-Theorie zurückgreifen: Mit ihr lassen sich bedingte, unter konkreten Bedingungen geltende Zukunftsaussagen ableiten; und es lassen sich dabei auch handlungslogische Pfadabhängigkeiten aufspüren.

Teil 2: Hauptteil

12. Das Progressionstheorem: *der Drang zur Weltregierung*

Staaten wollen ihre Macht ausweiten nach innen und außen. Das gilt vor allem für Staaten, die dem demokratischen Sozialismus folgen: Sie wirken darauf hin, einen weltweit einheitlichen demokratischen Sozialismus, einen einheitlichen Weltstaat mit einheitlichem Fiat-Weltgeld aus der Taufe zu heben.

13. Die Nation: *Sprach- und Wertegemeinschaft*

Die Nationen – die Sprach- und Wertegemeinschaften – stehen dem Bestreben des demokratischen Sozialismus entgegen, einen einheitlichen Weltstaat zu errichten. Daher versuchen demokratische Sozialisten, die Nationen, vor allem auch das Nationalitätenprinzip, zu überwinden.

14. Wanderung: *natürlich und unnatürlich*

Die Befürworter des demokratischen Sozialismus setzen die Wanderung als Mittel ein, um die Nationen und den Nationalstaat aufzuheben und den Weg für einen weltweiten demokratischen Sozialismus unter einheitlicher Führung zu ebnen. Doch durch eine politisierte Wanderung wird sich das nicht erreichen lassen.

15. Die Illusion der Demokratie: *das »Eherne Gesetz der Oligarchie«*

Wie in jeder Demokratie, so formiert sich auch im demokratischen Sozialismus eine oligarchische Elitenherrschaft. Sie hat einen besonders großen Anreiz, ein einheitliches Fiat-Weltgeld zu schaffen, um damit dem Ziel näher zu kommen, eine einheitliche Weltregierung, einen Weltstaat hervorzubringen.

16. Der Dollar-Imperialismus: *das System von Bretton Woods*

Das System von Bretton Woods war der erste Versuch, ein einheitliches politisiertes Weltgeld zu etablieren. Er musste scheitern, weil den Nationen ausreichend Freiheitsspielräume verblieben, sich dem Missbrauch, der mit dem System von Bretton Woods möglich wurde, zu entziehen.

17. Feldzug gegen die Währungsvielfalt: *der Euro*

In Europa ist es Staaten gelungen, die letzten Reste eines Währungswettbewerbs abzuschaffen und ein Einheitsgeld einzuführen. Dieses Beispiel zeigt, wie ein politisches Weltgeld geschaffen werden kann: aus der unwiderruflichen Fixierung der Wechselkurse zwischen nationalen Währungen.

18. Die (un-)heimliche Macht: *das Weltzentralbankkartell*

Die nationalen Zentralbanken formen – ganz im Sinne der demokratischen Sozialisten – ein internationales Kartell. Ihre Geldpolitik bringt das weltweite Finanz- und Wirtschaftssystem in eine wachsende Abhängigkeit von einer weltweit vereinheitlichten Geldpolitik, deren logisches Ende ein einheitliches Weltgeld ist.

19. Vorschläge für ein Weltgeld: *Bancor, Unitas, US-Dollar, INTOR, Libra*

Es gibt viele konkrete Vorschläge, um eine einheitliche Weltwährung zu schaffen – herbeigeführt durch eine politische Entscheidung, nicht durch Rückgriff auf die freien Marktkräfte; denn die demokratischen Sozialisten wollen ein monopolisiertes einheitliches Fiat-Weltgeld.

20. Die Dystopie: *ein Fiat-Weltgeld*

Ein einheitliches Fiat-Weltgeld würde Freiheit und Prosperität auf diesem Planeten in einem Ausmaß bedrohen, wie es sich viele heute vermutlich noch gar nicht vorstellen können: Mit einem einheitlichen Fiat-Weltgeld wäre der Weg in einen totalitären Weltstaat offen.

21. Technologische Disruption: *Kryptowährungen*

Das Aufkommen der Kryptowährungen könnte sich als die entscheidende Disruption erweisen und das erreichen, was ökonomische und ethische Einsicht bislang nicht vermocht haben: einen freien Markt für Geld zu eröffnen und das Errichten eines Weltstaates unmöglich zu machen.

22. Der Lichtblick: *freier Markt für Geld und Privatrechtsgesellschaft*

Ein freier Markt für Geld stellt den Menschen das bestmögliche Geld bereit. Er würde auch dem freiheitszerstörenden Programm des demokratischen Sozialismus wirkungsvoll ein Ende setzen – und eine Privatrechtsgesellschaft, in der für alle das gleiche Recht gilt, möglich machen.

Epilog: Eine bessere Welt ist möglich

Der unheilvolle Weg in den Weltstaat mit Fiat-Weltgeld wird seit Jahrzehnten beschritten. Zwangsläufig ist er nicht. Aber um ihn zu beenden, muss sich Wesentliches ändern. Dazu gehört, sich von Irrlehren in der modernen Sozial- und Volkswirtschaftslehre abzukehren und die a priori-Theorie zu rehabilitieren.

Teil 1:

Vorarbeiten

KAPITEL 1

Über das richtige Denken: die Logik

»Logik ist die Anatomie des Denkens.«

– John Locke

Die *Logik* ist die Lehre vom richtigen Denken. Sie sagt uns nicht, *was* wir denken sollen, sondern *wie* wir zu denken haben, um zu richtigen Ergebnissen, zu richtigen Schlussfolgerungen zu gelangen. Die Logik als Wissenschaft geht auf den griechischen Philosophen Aristoteles (384–322 v. Chr.) zurück; er sprach von ihr als »Analytik«. Aristoteles zufolge sind die wichtigsten Elemente im richtigen Denken *Begriffe, Urteile, Schluss* und *Beweis.*[3] Die *Begriffe* sind die Grundelemente des Denkens. Man gewinnt sie durch Definition: Der Gegenstand, den es zu definieren gilt, wird einer Klasse von Gegenständen zugeordnet, deren Kennzeichen mit den Kennzeichen des zu definierenden Gegenstandes *übereinstimmen.* Beispiel: Der Mensch ist ein Lebewesen. Zudem muss die Definition angeben, wie sich der Gegenstand – der Mensch – von den anderen Gegenständen der Klasse – den Lebewesen – *unterscheidet.* Also: Der Mensch ist ein *vernunftbegabtes* Lebewesen. Definitionen (in dem Fall für »der Mensch«) müssen folglich ein gemeinsames (das Lebewesen) und ein trennendes (vernunftbegabtes) Merkmal (oder auch mehrere) aufweisen.

Begriffe werden zu *Urteilen* (oder: *Aussagen* oder *Sätzen*) verknüpft. Jedes Urteil verbindet mindestens zwei Begriffe: *Subjekt* und *Prädikat*. Subjekt ist der Begriff, über den etwas gesagt wird, das Prädikat bezeichnet das, was über den Begriff ausgesagt wird. Beispiel: »Gold ist gelb.« »Gold« ist das Subjekt, »gelb« das Prädikat. Einzelne Urteile werden zu *Schlüssen* verbunden und leiten ein neues Urteil aus anderen Urteilen ab. Ein *Schluss* besteht aus den Voraussetzungen (Prämissen) und der daraus abgeleiteten Schlussfolgerung (Konklusion).

Zentral ist Aristoteles' *Syllogismus*. Er besteht aus drei Elementen: einem (allgemeinen) Obersatz (»Alle Menschen sind sterblich«), einem (speziellen) Untersatz (»Aristoteles ist ein Mensch«). Aus diesen beiden Prämissen wird der Schluss gezogen (»Aristoteles ist sterblich«). Schlüsse werden zu *Beweisen* verknüpft. Ein Beweis ist die logisch zwingende Herleitung eines Urteils aus anderen Urteilen durch Schlüsse. Nun muss allerdings das Urteil, das ein anderes Urteil beweist, selbst gesichert sein.

Wenn man eine solche Beweiskette durchdenkt, stößt man an eine Grenze, man kommt an *Urteile allgemeinsten Charakters*, die ihrerseits nicht mehr bewiesen werden können. Nach Aristoteles verfügt der vernunftbegabte Mensch über das Vermögen zur irrtumsfreien Erfassung solcher allgemeinen Sätze.[4] Der oberste Satz ist der *Satz vom Widerspruch*: »Etwas, das ist, kann nicht gleichzeitig und in derselben Hinsicht nicht sein.« Später wurden in der Philosophie drei weitere Prinzipien formuliert: der *Satz der Identität* (»*a* ist gleich *a*«), der *Satz vom ausgeschlossenen Dritten* (»Zwischen Sein und Nichtsein desselben Gegenstandes gibt es kein Drittes«) und der *Satz vom zureichenden Grunde* (»Keine Tatsache darf als richtig gelten, ohne dass es einen zureichenden Grund dafür gibt«).

Die Logik ist seit Aristoteles ein zentrales Element im Gewinnen und Beurteilen von *Erkenntnis*: dem durch Erfahrung oder Einsicht gewonnenen Wissen. Wenn man Erkenntnis aus Erfahrung – aus Beobachtung – ableiten will, nennt man das *Induktion*. Dabei stellt sich jedoch das *Induktionsproblem*. Beispiel: Im 18. Jahrhundert waren nur weiße Schwäne bekannt. Man folgerte daraus, dass es nur weiße Schwäne gäbe. Doch dann wurden in Australien schwarze Schwäne entdeckt – und die bisherige Annahme erwies sich als falsch.

Das bedeutet: Aus Einzelerfahrungen lassen sich keine Verallgemeinerungen, keine allgemeingültigen Aussagen ableiten. Man kann nämlich einen solchen *Induktionsschluss* nicht per se als gültig annehmen und logisch rechtfertigen.[5] Wäre er per se gültig, dann dürfte es – soweit man richtige Beobachtungen voraussetzt – niemals falsche Schlüsse geben. Aber genau das kommt bekanntlich immer wieder vor! Man kann den Induktionsschluss zudem nicht durch Erfahrungen rechtfertigen. Dann würde man nämlich behaupten müssen, dass der Induktionsschluss deshalb gilt, weil bisher keine Resultate beobachtbar waren, die zu ihm im Widerspruch gestanden haben. Dann aber würde man den Induktionsschluss bereits als wahr voraussetzen, das Rechtfertigungsproblem umgehen und in einem infiniten Regress enden.

Weiterhin sei darauf hingewiesen, dass zwischen *Wahrheit* und *Wahrscheinlichkeit* streng zu unterscheiden ist. Nicht selten wird davon ausgegangen, dass man sich der Wahrheit annähere, wenn nur die Wahrscheinlichkeit hoch ist, dass ein bestimmtes Ereignis eintritt. Man setzt hier die Wahrscheinlichkeit $w = 1$ mit Wahrheit, die Wahrscheinlichkeit $w = 0$ mit Falschheit gleich. Doch dieser Gedanke ist (logisch) falsch.

Denken wir noch einmal an das Beispiel der weißen Schwäne. Obwohl bislang nur weiße Schwäne beobachtet wurden (die Wahrscheinlichkeit, dass man weiße Schwäne beobachten konnte, war also $w = 1$), brauchte es nur eine einzige Beobachtung eines schwarzen Schwans, um die induktive Schlussfolgerung, dass es nur weiße Schwäne gäbe, als falsch zu entlarven (sodass tatsächlich $w = 0$). Von einer hohen Wahrscheinlichkeit kann man *nicht* auf Wahrheit schließen.

Deduktion bedeutet, dass man Erkenntnis gewinnen will, indem man vom *Allgemeinen* auf das *Besondere* schließt: Man leitet eine

Aussage (Konklusion) ab aus anderen Sätzen (Prämissen), wie das folgende Beispiel verdeutlicht:

Alle Schwäne sind weiß.
Dieses Tier ist ein Schwan.
Dieses Tier ist weiß.

»Alle Schwäne sind weiß« und »Dieses Tier ist ein Schwan« sind die Prämissen, und »Dieses Tier ist weiß« ist die Konklusion. In der Geometrie zum Beispiel werden Theoreme (Konklusionen) aus Prämissen abgeleitet. Die deduktive Methode garantiert, dass die Konklusionen *wahr* sind, wenn die Prämissen *wahr* sind. Doch wie gelangen wir an wahre Prämissen? Wie können Prämissen als richtig oder falsch erkannt werden?

Wenn es gelingt, eine *wahre* Prämisse zu finden, die zudem auch noch mit der Lebenswirklichkeit (Realität) übereinstimmt, dann ist es im Zuge der logischen Deduktion möglich, aus ihr weitere wahre Aussagen über die reale Welt abzuleiten. Dem österreichischen Ökonomen Ludwig von Mises (1881–1973) ist in diesem Zusammenhang eine bahnbrechende erkenntnistheoretische Leistung in der Sozial- beziehungsweise Wirtschaftswissenschaft gelungen – die allerdings bis heute viel zu wenig Aufmerksamkeit und Wertschätzung erfahren hat.

Mises hat überzeugend argumentiert, dass die *Volkswirtschaftslehre keine Erfahrungswissenschaft* ist, sondern dass sie widerspruchsfrei nur als eine *apriorische Handlungswissenschaft* verstanden (*konzeptualisiert*) und ausgeübt werden kann. Der Ausgangspunkt, der Mises' Überlegungen zugrunde liegt – der archimedische Punkt sozusagen –, ist der zunächst scheinbar trivial klingende Satz »Der Mensch handelt«. Doch dieser Satz besitzt eine große Tragweite: Er ist unbestreitbar (apodiktisch) wahr. Man kann den Satz »Der Mensch handelt« nicht verneinen, ohne dabei seine Gültigkeit schon zu unterstellen. Welche Erkenntnisse sich daraus ableiten lassen, das wird im folgenden Kapitel genauer erklärt.

KAPITEL 2

Was man zweifelsfrei weiß: Der Mensch handelt

> *»So wenig Logik und Mathematik aus der Erfahrung stammen, so wenig stammt das, was wir über das Handeln in seiner reinen Form wissen, aus der Erfahrung.«*
>
> – LUDWIG VON MISES

Menschliches Handeln bedeutet, allgemein gesprochen, einen Zustand, den der Handelnde als weniger vorteilhaft ansieht, durch einen Zustand, der als vorteilhafter angesehen wird, zu ersetzen. Der Satz »Der Mensch handelt« klingt zwar trivial, aber er ist es keineswegs. Er lässt sich nämlich nicht widerspruchsfrei verneinen. Wer sagt »Der Mensch handelt *nicht*«, der handelt – und widerspricht damit seiner Aussage. Man kann nicht logisch widerspruchsfrei sagen oder denken, dass der Mensch *nicht* handelt. Der Satz »Der Mensch handelt« gilt folglich *a priori*.[6]

Der Ausdruck *a priori* steht für erfahrungs*un*abhängige Erkenntnis, für Erkenntnis, die mit strenger Notwendigkeit gilt: Etwas ist so und nicht anders, es lässt keine Ausnahme zu und kann daher uneingeschränkte Gültigkeit beanspruchen. Schon Platon und Aristoteles unterschieden das wirkliche Wissen (griechisch: *episteme*) von bloßer Meinung (*doxa*).[7] In diesem Sinne kann man die Lehre des menschlichen Handelns als *a priori-Handlungswissen-*

schaft bezeichnen: Der Satz »Der Mensch handelt« ist unbestreitbar wahr, und aus ihm lässt sich per Deduktion weiteres wahres Wissen ableiten.[8]

Der Satz »Der Mensch handelt« ist keiner *Letztbegründung* mehr zugänglich. Man kann ihn durch Rückgriff auf weitere Begründungen nicht beweisen. Er ist so gesehen ein ultimativ *Gegebenes*. Der Satz »Der Mensch handelt« stellt eine Voraussetzung dar, die man immer schon in Anspruch nehmen muss und die man nicht bestreiten kann, wenn man handelt (beispielsweise nimmt man sie in Anspruch, wenn man etwas bestreitet). Aus diesem Grund kann die Erkenntnis, dass der Mensch handelt, als ein wahrer, als ein logisch nicht anfechtbarer Ausgangspunkt des wissenschaftlichen Denkens dienen.

Menschliches Handeln ist durch *Ideen* – im Sinne von Gedanken oder Theorien – bestimmt.[9] Auch das ist eine Erkenntnis, die sich widerspruchsfrei aus der Logik des menschlichen Handelns erschließt. Wollte man sie bestreiten, so müsste man zeigen, dass das menschliche Handeln in systematischer Weise durch externe, beobachtbare Faktoren (chemischer, biologischer oder physikalischer Art) bestimmt wird. Das aber ist bislang nicht gelungen – und es ist auch logisch gar nicht denkbar, dass das jemals gelingen wird.[10]

Das menschliche Handeln findet stets unter zwei Bedingungen statt. Die eine ist, dass der Handelnde Unzufriedenheit mit dem vorgefundenen Zustand verspürt. Wäre er zufrieden, gäbe es für ihn keinen Grund, eine Veränderung anzustreben, und er würde nicht handeln – das aber ist, wie bereits deutlich wurde, nicht widerspruchsfrei denkbar. Die andere ist: Der Handelnde hat die Meinung, dass er durch sein Handeln die Unzufriedenheit lindern, vielleicht sogar ganz abstellen kann. Wäre das nicht so, würde er nicht handeln. Da aber niemand *nicht* handeln kann, ist die Meinung des Handelnden, er könne durch Handeln seine Ziele erreichen, eine notwendige Bedingung für jedes Handeln.

Menschliches Handeln ist stets ein *individuelles Handeln*. Nur Individuen (das Wort stammt aus dem Lateinischen und bedeutet

»Ungeteiltes«) handeln. Gruppen oder Kollektive handeln nicht. Sie lassen sich gedanklich stets auf ihre individuellen Teilnehmer und deren Handlungen zurückführen.

Menschliches Handeln ist *zielgerichtet*: Mit ihm sollen Ziele erreicht, Zwecke verwirklicht werden. Auch das lässt sich nicht verneinen, ohne sich in einen Widerspruch zu verwickeln. Denn zu sagen »Der Mensch handelt nicht zielgerecht«, ist schließlich auch eine Form des zielgerechten Handelns. Wer also sagt, menschliches Handeln sei nicht zielgerecht, der begeht einen Widerspruch.

Menschliches Handeln kann darin bestehen, etwas für alle sichtbar zu tun, oder darin, etwas bewusst, für Außenstehende nicht immer einsehbar, zu unterlassen. Menschliches Handeln lässt sich unterscheiden von rein *reflexartigem Handeln* (das sich in Form von zum Beispiel einem Augenzwinkern oder einem Schmerzensschrei äußert). In dem Maße etwa, in dem der Handelnde einen Reflex unterdrückt, erweitert er den Bereich seines zielbezogenen Handelns.

Aus dem unbestreitbar wahren Satz »Der Mensch handelt« lassen sich weitere wahre Aussagen – das sind die Grundbegriffe der menschlichen Erfahrung oder: *Kategorien* – auf logisch-deduktivem Weg ableiten. Beispielsweise setzt die Erkenntnis, dass der Mensch handelt, eine Ursache-Wirkungs-Beziehung (*Kausalität*) voraus. Dass gehandelt wird, impliziert Kausalität: Gäbe es keine Ursache-Wirkungs-Beziehung, könnte der Mensch nicht handeln, er hätte keine Aussicht, durch Handeln seine Ziele erreichen zu können.

Handeln erfordert den Einsatz von *Mitteln* (man kann auch sagen: Gütern). Güter sind notwendigerweise knapp: *Knappheit* ist eine handlungslogische Erkenntnis. Wären die Mittel nicht knapp, wäre das menschliche Handeln nicht auf sie angewiesen. Man müsste sie nicht bewirtschaften, und sie wären keine Mittel.

Jedes Handeln erfordert *Zeit*. Sie ist ein Mittel, das der Handelnde einsetzen muss, um Ziele zu erreichen. Wäre ein Handeln ohne zeitliche Erstreckung möglich, wären die Ziele, die der Handelnde anstrebt, unmittelbar erreicht – und er könnte nicht handeln, was aber, wie wir gesehen haben, nicht denkbar ist; das heißt, ein Handeln, das keine Zeit beansprucht, ist nicht denkbar.

Weil das Handeln immer Zeit erfordert, weil Zeit ein Mittel zur Erreichung von Zielen ist, bevorzugt der Handelnde eine frühere Erreichung seiner Ziele gegenüber einer späteren. Das heißt, seine *Zeitpräferenz* ist immer und überall positiv: Gegenwärtig verfügbare Güter werden höher wertgeschätzt als Güter (gleicher Art und Güte und unter gleichen Bedingungen), die erst zu einem späteren Zeitpunkt erhältlich sind. Zukunftsgüter erleiden folglich einen Wertabschlag gegenüber gegenwärtig verfügbaren Gütern. Der *Urzins* repräsentiert diesen Wertabschlag. Zeitpräferenz und seine Manifestation, der Urzins, sind *elementare Werterscheinungen* des menschlichen Handelns, sie können nicht verschwinden.

Im Bereich des menschlichen Handelns gibt es kein *Gleichgewicht* im Sinne eines Ruhezustandes, einer unveränderlichen Lage. Denn das würde bedeuten, dass der Mensch nicht mehr handelt – und das lässt sich nicht widerspruchsfrei denken. Indem der Mensch handelt, kann er dem gewünschten Zustand näher kommen. Aber ein endgültiges Erreichen eines Gleichgewichtszustandes, der »vollkommenen Zufriedenheit«, kann es nicht geben.

Menschliches Handeln findet unter *Unsicherheit* statt. Aus Erfahrung weiß man, dass man nicht alles weiß, was die Zukunft bringt: Man weiß beispielsweise heute nicht, welche Unternehmen und welche Produkte es künftig geben wird. Dass das menschliche Handeln unter Unsicherheit stattfindet, hat einen handlungslogischen Grund: Gäbe es keine Unsicherheit, wäre dem Handelnden schon heute alles bekannt, was künftig geschieht. Dann aber könnte er nicht mehr handeln. Sein Handeln könnte den künftigen Gang der Dinge nicht mehr beeinflussen – doch es ist eben nicht widerspruchsfrei denkbar, dass der Mensch *nicht* handelt.[11]

Es wurde bereits gesagt, dass die Knappheit eine Kategorie des menschlichen Handelns ist. Im Satz »Der Mensch handelt« sind daher auch die beiden folgenden Erkenntnisse mitgedacht: (1) Je größer der Gütervorrat ist, über den der Handelnde verfügen kann, desto größer ist auch der (Grenz-)Nutzen, den der Gütervorrat stiftet. Denn Güter sind knapp, und ein größerer Gütervorrat erlaubt, mehr Ziele zu erreichen. (2) Der *Grenznutzen*, den eine zusätzliche Gütereinheit stiftet, nimmt mit wachsendem Gütervorrat ab. Die erste verfügbare Einheit eines Gutes wird verwendet, um das drängendste Bedürfnis zu stillen. Die zweite verfügbare Einheit des Gutes wird verwendet, um das drängendste der noch verbliebenen Bedürfnisse zu stillen – das natürlich geringer ist als das zuvor gestillte Bedürfnis. Und so weiter. Zusammen repräsentieren (1) und (2) das *Gesetz des abnehmenden Grenznutzens*.

Menschliches Handeln setzt denknotwendig die Kategorie *Eigentum* beziehungsweise Privateigentum voraus. Das Eigentum ist keine willkürlich geschaffene Institution – deren Einführung das Übel in die Welt gebracht hat, wie Jean-Jacques Rousseau (1712–1778) meinte. Es ist vielmehr ein *a priori*. Ob man will oder nicht: Das Eigentum lässt sich aus der Logik des menschlichen Handelns nicht wegdenken. Die zentrale Rolle, die das Eigentum für das menschliche Handeln und insbesondere das Zusammenleben der Menschen in der Gemeinschaft spielt, wird im nächsten Kapitel ausführlicher besprochen.

Immanuel Kants Vernunftkritik und das menschliche Handeln

Welcher erkenntnistheoretische Status kommt dem Satz »Der Mensch handelt« zu? Um eine Antwort auf diese Frage zu finden, wollen wir zurückgehen zu den Überlegungen des Königsberger Philosophen Immanuel Kant (1724–1804). Kant bemerkte, dass die Fortschritte in der Natur- beziehungsweise Erfahrungswissenschaft das von ihm verfochtene Aufklärungsideal – er sprach von *vernünftiger Autonomie* – zusehends infrage stellten. Das konnte er nicht so ohne Weiteres akzeptieren: Ihm zufolge können wir Menschen uns nur dann als vernünftige autonome Personen begreifen, wenn wir an den folgenden metaphysischen Annahmen festhalten: Der Mensch hat einen freien Willen; er hat eine unsterbliche Seele; Gott ist die letzte Ursache des Universums; und die Welt ist zweckmäßig auf den Menschen zugeschnitten. Doch qualifiziert sich die Metaphysik (und die auf ihr basierenden Annahmen) als Wissenschaft?

Die Metaphysik beschäftigt sich mit Fragen, die sich nicht durch Beobachtungen (Experimente) beantworten lassen – also wie die Frage nach der Existenz Gottes oder der Unsterblichkeit der Seele. Die Naturwissenschaft hat es da leichter. Ihre Aussagen lassen sich durch Beobachtungen überprüfen. Kant bezeichnet Aussagen, die Erkenntnisse aus Erfahrung ableiten, als *a posteriori* (im Nachhinein). Erfahrungs*un*abhängige Erkenntnis, das heißt Aussagen, die auf der Basis von Wahrnehmungen weder als falsch noch als wahr eingesehen werden können, bezeichnet er als *a priori*. So gesehen müssen metaphysische Aussagen – weil sie nicht durch Erfahrung gestützt oder zurückgewiesen werden können – *a priori* sein.

Damit sind metaphysische Aussagen jedoch noch nicht hinreichend bestimmt. »Körper sind ausgedehnt« ist ein Satz, der *a priori* wahr ist, und zwar weil er definitionsgemäß wahr ist: Das, was Körper ausmacht, ist, dass sie ausgedehnt sind. Kant nennt Aussagen *analytisch*, die allein aufgrund der Bedeutung der in ihnen vorkommenden Begriffe wahr oder falsch sind. Erfahrungswissenschaftliche Aussagen, die nicht analytisch sind, bezeichnet Kant als *synthetisch*: »Gott ist die letzte Ursache des Universums« ist eine solche Aussage (sie folgt nicht aus der Definition des Begriffes »Gott«). Metaphysische Aussagen zeichnen sich also durch eine zweite Eigenschaft aus: Sie sind auch synthetisch. Wenn Kant fragt, ob die Metaphysik als Wissenschaft möglich ist, so fragt er nach der Möglichkeit synthetischer Urteile *a priori* – eine Untersuchung, die er als *transzendental* bezeichnet: »Ich nenne alle Erkenntnis transzendental, die sich nicht sowohl mit Gegenständen, sondern mit unserer Erkenntnisart von Gegenständen, sofern diese a priori möglich sein soll, überhaupt beschäftigt.«[12]

Kant stellt auf die Möglichkeit der notwendigen Bedingungen ab, um objektive Erfahrung von der Lebenswirklichkeit machen zu können. Nach ihm kann nur das von uns Menschen erfahren werden, was den Bedingungen genügt, unter denen der Mensch Erfahrungen machen kann: »[...] die Bedingungen der Möglichkeit der Erfahrung überhaupt sind zugleich Bedingungen der Möglichkeit der Gegenstände der Erfahrung, und haben darum objektive Gültigkeit in einem synthetischen Urteil a priori.«[13] Der Philosoph Holm Tetens (* 1948) gibt die Aussage des obigen Zitats wie folgt wieder: »Es gibt notwendige Bedingungen der Erfahrung, die dadurch zustande kommen, dass wir unser Erkenntnisvermögen ausüben. Alle Gegenstände der Erfahrung müssen diesen Bedingungen genügen. Daher sind die Aussagen, die behaupten, dass die Erfahrungsgegenstände diesen Bedingungen unterworfen sind, synthetische Aussagen a priori.«[14]

Der Mensch erfährt demnach die Gegenstände seiner Erfahrung nicht so, wie sie sind, sondern er auferlegt ihnen vielmehr Eigenschaften, die seinem Erkenntnisvermögen entspringen. Der Satz »Der Mensch handelt« lässt sich als eine notwendige Bedingung für die Möglichkeit von Erfahrung interpretieren, er ist Bedingung und Voraussetzung der Erfahrung. Aus diesem Grund lässt sich mit den Kategorien des menschlichen Handelns der Wahrheitsgehalt von ökonomischen Theorien prüfen: Theorien, die im Widerspruch zu den Kategorien des menschlichen Handelns stehen, müssen ernste Zweifel an ihrer Richtigkeit wecken.[15]

Die Lehre des menschlichen Handelns bezeichnet Ludwig von Mises als *Praxeologie*: »Die durch widerspruchs- und fehlerfreies Denken gewonnenen Sätze der Praxeologie sind nicht nur vollkommen sicher und unbestreitbar wie die Sätze der Mathematik; sie beziehen sich mit aller ihrer Sicherheit und Unbestreitbarkeit auf das Handeln, wie es im Leben und in der Wirklichkeit geübt wird. Die Praxeologie vermittelt daher exaktes Wissen von wirklichen Dingen.«[16] Mit dem praxeologischen Denken, mit der Handlungslogik, lässt sich übrigens auch der *Idealismuskritik*, der sich die Theorie von Kant ausgesetzt sah und sieht, entgegentreten; siehe dazu die Ausführungen im Anhang dieses Buches.

KAPITEL 3

Was sich nicht wegdenken lässt: das Eigentum

»Die höchsten Güter der Menschheit sind menschlicher Willkür entzogen.«

– Lucius Annaeus Seneca

Im unbestreitbar wahren, nicht widerspruchsfrei bestreitbaren Satz »Der Mensch handelt« ist etwas mitgedacht, etwas vorausgesetzt, das ganz besondere Beachtung verdient, aber nur zu häufig übersehen oder gar infrage gestellt wird: und das ist das *Eigentum* – verstanden als das Eigentum eines jeden an seinem Körper (*Selbsteigentum*) und das Eigentum an externen Gütern, die man sich in nicht-aggressiver Weise angeeignet hat. Diese Aussage soll im Folgenden genauer erklärt und begründet werden, und zwar unter Bezugnahme auf das *a priori des Argumentierens*, wie es von den Philosophen Karl-Otto Apel (1922–2017) und Jürgen Habermas (* 1929) formuliert wurde.[17]

Argumentieren bedeutet, etwas zu behaupten mit der Intention, den Gesprächspartner von der Richtigkeit oder Falschheit eines Sachverhaltes zu überzeugen.[18] Beispiele dafür sind »Ich habe in dieser Sache recht« oder »Alles ist unsicher, und das ist sicher«. Argumentieren ist eine besondere, eine spezielle Form des menschlichen Handelns. Das Besondere am Satz »Der Mensch argumentiert« ist, dass er sich nicht widerspruchsfrei verneinen lässt. Er gilt *a priori*, ist evident: Wer sagt »Der Mensch argumentiert nicht«, der argumentiert und widerspricht damit dem Gesagten.

Das Argumentieren erfordert, wie jede Ausprägung des menschlichen Handelns, den Einsatz knapper Güter. Im einfachsten Fall muss der, der argumentiert, seinen Körper einsetzen: den Mund öffnen und seine Stimmbänder in Schwingung bringen. Wer argumentiert, braucht also zumindest Eigentum am eigenen Körper, das *Selbsteigentum*. Ohne die Verfügung über seinen Körper kann der Handelnde nicht argumentieren. Menschliches Handeln setzt notwendigerweise Körperlichkeit voraus.

Wer argumentiert, der setzt aber nicht nur das Selbsteigentum für sich voraus. Er setzt es auch für denjenigen voraus, mit dem er argumentiert. Wer argumentiert, der unterstellt, dass sein Gegenüber seine Argumente teilt, in Teilen gutheißt, vielleicht auch zurückweist. Dazu muss derjenige, mit dem man argumentiert, ebenfalls Selbsteigentum besitzen, denn sonst kann er nicht argumentieren – und wir haben bereits erkannt, dass man nicht *nicht* argumentieren kann.

Wenn man nicht verneinen kann, dass der handelnde Mensch Selbsteigentum am eigenen Körper hat, ohne dabei in Widerspruch zu verfallen, so folgt daraus unmittelbar auch die Notwendigkeit für den Handelnden, seinen Körper (wie ihn die Natur geschaffen hat) zu erhalten. Dazu muss der Handelnde sich *externe Güter* aneignen können wie zum Beispiel Nahrung, Kleidung und Behausung. Das Eigentum – Selbsteigentum und Eigentum an externen Gütern, die man zum Erhalt seines Körpers benötigt – lässt sich damit widerspruchsfrei als eine *a priori*-Kategorie des menschlichen Handelns ansehen.

Es stellt sich an dieser Stelle die weiterführende Frage: Wie ist das Eigentum – das Eigentum am eigenen Körper und das Eigentum von externen Gütern – *aus ethischer Sicht* zu beurteilen? Die Ethik – die auch als Moralphilosophie bezeichnet wird – beschäftigt sich mit der Frage: Was ist *richtiges* Handeln, und wie lässt es sich *begründen*?

Es mag überraschen, aber die Ökonomik hat zur Ethik mehr beizusteuern, als man zunächst vermuten könnte. Die Ethik findet ihren Ausgangspunkt in einer unumstößlichen ökonomischen Erkenntnis: dass das menschliche Leben unter *Knappheit* stattfindet.

Gäbe es keine Knappheit der Mittel, die eingesetzt werden müssen, damit die Handelnden ihre Ziele erreichen können, würden ethische Fragen – was richtiges, was falsches Handeln ist – gar nicht erst aufkommen. In einer solchen Welt gäbe es keine zwischenmenschlichen Konflikte. Ohne Knappheit würde Herr *A* zum Beispiel, wenn er eine Banane verzehrt, weder seinen heutigen noch seinen künftigen Bananenvorrat schmälern. Auch würde sein Bananenverzehr nicht den heutigen und künftigen Bananenkonsum von Herrn *B* und Frau *C* beschränken. Doch menschliches Handeln findet stets – und zwar denknotwendig – unter Knappheit statt.

Wie kann sich der Handelnde in einer Welt der Knappheit die benötigten Güter beschaffen, sodass es keinen Konflikt gibt mit dem Eigentum der anderen? Das ist nur auf drei nicht-aggressiven Wegen möglich: (1) Inlandnahme von Naturressourcen, die zuvor von niemand anderem beansprucht wurden (»Homesteading«); (2) Produktion, das heißt »Vermischung« der eigenen Arbeitsleistung mit Naturressourcen; und (3) freiwilliges Tauschen einschließlich des Schenkens. Wer sich Güter auf einem dieser drei Wege aneignet, gelangt zu Eigentum, ohne das Eigentum seiner Mitmenschen zu verletzen.

Ist menschliches Handeln, das sich durch den bedingungslosen Respekt des Eigentums auszeichnet, ethisch akzeptabel? Um diese Frage zu beantworten, muss man sich zunächst die Anforderungen, die an eine *ethische Handlungsregel* zu stellen sind, vor Augen führen.[19] Eine ethische Handlungsregel muss, erstens, für alle gleichermaßen jederzeit und überall gelten. Diese Anforderung kommt etwa in Kants *Kategorischem Imperativ* zum Ausdruck: »Handle so, daß die Maxime deines Willens jederzeit zugleich als Prinzip einer allgemeinen Gesetzgebung gelten könne.«[20] Zu dieser Allgemeingültigkeitsanforderung (»Universalitätsanforderung«) muss eine ethische Regel, zweitens, sicherstellen, dass ihr Befolgen die menschliche Existenz prinzipiell bewahrt. Denn wenn das nicht sichergestellt wäre, gäbe es früher oder später keinen Bedarf mehr für eine Ethik. Ein Beispiel: Die Regel »Jeder trinkt jeden Tag fünf Flaschen Schnaps« kann zwar prinzipiell zur Vorgabe für alle gemacht werden. Aber sie würde ganz sicher nicht das Überleben derjenigen, die dieser Regel folgen, sicherstellen, sondern es vielmehr gefährden. Wie aber kann und muss nun eine ethische Regel konkret aussehen?

Mit dieser Frage hat sich der US-amerikanische Ökonom und Sozialphilosoph Murray N. Rothbard (1926–1995) beschäftigt. Mit Bezug auf die naturrechtliche Argumentation von John Locke (1632–1704) entwickelt Rothbard folgenden Gedankengang. Wir nehmen an, es gibt Herrn *A* und Herrn *B*. Im *ersten Fall* besitzt Herr *A* Herrn *B*. Herr *A* ist also der Herr, und Herr *B* ist sein Sklave. Diese Regel kann nicht ethisch sein. Zwar mögen unter dieser Regel Herr *A* und Herr *B* überleben. Aber ethisch kann die Regel nicht sein, weil ganz offensichtlich für Herrn *A* eine andere Regel gilt als für Herrn *B*.

Im *zweiten Fall* gehören Herr *A* und Herr *B* sich gegenseitig: Herr *A* gehört Herrn *B*, und gleichzeitig gehört Herr *B* Herrn *A*. Auch das kann keine ethische Regel sein. Zwar gilt sie für beide gleichermaßen. Aber diese Regel kann das Überleben der Herren *A* und *B* nicht gewährleisten. Um irgendetwas tun zu können, muss Herr *A* die Zustimmung von Herrn *B* haben. Die kann Herr *A* aber nicht bekommen, weil Herr *B*, damit er seinerseits handeln kann, erst die Zustimmung von Herrn *A* einholen und erhalten muss. Die Regel, dass jeder dem anderen gehört, dass alle sich gegenseitig gehören, führt zum Untergang aller.

Im *dritten Fall* gehören Herr *A* und Herr *B* sich selbst. Diese Regel erweist sich als ethisch akzeptabel. Sie lässt sich für alle und jedermann immer und überall anwenden. Sie sichert auch prinzipiell das Überlegen derjenigen, die sich an sie halten. Das menschliche Handeln, das sich durch den unbedingten Respekt vor dem Eigentum – verstanden als Selbsteigentum und das Eigentum, das auf nicht-aggressivem Weg erworben wurde – auszeichnet, erfüllt somit die Anforderungen, die an ethisches Handeln zu stellen sind.

Rothbard leitet seine *rationale Ethik* aus einer naturrechtlichen Überlegung ab. Diese »Beweisführung« ist, wenig überraschend, nicht ohne Kritik geblieben. Hans-Hermann Hoppe (* 1949) hat Rothbards Position, dass sich der unbedingte Respekt vor dem Eigentum als eine ethische Handlungsregel qualifiziert, nachfolgend eine apriorische Begründung verliehen. Hoppe war es, der – wie am Anfang dieses Kapitels erläutert – das Eigentum mithilfe des *a priori des Argumentierens* als eine *a priori*-Kategorie des menschlichen Handelns konzeptualisiert hat. Welche erkenntnistheoretischen Konsequenzen das hat, wird uns noch in den kommenden Kapiteln beschäftigen. Zuvor jedoch wollen wir uns Klarheit über die Logik des menschlichen Handelns im Sinne einer *Metatheorie* verschaffen. Das geschieht im folgenden Kapitel.

KAPITEL 4

Geschichte deuten: die Rolle der Theorie

»Wenn aber gleich unsere Erkenntnis mit der Erfahrung anhebt, so entspringt sie darum doch nicht eben alle aus der Erfahrung.«

– Immanuel Kant

Es gibt kein theorieloses Erfassen der realen Geschehnisse, der Lebenswirklichkeit. Damit man zum Beispiel so etwas wie »Zins«, »Geldmenge« oder »Bruttonationalprodukt« erkennen kann, muss man eine Theorie zugrunde legen. Eine Theorie, die die »Mannigfaltigkeit der Erscheinungen« gedanklich systematisch und konsistent miteinander verbindet. Dass die Theorie für unsere Erkenntnis der Weltereignisse unverzichtbar ist, wird allerdings immer wieder übersehen oder sogar mit Inbrunst infrage gestellt. Auf diese Fehlleistung wies bereits Immanuel Kant hin in seiner Schrift *Über den Gemeinspruch: Das mag in der Theorie richtig sein, taugt aber nicht für die Praxis* aus dem Jahr 1793.

Der Mensch muss notwendigerweise auf Theorien zurückgreifen, um die Realität zu erkennen. Sein Denken kommt gar nicht ohne Theorie aus. Ludwig von Mises verdeutlichte das: »Denken und Handeln sind nicht zu trennen. Jedes Handeln ist auf der Feststellung von Kausalzusammenhängen aufgebaut. Wer einen Kausalzusammenhang denkt, denkt einen zu Grunde liegenden Satz mit, denkt eine Theorie mit. Handeln ohne Denken, Praxis ohne Theorie sind unvorstellbar. Das Denken mag fehlerhaft, die Theorie mag falsch sein, doch Denken und Theorie können nie fehlen.«[21]

Ökonomische Theorien sind nicht etwa eitle akademische Fingerübungen, keine abstrakte Spielerei. Ihnen kommt vielmehr größte Praxisrelevanz zu. Das zeigt sich beispielsweise bei der Deutung von Erfahrungen, von geschichtlichen Wirtschafts- oder Gesellschaftsgeschehnissen, die ja nichts anderes sind als vergangene menschliche Handlungen. Die Geschichte ist kein fertig geschriebenes, kein objektives Buch, sondern ihr Stoff, ihre Zeugnisse in Wort und Schrift, müssen ausgelegt und gedeutet werden. So gesehen ist die Geschichtswissenschaft eine *verstehende* Wissenschaft: Ihre Aufgabe ist es zu dokumentieren, was geschehen ist, die Gründe begreifbar zu machen, warum Menschen in der einen oder anderen Weise gehandelt haben.

Warum entließ der deutsche Kaiser Wilhelm II. (1859–1941) im März 1890 Reichskanzler Otto von Bismarck (1815–1898)? Was sind die Gründe, die zu Beginn der 1970er-Jahre viele Regierungen dazu veranlasst haben, die Golddeckung ihrer Währungen abzuschaffen und ungedecktes Papiergeld zu verwenden? Wieso kam es zur weltweiten Finanz- und Wirtschaftskrise 2008/2009? Warum wurde Donald J. Trump (* 1946) zum 45. Präsidenten der Vereinigten Staaten gewählt?

Historische Geschehnisse menschlichen Handelns müssen notwendigerweise unter Zuhilfenahme von Theorien erfasst und verstanden werden. Keine leichte Aufgabe: Wer die Geschichte des menschlichen Handelns sinnstiftend erfassen und deuten will, muss auf eine Vielzahl von Wissensgebieten zurückgreifen: zum Beispiel auf Naturwissenschaften wie Biologie, Chemie und Medizin, aber auch auf Sozialwissenschaften wie insbesondere die Volkswirtschaftslehre. Anders gesprochen: Man muss die *Methode des Verstehens* anwenden, die sich auf die Erfahrungs- und Naturwissenschaften, aber auch auf die apriorischen Wissenschaften Logik, Mathematik und Nationalökonomik stützt; und es ist dabei sicherzustellen, dass das Verstehen nicht in Widerspruch gerät mit den Erkenntnissen, die die naturwissenschaftlichen und die apriorischen Wissenschaften bereitstellen.[22]

Mit Blick auf die Nationalökonomik drängt sich die wichtige Frage auf: *Welche ihrer Theorien sind richtig, welche falsch?* Denn nur wenn man die richtigen Theorien verwendet und die falschen aussondert, eröffnet sich die Möglichkeit, verlässliche Lehren aus der Erfahrung des menschlichen Handelns zu gewinnen. Falsche Theorien führen zu falschen Deutungen. Die Nationalökonomik, verstanden als eine *apriorische Handlungswissenschaft*, ist in diesem Zusammenhang von besonderem Nutzen: Sie kann als *Metatheorie*, als eine Theorie der Theorien, aufgefasst werden.

Mithilfe der Methode des handlungslogischen Nachdenkens lässt sich zweifelsfrei beurteilen, ob eine ökonomische Theorie richtig oder falsch ist. Eine ökonomische Theorie muss Zweifel an ihrer Richtigkeit wecken beziehungsweise kann als falsch zurückgewiesen werden, wenn sie nicht im Einklang mit den apriorischen Handlungskategorien steht. Ob eine ökonomische Theorie richtig oder falsch ist, lässt sich entscheiden, ohne dass man die ökonomische Theorie zunächst in der Praxis »ausprobieren« müsste.[23]

Beispielsweise können wir durch Rückgriff auf die Logik des Handelns die folgenden vier (ökonomischen Theorie-)Aussagen als wahr ansehen: (1) Jeder freiwillige Tausch ist für alle daran Beteiligten vorteilhaft. Wäre es anders, würde er nicht stattfinden – menschliches Handeln bedeutet schließlich, einen Zustand durch einen anderen, als vorteilhafter erachteten Zustand zu ersetzen. (2) Der Grenznutzen eines Gutes nimmt mit steigendem Gütervorrat ab; auch das folgt handlungslogisch aus der unbestreitbaren Erkenntnis, dass der Mensch handelt. (3) Mindestlöhne, die oberhalb des markträumenden Niveaus liegen, führen zu ungewollter Arbeitslosigkeit. Das ist unmittelbares Ergebnis des (handlungslogischen) Gesetzes von Angebot und Nachfrage. (4) Wird die Geldmenge erhöht und bleibt die Geldnachfrage unverändert, steigen die Güterpreise, und die Kaufkraft des Geldes sinkt; auch das folgt aus dem Gesetz des abnehmenden Grenznutzens, das sich handlungslogisch begründen lässt.

Ein Beispiel, wie die apriorische Handlungswissenschaft Licht ins geschichtliche Dunkel bringen kann, ist die deutsche Hyperinflation im Jahr 1923. Durch sie wurde bekanntlich die Kaufkraft der deutschen Papiermark fast vollständig zerstört, und sie führte im November des gleichen Jahres zu einer Währungsreform. Als Gründe für den massiven Wertschwund des Geldes führten deutsche Ökonomen lange Zeit die Reparationszahlungen an die Sieger des Ersten Weltkriegs und eine defizitäre Zahlungsbilanz der Deutschen ins Feld. Das lag vor allem daran, dass zu jener Zeit die Sozial- und Wirtschaftswissenschaftler unkritisch den Denkvorgaben der sogenannten (jüngeren) *Historischen Schule* folgten, die untrennbar mit dem Ökonomen Gustav von Schmoller (1838–1917) verbunden war.

Die Historische Schule vertrat die Auffassung, dass es keine Gesetzmäßigkeiten und auch keine apriorischen Erkenntnisse in der Nationalökonomik gebe. Für sie bestand die Aufgabe der Ökonomen folglich darin, geschichtliche Dokumente zu sichten und subjektiv zu interpretieren; der Ökonom ging dabei vor wie bei der Interpretation eines literarischen Textes. Kein Wunder, dass die deutschen Ökonomen, die wissenschaftlich auf diese Weise vorgingen, mehr oder weniger in völliger intellektueller Vernebelung herumtappten und die Welt nicht verstanden. Der deutsche Ökonom Moritz J. Bonn (1873–1965) schrieb dazu:

> *Die wirtschaftliche Erziehung der preußischen Bürokratie lag jahrelang in den Händen Schmollers und seiner Schüler. Ihr negatives Ergebnis wurde in der Inflationskrise nach dem Ersten Weltkrieg sichtbar. Die Bürokratie hatte von den einfachsten Wirtschaftsbegriffen keine Ahnung – es gab kaum jemand im preußischen oder im Reichs-Finanzministerium, der etwas von Inflation wußte (in Österreich lagen die Dinge anders). Zudem hatte Schmollers Relativismus die Beamtenschaft von der Bedeutungslosigkeit sachver-*

ständiger Gutachter überzeugt. Seine Schüler hatten nicht gelernt, die Gegenwart mit Blick auf die Zukunft zu betrachten, sie waren gelehrt worden, nach rückwärts zu schauen. Sie konnten nicht sagen, was getan werden müsse; sie wußten nur, was getan worden war.[24]

Den Ökonomen der Historischen Schule blieb verborgen, dass es die außer Rand und Band geratene Vermehrung der Geldmenge durch die Reichsbank war, die das Schicksal der Papiermark besiegelte – eine Erkenntnis, die unmittelbar aus der Logik des menschlichen Handelns einsehbar ist! Die Erklärung: Geld ist das allgemein akzeptierte Tauschmittel; die Tauschmittelfunktion ist die Kernfunktion des Geldes. Die Vermehrung der Geldmenge führt daher – gemäß dem *Gesetz des abnehmenden Grenznutzens* – zu einer Verringerung des Tauschwertes der Geldeinheit.

Steigt die Geldmenge in den Händen der Marktakteure, nimmt der Grenznutzen der zusätzlich erhaltenen Geldeinheit ab – und die anderen Güter werden vergleichsweise wertvoller gegenüber dem Geld. Die Geldhalter tauschen daraufhin ihr Geld gegen andere Güter ein – bieten ihr Geld auf dem Markt gegen andere Güter an. Die Folge ist, dass die Güterpreise steigen. Und je stärker die Geldmenge steigt, umso größer werden auch der Preissteigerungseffekt und damit der Kaufkraftschwund des Geldes ausfallen. Die apriorisch-handlungslogische Erklärung, dass die Geldnachfrage *nicht unabhängig* ist von der Geldmenge beziehungsweise deren Vermehrung, formulierte Ludwig von Mises wie folgt:

Wenn sich aber einmal die Auffassung gebildet hat, dass die Vermehrung der Geldmenge ohne absehbares Ende in grossem Umfange weiterschreiten wird und dass demgemäss auch die Geldpreise aller Waren und Dienstleistungen unaufhaltsam steigen werden, dann wird es das Bestreben der Wirte sein, so viel als möglich zu kaufen und die Kassenhaltung auf ein sehr geringes Mass herabzusetzen. Denn mit dem Halten von Kasse sind unter solchen

Umständen nicht nur die Kosten verbunden, [...] sondern darüber hinaus sehr beträchtliche Verluste durch den Rückgang der Kaufkraft. Die Vorteile der Haltung eines Kassenstandes müssen durch Opfer erkauft werden, die so hoch erscheinen, dass man seinen Umfang mehr und mehr einschränkt. Das ist die Erscheinung, die man in den grossen Inflationen der Nachkriegszeit als »Flucht in die Sachwerte« und als »Katastrophenhausse« bezeichnet hat.[25]

Die apriorische Handlungswissenschaft hilft aber nicht nur, historische Einzelgeschehnisse rational, wissenschaftlich objektiviert zu interpretieren.[26] Sie lässt uns auch das gesellschaftliche Werden, die Beweggründe für das Zustandekommen des kooperativen und produktiven Zusammenlebens der Menschen, den *Prozess der Zivilisierung* verstehen – und zwar ohne dass man dafür Rückgriff auf vage Vermutungen oder metaphysische Verweise nehmen müsste. Sie offenbart darüber hinaus, dass für die menschliche Zivilisierung, für das geordnete Zusammenleben in der Gemeinschaft, kein Staat (wie wir ihn in der Geschichte beobachten und erfahren konnten) erforderlich war. Das wird im folgenden Kapitel näher erläutert.

KAPITEL 5

Triebfeder der Zivilisation: das Glück der Ungleichheit

»Die Vernunft ist das Prinzip der allgemeinen Gleichheit, der Verstand ist das Prinzip der Ungleichheit unter den Menschen.«
– Friedrich Wilhelm Joseph Schelling

Die Erkenntnis, dass der Mensch handelt – dass er nicht *nicht* handeln kann –, macht es verständlich, warum Individuen *freiwillig* miteinander kooperieren; warum sie nicht fortwährend miteinander streiten und sich bekämpfen, sondern das friedliche Miteinander suchen. Die handlungslogische Erklärung dafür lautet: *Die Menschen formen eine Gemeinschaft aufgrund der Mannigfaltigkeit der Natur.* Die Mannigfaltigkeit der Natur bedeutet zum einen, dass die Handelnden *ungleich* sind in Bezug auf ihre individuellen Fähigkeiten, Wertvorstellungen und Ziele. Sie bedeutet zum anderen, dass die handelnden Menschen unterschiedliche Lebens- und Umweltbedingungen auf dieser Erde antreffen.

Es ist die Mannigfaltigkeit der Natur – dass jeder Mensch besonders und anders ist als die anderen und dass auch seine (subjektiv empfundenen) Lebensumstände anders sind als die seiner Mitmenschen –, die das Handeln eines jeden Menschen beeinflussen muss. Die Mannigfaltigkeit der Natur ist es auch, die die Menschen in die *Arbeitsteilung* drängt. Der mit einer Mindestvernunft ausgestattete

Mensch erkennt, dass ihm die Arbeitsteilung eine *höhere Ergiebigkeit der Produktion* verspricht im Vergleich zu einer Situation, in der er alle gewünschten Güter selbst erzeugt (»Subsistenzwirtschaft«). Zudem gelangt er zur Einsicht, dass es Ziele gibt, die sich ohne das Zusammenwirken mit anderen Menschen gar nicht erreichen lassen.

Zum Beispiel erkennt Herr *A*, dass er eine Brücke über den Fluss nicht bauen kann, ohne dass ihm Herr *B* und Herr *C* dabei helfen. Vorübergehende Bündnisse sind nun aber auf die Kooperation einiger weniger Menschen beschränkt. Eine dauerhafte Arbeitsteilung, wie sie in entwickelten Volkswirtschaften zu beobachten ist, lässt sich durch *Ad-hoc*-Kooperationen *nicht* erklären. Dazu bedarf es einer anderen Erklärung. Der britische Ökonom David Ricardo (1772–1823) entwickelte die *Theorie der komparativen Kostenvorteile*, mit der er die Handelsbeziehungen zwischen Ländern erklärt. Ricardo zeigt, dass der Handel zwischen Ländern vorteilhaft ist, wenn sich die Menschen in jedem Land auf die Produktion derjenigen Güter konzentrieren, die sie vergleichsweise am kostengünstigsten herstellen können (siehe Kapitel 13).

Ludwig von Mises sah in Ricardos Theorie viel mehr als nur eine Erklärung für den internationalen Handel. Er sah darin ein *Vergesellschaftungsgesetz*. Indem die Menschen erkennen, dass sie sich durch Arbeitsteilung besser stellen im Vergleich zum isolierten Wirtschaften, sehen sie sich fortan nicht mehr als Konkurrenten um die Aneignung knapper Güter, die die Natur bereitstellt. Sie gelangen vielmehr zur Einsicht, dass sie ihre Lebenslage verbessern, wenn sie mit anderen in die Arbeitsteilung eintreten, und zwar nicht nur vorübergehend, sondern dauerhaft.

Es ist die Unterschiedlichkeit zwischen den Handelnden – in Bezug auf ihre Fähigkeiten, Wünsche und Ziele –, die eine Kooperation erst möglich macht. Wären alle Handelnden gleich, gäbe es kein gesellschaftliches Miteinander. Hätten alle die gleichen Fähigkeiten, Wünsche und Ziele, könnte niemand etwas mit seinen Mitmenschen anfangen! Es würde bedeuten: Dort, wo ich gerade stehe, wollen auch Sie stehen; was ich kann, können Sie ebenso gut;

genau das, was ich Ihnen sagen möchte, wollen auch Sie mir sagen; was ich weiß, wissen Sie schon. Es wäre eine Dystopie!

Mit der Logik des menschlichen Handelns lässt sich der Werdegang der Zivilisation verstehen. Mises formulierte diese Einsicht so:

> *[W]enn und insoweit arbeitsteilig verrichtete Arbeit ergiebiger ist als Einzelarbeit und wenn und insoweit diese Tatsache von den Menschen erkannt wird, drängt das Handeln zur Vergesellschaftung und zwar zu fortschreitender Vergesellschaftung, nicht aus geheimnisvollem, unerklärbarem Trieb, sondern aus dem Wesen des Handelns selbst. Die Erfahrung lehrt uns, dass die Bedingung – höhere Ergiebigkeit der arbeitsteilig verrichteten Arbeit – gegeben ist, weil ihre Voraussetzungen – ungleiche Begabung der Menschen und ungleiche Eignung der verschiedenen Punkte der bewohnbaren Teile der Erde für die Erzeugung der verschiedenen Güter – gegeben sind. So vermögen wir das Werden und das Fortschreiten gesellschaftlicher Bindung zu begreifen.*[27]

Und weiter:

> *Um zu begreifen, dass die Menschen nicht gesondert auf die Nahrungssuche gehende Einzelgänger geworden und geblieben sind, müssen wir keineswegs ein besonderes Eingreifen der Gottheit durch Offenbarung und Bestellung von charismatischen Führern oder einen geheimnisvollen Trieb zur Vergesellschaftung zuhilfenehmen. Wir können eine Hypothese entbehren, der eine Gläubigen gewiss anstössige Auffassung zugrundeliegt, dass das ursprüngliche Schöpfungswerk so mangelhaft gewesen sei, dass zu seiner Befreiung von einem Grundfehler noch einmal oder gar öfter ein neues Eingreifen des Schöpfers notwendig wurde. Wir können auf die allzu einfache Zurückführung der gesellschaftlichen Bindung auf das Wirken eines Vergesellschaftungstriebes verzichten. Wir brauchen auch nicht anzunehmen, dass die isolierten Einzelnen sich zur Stiftung der Gesellschaft durch förmlichen Vertrag ver-*

bunden hätten. Die Kraft, die gesellschaftliche Bindung entstehen lässt und sie fortschreitend verdichtet, ist menschliches Handeln, das der Einsicht in die höhere Ergiebigkeit des Zusammenhandelns und Zusammenwirkens durch Arbeitsteilung entspringt.[28]

Die Lehre vom menschlichen Handeln, die Mises zugrunde legt, fördert eine weitere wichtige Erkenntnis zutage: dass Menschen trotz aller ihrer Unterschiede, ihrer unterschiedlichen Traditionen, Kulturen und Glaubensrichtungen einen ökonomischen Anreiz haben, miteinander in friedvolle und produktive Kooperation zu treten:

Doch selbst dann, wenn es einen Tatbestand gäbe, den man als ursprünglichen oder natürlichen Rassenhass zu bezeichnen hätte, würde das die gesellschaftliche Kooperation der Menschen nicht berühren und die Ricardo'sche Vergesellschaftstheorie nicht entkräften. Die gesellschaftliche Verbundenheit hat weder mit individueller Liebe noch mit einem allgemeinen Liebesangebot etwas zu schaffen. Nicht weil die Menschen einander lieben oder einander lieben sollten, kooperieren sie, sondern weil es im Interesse eines jeden Einzelnen liegt, sich die Vorteile der Arbeitsteilung zunutze zu machen. Selbst wenn es wahr wäre, dass die Natur zwischen den Rassen Hass wachsen liess, so läge darin nichts, was die wechselseitigen Vorteile der Arbeitsteilung beeinträchtigen könnte. Nicht aus Liebe zu den Mitmenschen, sondern aus Liebe zu sich selbst zieht der in Gesellschaft lebende Mensch den Frieden und die einträchtige Zusammenarbeit dem unsozialen Gegeneinander vor.[29]

Die handlungslogische Erkenntnis, dass sich Menschen mit unterschiedlichen Fähigkeiten, Wünschen und Zielen *freiwillig* zu einer arbeitsteiligen Gemeinschaft verbinden, bedeutet keineswegs, dass das Zusammenleben in der Gemeinschaft keiner Regeln und Gesetze bedürfe. Sie besagt vielmehr, dass es keines Herrschers, keines Zwangsapparates, keiner zentralen Gewalt bedarf, um die

Menschen dazu zu bringen, in eine arbeitsteilig organisierte Gemeinschaft einzutreten und sie zu fördern. Man kann an dieser Stelle daher sagen: Die freie Marktwirtschaft – die sich durch den unbedingten Respekt vor dem Eigentum auszeichnet und für deren Entstehen und Erhalten keine zentrale Zwangsgewalt notwendig ist – ist die *natürliche Form des Zusammenlebens der Menschen*.[30]

Die Logik des menschlichen Handelns erklärt zudem auch die Entstehung des Geldes, des *allgemein akzeptierten Tauschmittels*: Das Geld ist spontan aus dem freien Markt entstanden, und zwar aus einem Sachgut. Eine überaus wichtige Erkenntnis! Sie steht im Gegensatz zur heute vorherrschenden Meinung, die Entstehung des Geldgebrauches könnte nur dadurch erklärt werden, dass eine Obrigkeit, der Staat, eine Übereinkunft für die Verwendung des Geldes als Tauschmittel der Menschen herbeigeführt hätte.[31] Mit dieser falschen Auffassung räumt das folgende Kapitel auf.

KAPITEL 6

Die Perfektionierung des Tauschens: das Geld

»If not to make the world better, what is money for?«

– Elizabeth Taylor

Die Logik, die im Satz »Der Mensch handelt« enthalten ist, erklärt, warum Menschen ein friedvolles Miteinander suchen, warum sie freiwillig miteinander kooperieren: Es ist die Unterschiedlichkeit ihrer Fähigkeiten, Wünsche und Ziele, die sie in eine *Arbeitsteilung* treten lässt. Arbeitsteilung bedeutet *Spezialisierung*: Jeder konzentriert sich auf die Tätigkeit, die er am vergleichsweise besten ausüben kann. Dadurch stellen die Menschen die Güter nicht mehr ausschließlich für den Eigenbedarf her, sondern vor allem auch Güter, die die Mitmenschen nachzufragen wünschen.

Arbeitsteilung und Spezialisierung machen interpersonelles Tauschen erforderlich. Die primitivste Form ist der *Naturaltausch*: Jeder tauscht die Güter, die er produziert hat, gegen die Güter, die andere produziert haben und in deren Besitz er gern kommen möchte. Ein solcher Naturaltausch (»Gut gegen Gut«) ist jedoch beschwerlich. Schließlich muss man stets jemanden finden, der genau das nachfragt, was man anzubieten hat. Wenn das nicht der

Fall ist, wenn keine »doppelte Koinzidenz« der Wünsche vorliegt, findet kein Tausch statt.

Sind aber die Tauschmöglichkeiten begrenzt, so stößt die Möglichkeit, die Arbeitsteilung und Spezialisierung auszuweiten, an Grenzen: Die Ergiebigkeit der Produktion und damit der Wohlstand fallen geringer aus im Vergleich zu einer Situation, in der Tauschmöglichkeiten quasi unbegrenzt sind. Doch die Tauschmöglichkeiten lassen sich erweitern, wenn die Menschen zum *indirekten Tausch* übergehen. Ein jeder beginnt, seine Güter gegen solche Güter (indirekte Tauschmittel) einzutauschen, die selbst nicht dem Endzweck dienen, sondern die nachfolgend gegen die letztlich gewünschten Güter eingetauscht werden.

Anfänglich gibt es eine ganze Reihe von indirekten Tauschmitteln. Nach und nach verringern die Menschen jedoch diese Vielzahl auf wenige Tauschmittel. Das indirekte Tauschmittel, das die größte Verbreitung findet, wird zum allgemein akzeptierten Tauschmittel, wird zum *Geld*. Geld ist so gesehen das Gut, das die größte Absatz- beziehungsweise Marktfähigkeit erzielt hat. Doch das Geld übt nicht nur die überaus wichtige Funktion des Tauschmittels aus, es übernimmt noch eine andere wichtige Rolle: Geld ermöglicht die *Wirtschaftlichkeitsrechnung*.

In einer primitiven Subsistenzwirtschaft, in der jeder für sich wirtschaftet, gibt es keinen Bedarf für Geld. Beispielsweise kann der isoliert wirtschaftende Landwirt ermessen, ob er seine tägliche Arbeitsleistung besser zur Rodung eines Waldstückes oder zur Jagd einsetzt. Er kann überblicken, welche dieser Tätigkeiten für ihn am vorteilhaftesten ist. In modernen Volkswirtschaften, die arbeitsteilig organisiert und in denen komplexe Produktionswege zu beschreiten sind, ist Geld unverzichtbar, weil ohne Geld keine Wirtschaftlichkeitsrechnung durchgeführt werden kann.

Eine Volkswirtschaft steht immerfort vor der Frage: Wie sollen die verfügbaren Mittel (die denknotwendig knapp sind) eingesetzt werden, um die Bedürfnisse bestmöglich zu bedienen? Beispiel Energieversorgung: Soll ein Wasserkraftwerk oder soll ein Kohlekraftwerk gebaut werden? Beide Projekte sind aufwendig. Um die Wasserkraft nutzbar zu machen, sind viele Vorarbeiten nötig. Es müssen zum Beispiel Bagger, Transportkapazitäten und Arbeitskräfte bereitgestellt werden, ehe mit der Umlenkung des Wasserlaufs und dem Bau eines Staudammes begonnen werden kann. Erhebliche Vorarbeiten sind ebenfalls für den Bau eines Kohlekraftwerkes erforderlich. Es müssen zum Beispiel Bohrer, Grubenlüfter und Fördertürme bereitgestellt werden, bevor der Kohleabbau beginnen kann.

Mit der Verwendung von Geld lassen sich derart komplexe Entscheidungsprobleme in den Griff bekommen. Die Geldpreise, die sich im Markt für die einzelnen Produktionsmittel bilden, spiegeln die Wertschätzung wider, die ihnen die Marktakteure zuweisen. Steigt zum Beispiel ein Güterpreis, so zeigt dies, dass das Gut knapp geworden ist und dass mit ihm sorgsam umgegangen werden muss. Zeigt sich etwa, dass die Kosten, die für die Bereinigung des Wasserlaufs anfallen, nicht durch die zu erwartenden Energiepreise eingespielt werden können, so bedeutet das, dass diese Form der Energieversorgung volkswirtschaftlich nicht sinnvoll ist: Denn ganz offensichtlich gibt es andere, lohnendere Verwendungen für die knappen Ressourcen. Erst die Wirtschaftsrechnung, die mit Geldpreisen kalkuliert, erlaubt es, mit den knappen Ressourcen die dringlichsten Bedürfnisse zu erfüllen und die weniger dringlichen Bedürfnisse zurückzustellen. Ohne Geld wäre eine fortgeschrittene, arbeitsteilige Produktion nicht möglich.

Diese Erkenntnis ist nicht nur auf eine einzelne isolierte Volkswirtschaft beschränkt, sie lässt sich auch auf das *Weltwirtschaftssystem* anwenden. Die Menschen sind bislang zwar gewohnt, nationales Geld zu nutzen: Käufe und Verkäufe werden in den Vereinigten Staaten von Amerika in US-Dollar, im Euroraum in Euro, in China in chinesischen Renminbi, in Japan in japanischen Yen ausgeführt. Aber die ökonomische Vernunft sagt uns, dass diese *Regionalgelder suboptimal* sind, wenn es das Ziel ist, die Entwicklungsmöglichkeiten der Arbeitsteilung weltweit voranzutreiben.

Eine Weltwirtschaft, in der verschiedene Geldarten verwendet werden, ist immer noch eine Form der *Barterwirtschaft*. Die Wirtschaftsrechnung, die mit vielen Währungen zurechtzukommen hat, schöpft die Potenziale, die mit einem einheitlichen Geld gehoben werden können, nicht vollständig aus. Für die Wirtschaftlichkeitsrechnung ist die produktive Kraft des Geldes vielmehr erst dann optimiert, wenn alle dasselbe Geld verwenden, wenn ein einheitliches Geld auf der Welt verwendet wird. So weit war man übrigens bereits im letzten Viertel des 19. Jahrhunderts: Man verwendete international ein einheitliches Geld – das *Goldgeld*. Es war gewissermaßen zum *Weltgeld* aufgestiegen.

Handlungslogisch lässt sich begründen, warum *ein* Geld in der Volkswirtschaft beziehungsweise für die weltweite Volkswirtschaft optimal ist.[32] Nehmen wir an, es gibt Geld *A* und Geld *B*. Sind beide gleich gutes Geld aus Sicht der Geldnachfrager, ist eines von beiden verzichtbar. Ist hingegen Geld *A* besser als Geld *B*, so wird Geld *A* verwendet, und Geld *B* wird nicht nachgefragt und aus dem Markt gedrängt. Könnte es sein, dass Geld *A* und *B* Seite an Seite verwendet werden, wenn man Handeln unter Unsicherheit unterstellt? Das heißt wenn die Marktakteure, weil sie sich nicht ganz sicher sind, ob Geld *A* oder *B* besser ist, sowohl Geld *A* als auch Geld *B* nachfragen? Die Antwort ist nein.

Auch unter Unsicherheit ist die Verwendung von einem Geld aus Sicht der Wirtschaftsrechnung optimal. Es mag zwar Unsicherheit darüber bestehen, ob das verwendete Geld seine Kaufkraft im Zeitablauf behalten wird; oder ob man es, wenn man es bei Banken hält, wiederbekommt (gemeint ist hier ein Zahlungsausfall- beziehungsweise Kontrahentenrisiko). Doch auf freien Märkten werden solche Unsicherheiten bei Bedarf vertraglich gelöst. Zum Beispiel können die Geldnachfrager auf Wunsch Inflations- und Zahlungsausfallversicherungen abschließen. Selbst unter Berücksichtigung von Unsicherheit bleibt daher die optimale Anzahl des Geldes *eins*. Ein freier Markt für Geld läuft somit auf einen Verdrängungswettbewerb hinaus, der darauf hinarbeitet, ein Geld, und zwar das beste Geld, zu etablieren.

An dieser Stelle drängt sich eine ganz grundsätzliche Frage auf: *Wie ist Geld entstanden?* Der Ökonom Carl Menger (1840–1921) argumentiert in seiner Abhandlung *Grundsätze der Volkswirthschaftslehre* (1871), dass sich das Geld allein aufgrund des Eigeninteresses der handelnden Menschen herausgebildet hat, und zwar *spontan* im freien Markt, ohne Dazutun des Staates: »[Die] Existenz bestimmter Waaren als Geld hat sich naturgemäss aus den ökonomischen Verhältnissen herausgebildet, ohne dass die staatliche Einflussnahme hiebei [sic] erforderlich gewesen wäre.«[33] Geld ist, so Menger, aus einem *Sachgut* entstanden. Einem Gut, das, bevor es als Geld verwendet wurde, allein aufgrund seiner nicht-monetären Verwendung wertgeschätzt und gehandelt wurde. Irgendwann wurde es, weil es sich als Tauschmittel besonders gut eignete, als Geld verwendet.

Mengers Theorie, dass das Geld spontan aus dem freien Markt entstanden ist, und zwar aus einem Sachgut, wird nachfolgend von Ludwig von Mises handlungslogisch bestätigt. Mises zeigt mit seinem *Regressionstheorem*, dass Mengers Theorie der Geldentstehung denknotwendig ist.[34] Mises argumentiert, dass Geld nachgefragt wird, weil es Kaufkraft hat. Die Kaufkraft des Geldes bestimmt sich dabei aus dem Angebot von und der Nachfrage nach Geld. Doch halt: Ist das nicht ein *Zirkelschluss*? Wenn man sagt, dass Geld nachgefragt wird, weil es Kaufkraft hat, aber man gleichzeitig sagt, dass die Kaufkraft des Geldes durch Angebot und Nachfrage nach Geld zustande kommt – beißt sich da der Hund nicht in den Schwanz? Die Antwort ist nein.

Mises zeigt auf, dass die Geldnachfrage eine *Zeitdimension* hat. Geld wird *heute* nachgefragt, weil es *gestern* Kaufkraft hatte. Und gestern wurde Geld nachgefragt, weil es vorgestern Kaufkraft hatte. Und so weiter. Schreitet man mit dieser Erklärung zeitlich immer weiter zurück, so gelangt man schließlich logischerweise zu dem Zeitpunkt, an dem ein Gut *erstmalig* als Geld verwendet wurde. Zu diesem Zeitpunkt muss das Gut bereits einen Marktpreis gehabt haben, der sich allerdings nur aufgrund seiner *nicht-monetären*

Dienste erklärte. Dieser nicht-monetäre Tauschwert war der Ausgangspunkt für den ersten *rein monetären* Tauschwert des Gutes.

Gemäß dem Regressionstheorem ist es daher nicht möglich, Geld »von oben« einzuführen. Kein Herrscher, keine Zentralstelle kann Geld »einfach so« schaffen. Diese Erkenntnis wirft Fragen auf. Vor allem die Frage, wie es sein kann, dass das heutige Geld ein ungedecktes Papiergeld ist. Der Ökonom Jörg Guido Hülsmann schreibt dazu in seinem Buch *Die Ethik der Geldproduktion* (2007) pointiert: »Papiergeld ist niemals durch freiwillige Kooperation zustande gekommen. In allen bekannten Fällen wurde es durch Zwang und Nötigung eingeführt, manchmal unter Androhung der Todesstrafe.«[35] Wenn aber das heutige ungedeckte Papiergeld nicht »natürlich« im freien Markt entstanden sein kann, wie ist es dann in die Welt gelangt? Um eine Antwort auf diese Frage zu finden, kommt man nicht umhin, sich zunächst mit dem Staat zu beschäftigen. Das geschieht im folgenden Kapitel.

KAPITEL 7

Die dezivilisierende Kraft: der Staat

»Der Staat an und für sich ist das sittlichste Ganze, die Verwirklichung der Freiheit; und es ist absoluter Zweck der Vernunft, daß die Freiheit wirklich sei.«

– Georg Wilhelm Friedrich Hegel

Es ist vermutlich nicht übertrieben zu behaupten, dass die meisten Menschen den Staat (wie wir ihn heute kennen) als unverzichtbar ansehen: »Ohne ihn geht es nicht«, so ist häufig zu hören, »ohne den Staat gäbe es weder Recht noch Ordnung; das zivilisierte Zusammenleben wäre unmöglich, und es herrschten Mord und Totschlag.« Doch ein genaues Nachdenken zeigt, dass diese Einschätzung nicht richtig sein *kann*. Um das zu verstehen, muss man sich in einem ersten Schritt Klarheit darüber verschaffen, was der Staat (wie wir ihn heute kennen) eigentlich ist.

Der Staat ist – um eine positive Definition (das heißt eine erklärende Definition) zu gebrauchen – der territoriale Zwangsmonopolist mit Letztentscheidungsmacht. Er ist derjenige, der über alle Konflikte richtet beziehungsweise das letzte Wort hat – also alle Konflikte entscheidet, die zwischen seinen Untergebenen auftreten, und auch alle Konflikte, die zwischen seinen Untergebenen und ihm auftreten. Jedes Kindergartenkind wird sogleich begreifen, dass wohl niemand freiwillig solch einem Staat seine Zustimmung geben würde. Die Frage, die sich hier stellt, lautet: Wie kann der Staat (wie er soeben definiert wurde) entstanden sein?

Es ist logisch einsehbar, dass der Staat nicht auf der Grundlage der Freiwilligkeit entstanden ist. Unter den Lebenden wird sich niemand finden, der wahrheitsgetreu behaupten kann, er sei gefragt worden, ob er dem Staat unterworfen werden wolle, und dem auch zugestimmt habe. Auch der Verweis, der Staat sei durch einen *Gesellschaftsvertrag* zustande gekommen, kann nicht überzeugen. Es gibt keinen solchen Vertrag, den Sie oder ich irgendwann einmal unterzeichnet hätten. Und wer daraufhin entgegnet, der Gesellschaftsvertrag, der den Staat begründe, sei ja nur eine Metapher, mit der man das vertragliche Zugeständnis symbolisieren will, der kann damit ebenfalls nicht überzeugen: Er versucht lediglich, aus einem Nein (zwanghaft) ein Ja zu machen.

Aus handlungslogischer Sicht ist der Staat – wenn er ein territorialer Zwangsmonopolist ist, dem der Einzelne auf Gedeih und Verderb unterworfen ist – widersprüchlich und damit im wahrsten Sinne des Wortes falsch.[36] Das Individuum wird durch ihn de facto zum Sklaven herabgewürdigt, und das ist unvereinbar mit der *Logik des menschlichen Handelns* – weil das Eigentum, das Selbsteigentum, eine nicht wegzudenkende Kategorie des menschlichen Handelns ist. Man kann nicht einmal widerspruchsfrei argumentieren, der Staat sei dann legitim, wenn die Menschen sich ihm freiwillig unterwerfen. Denn dann sind die Menschen eben nicht mehr Eigentümer ihrer selbst und der Güter, die sie sich auf nicht-aggressivem Wege erworben haben.[37]

Selbstverständlich würde niemand, der bei Verstand ist, freiwillig und ein für alle Mal das Wohl und Wehe über seine Person und sein Eigentum an den Zwangsmonopolisten Staat abtreten, an einen Monopolisten aller Letztentscheidungen auf seinem Gebiet, der die Macht hat, Ausmaß und Preis für Recht und Sicherheit unilateral zu bestimmen. Ein solcher Vertrag – wenn es ihn gäbe – wäre schlichtweg sittenwidrig. Man kommt nicht umhin einzusehen: Die

Existenz des Staates (wie wir ihn heute kennen) ist das Ergebnis von Gewalt, von Eroberung, Unterdrückung und Plünderung. In diesem Sinne schreibt Franz Oppenheimer (1864–1943)[38]:

> *Der Staat ist seiner Entstehung nach ganz und seinem Wesen nach […] eine gesellschaftliche Einrichtung, die von einer siegreichen Menschengruppe einer besiegten Menschengruppe aufgezwungen wurde mit dem einzigen Zwecke, die Herrschaft der ersten über die letzte zu regeln und gegen innere Aufstände und äußere Angriffe zu sichern. Und die Herrschaft hatte keinerlei andere Endabsicht als die ökonomische Ausbeutung der Besiegten durch die Sieger.*[39]

Häufig heißt es, der Staat sei erforderlich, um das Eigentum zu schützen, und dass es ohne den Staat gar kein Eigentum geben würde. Kann dieses Argument überzeugen? Die Antwort lautet nein. Es muss ja bereits Eigentum gegeben haben, *bevor* der Staat – dessen Wesen der Übergriff auf das Eigentum ist – ins Spiel kommt. Eigentum muss der Staatsbildung zeitlich vorausgegangen sein. Der Staat konnte erst entstehen, *nachdem* die Menschen Eigentum bereits geschaffen hatten. Ganz offensichtlich braucht man den Staat nicht, damit Eigentum entstehen kann.

Lässt sich aber vielleicht die Aggression des Staates gegen das Eigentum rechtfertigen, weil ohne den Staat ein friedvolles Zusammenleben in der Gemeinschaft unmöglich wäre? Das ist ein Floh, den Thomas Hobbes (1588–1679) seinen Lesern mit seiner Aussage *Homo homini lupus est* (»Der Mensch ist dem Menschen ein Wolf«) ins Ohr gesetzt hat.[40] Man nehme einmal an, Hobbes habe recht: *A* und *B* bräuchten, um friedvoll miteinander zu leben, einen Staat *S*. Ohne *S* lebten *A* und *B* in Anarchie, sie würden in Streit und Kampf untergehen. Von *S* und von keinem anderen haben sie daher Schutz und Sicherheit nachzufragen, und *S* allein bestimmt, was er ihnen dafür in Rechnung stellt. Mit anderen Worten: *A* und *B* werden *S* unterworfen. Das unveräußerliche Recht von *A* und *B* auf (Selbst-)Eigentum ist damit aufgehoben.

Wer aber kontrolliert nun *S*, hinter dem sich ja notwendigerweise Menschen vom Typ *A* oder *B* verbergen müssen? Es gibt keinen Grund, dass die Menschen, die die Macht von *S* ausüben, sich gegenüber *A* und *B* anders verhalten als *A* und *B* sich untereinander verhalten. Der logische Schluss wäre daher, den Staat *S* durch eine übergeordnete Instanz, den Staat *S**, zu kontrollieren. Und *S** müsste wiederum von *S*** kontrolliert werden – und so weiter und so fort. Konsequent zu Ende gedacht, müsste ein Weltstaat errichtet werden, dem alle (*A* und *B* sowie *S*, *S** und *S*** und so weiter) unterworfen sind. Doch wer würde den Weltstaat kontrollieren? Man erkennt leicht, dass dieser Gedankengang keine überzeugende Lösung bereitstellt. Der Weltstaat wäre auch nicht vereinbar mit dem *a priori* des Eigentums: Wie jeder Nationalstaat könnte schließlich auch ein Weltstaat nur aus Aggression, aus Gewalt gegen das Eigentum des Einzelnen entstehen.

Wir haben erkannt, der Staat ist ein Gewaltapparat. Die Frage, die sich nun stellt, lautet: *Wie erhält solch ein Staat seine Macht?* Ein Staat kann bekanntlich nur so lange Bestand haben, wie die Unterworfenen beziehungsweise Regierten – sie bilden in der Regel die Mehrheit – sich nicht gegen den Staat beziehungsweise die Regierenden – das ist in der Regel eine kleine Minderheit – auflehnen. Einen solchen Widerstand kann der Staat auf zwei Arten verhindern. *Erstens:* Der Staat kann seine Existenz durch Einsatz nackter Gewalt erzwingen. Er hat schließlich das Gewaltmonopol. Diese Art des Machterhalts ruht allerdings auf tönernen Füßen und ist zudem teuer. Hinzu kommt, dass der Staat beziehungsweise seine Repräsentanten fürchten müssen, dass sie durch noch Rücksichtslosere entmachtet werden.

Zweitens: Weitaus wirkungsvoller ist es für den Staat, eine *freiwillige Gefolgschaft* zu formieren. Das wiederum kann auf drei Wegen gelingen. (1) Der Staat beherrscht das Bildungswesen und verbreitet seine selbstglorifizierende Ideologie. Dazu kooperiert er mit den Intellektuellen (Lehrern, Professoren, Schriftstellern, Schauspielern, Musikern und Künstlern), die er bezahlt und protegiert und die Sorge dafür tragen, die öffentliche Meinung für den Staat einzunehmen. Das funktioniert offensichtlich sehr gut: Heutzutage glauben die meisten Menschen, dass der Staat unverzichtbar ist – und das mindert den Widerstand gegen ihn.

(2) Der Staat stellt prinzipiell jedem in Aussicht (ob er oder sie eine Schul- und Berufsausbildung hat oder nicht, ob er oder sie sich gegenüber seinen oder ihren Mitmenschen verdient gemacht hat oder nicht), gewählt werden und so an die Macht gelangen zu können, wenn er oder sie es denn nur will. Auch das macht den Staat aus Sicht vieler zu einer akzeptablen und unterstützenswerten Institution – und schwächt ebenfalls den Widerstand gegen ihn.

(3) Der Staat korrumpiert die Menschen ganz unverhohlen. Er kauft sich sprichwörtlich die Unterstützung der Wählerschaft, indem er ihr in Aussicht stellt, an Privilegien und Einkommen zu gelangen, an die sie durch eigene Arbeit nicht herankommen würde. Der Staat handelt folglich nach dem Prinzip *divide et impera*: Teile und herrsche.

Viele Menschen erkennen in der Regel rasch den Staat als ein geeignetes Mittel, um ihre persönlichen Ziele zu erreichen: Alles, was es braucht, sind Regierungsparteien, die ermächtigt werden, das Gewünschte um- und durchsetzen.[41] Das führt dazu, dass früher oder später alles und jeder politisiert wird: Der staatliche Einfluss dringt in alle Gesellschafts- und Lebensbereiche vor – Erziehung, Bildung und Weiterbildung, Arbeit, Gesundheit, Rente, Rechtsetzung und Rechtsprechung, Umwelt, Ernährung, Transport, Sicherheit sowie Geld und Kredit –, und überall wird der Staat zum dominanten Spieler.

Der französische Ökonom und Denker Claude-Frédéric Bastiat (1801–1850) findet dazu klare Worte:

> *Der Staat ist die große Fiktion, nach der sich jedermann bemüht, auf Kosten jedermanns zu leben. Denn heute wie damals wollte jeder gern ein bisschen mehr oder weniger von der Arbeit der anderen profitieren. Dieses Gefühl wagt man nicht offen zu zeigen,*

man verheimlicht es vor sich selbst. Was macht man also? Man verschafft sich einen Vermittler, man wendet sich an den Staat, und jede Klasse kommt der Reihe nach zu ihm und sagt: »Sie, die sich loyal und ehrenvoll nehmen können, nehmen Sie von der Öffentlichkeit und wir wollen teilen.« Ach der Staat hat nur allzuviel Neigung, dem teuflischen Rat zu folgen. [...] Er wird der Schiedsrichter sein, der Herr aller Geschicke: Er wird viel nehmen, also wird ihm viel für sich bleiben, er wird die Anzahl seiner Beamten vervielfachen, er wird den Umfang seiner Zuständigkeiten erweitern, er wird schließlich erdrückende Ausmaße annehmen.[42]

Bastiats Hinweis, dass der Staat sich nicht begrenzen lasse, verdient besondere Aufmerksamkeit. In der Tat: Wer hofft, die Expansion des Staates ließe sich wirksam mit Verfassungsregeln einhegen, der hofft vergeblich. Der Staat monopolisiert auch die Rechtsetzung und Rechtsprechung. Dadurch macht er sich zum Richter über alle Konflikte, einschließlich der Konflikte, die er selbst vom Zaun bricht. Dass die Rechtsprechung unter diesen Bedingungen zu Gunsten des Staates ausfällt (gerade in für ihn existenziellen Fragen), liegt auf der Hand. Schließlich werden ja auch die Gerichte vom Staat personell besetzt und bezahlt. Die Rechtsprechung mag sich zwar vom Einfluss der Regierungspartei, die gerade die Macht und das Sagen hat, emanzipieren – nicht aber vom Staat selbst.

Man kommt nicht umhin einzusehen: Die Entstehung und der Fortbestand des Staates sind nicht auf Freiwilligkeit, sondern auf Gewalt und Zwang gebaut. Natürlich gibt es Staaten, die ihre (Gewalt-)Monopolstellung stärker missbrauchen als andere; so gesehen könnte man von schlechten und weniger schlechten Staaten sprechen. Doch sie alle stellen eine Verletzung der Eigentumsrechte dar. Die Staaten sind, wie Hans-Hermann Hoppe es nennt, enteignende Eigentumsschützer und rechtsbrechende Rechtsbewahrer – und setzen dadurch dezivilisierende Kräfte frei. Gerade der demokratische Staat (wie wir ihn heute kennen) dehnt sich immer weiter aus. Ihn zähmen und einhegen zu wollen, erweist sich als Illusion. *Selbst aus einem Minimalstaat wird früher oder später ein Maximalstaat.*[43] Diese handlungslogische Einsicht hat eine reale Entsprechung.

Wohin man auch blickt: Die Staaten sind in den letzten Jahrzehnten immer mächtiger geworden, kein Bereich des Wirtschafts- und Gesellschaftslebens ist von ihnen verschont geblieben. Vor allem beanspruchen die Staaten das Monopol der Geldproduktion. Der Grund: Hat der Staat erst einmal die Hoheit über das Geld erlangt, ist der Weg frei zur größtmöglichen Machtausweitung: Der Staat kann sich dann sprichwörtlich alles und jeden kaufen. Es kommt daher nicht von ungefähr, dass die Staaten heutzutage überall auf der Welt das Geldmonopol innehaben. Die Schritte, mit denen sie sich nach und nach auf mitunter verschlungenen Wegen die Kontrolle über das Geld verschafft haben, beleuchtet Kapitel 8.

KAPITEL 8

Staat und Geldverschlechterung: vom Waren- zum Fiat-Geld

»[H]istory [...] provides the most vivid illustration of the direct link between a state's internal powers of counterfeiting and its policy of external aggression, as well as the banking and business elite's conspiracy with the state in its expansionary desires.«

– Hans-Hermann Hoppe

Der Staat hat nur *eine* Finanzierungsquelle: die Einkommen und das Vermögen der Beherrschten. Wie aber kann der Staat an diese Mittel kommen? Er kann offen rauben, indem er *Steuern* erhebt. Das aber stößt rasch an Grenzen. Die Beraubten erkennen, dass ihnen genommen wird, und begehren auf, wenn sie die Steuerlast als zu hoch empfinden. Viel komfortabler ist es für den Staat, wenn er *Geld* nach eigenem Belieben schaffen und sich dafür die gewünschten Güter und Dienste im Markt kaufen kann. Wie aber gelangt der Staat in eine für ihn derart günstige Position?

Das Geld kann – wie in Kapitel 6 gezeigt – nur aus einem Sachgut entstehen. Auch ein Staat kann Geld nicht einfach so, per Dekret, schaffen. Will sich der Staat zum absoluten Herrscher über das Geld aufschwingen, muss er zunächst mit dem vorliebnehmen, was er vorfindet: Sachgeld in Form von Gold und Silber.[44] Um die volle Hoheit über das Geld zu erringen, muss der Staat einen langen Weg gehen. In einem ersten Schritt wird er das *Münzgeschäft* monopolisieren: Münzen dürfen fortan nur noch in der staatlichen Münze geprägt werden. Für das Prägen von Gold- und Silbermünzen wird eine Gebühr verlangt. Der Münzgewinn (»Seigniorage«) geht an den Staat.

Die Münzen werden mit einem staatlichen Stempel, mit einem dem Staat gefälligen Symbol versehen. Der Staat wird dabei sicherstellen, dass der Name der Münze von ihrem physischen Material getrennt wird. Aus beispielsweise »Goldgramm« oder »Silberunze« werden »US-Dollar«, »Mark« oder »Franc«. Auf diese Weise wird das umlaufende Sachgeld auf das engste mit dem Herrscher beziehungsweise dem Staat verbunden.

Hat der Staat das Monopol über die Münzprägung inne, macht er sich daran, den Edelmetallgehalt der Münzen zu verringern. Vereinfacht gesprochen: Eine Mark, die bislang 0,50 Gramm Feingold entsprach, enthält fortan nur noch 0,25 Gramm Feingold. Dadurch lässt sich die ausstehende Geldmenge, die sich aus einem gegebenen Edelmetallbestand prägen lässt, vergrößern (in diesem Fall verdoppeln). Der Staat verdient durch das Herabsetzen des Edelmetallfeingehaltes der Münzen. Doch eine solche *Münzverschlechterung* stößt schnell an Grenzen: Werden die Münzen sprichwörtlich zu leicht, fällt der Schwindel auf, und die Akzeptanz der Münzen im Handelsverkehr schwindet. Der Staat wird daher nach effektiveren Maßnahmen suchen.

In einem *Sachgeldsystem* kann der Staat seinem Ziel, sich zu bereichern, einen großen Schritt näher kommen, indem er den Banken zubilligt, mit einer Teilreserve zu operieren. Das heißt, er erlaubt den Banken, eigenes Geld per Kreditvergabe zu schaffen: Banken geben per Kredit Banknoten und Giroguthaben aus, die die Menge an Gold und Silber, die Kunden bei ihnen eingelagert haben, übersteigen. Die Geldvermehrung per Kredit kommt dem

Staat und den Banken zupass. Der Staat kann sich bei den Banken verschulden und zahlt dafür einen Zins, der niedriger ist als der Zins, der üblicherweise zu bezahlen wäre. Die Banken profitieren, weil die Kreditvergabe in einem Teilreservesystem ihnen kräftige Gewinne beschert.

Die Sache hat jedoch einen Haken: Wird den Kunden bewusst, dass die Banken nicht wie versprochen *alle* Banknoten und Bankguthaben, die sie ausgegeben haben, jederzeit in Edelmetall einlösen können, kann leicht Panik ausbrechen: Dann stürmen die Kunden die Bankschalter (das ist der »Bank Run«) und verlangen den Eintausch ihrer Banknoten und Giroguthaben in Edelmetall. Können die Banken das nicht vollumfänglich leisten, offenbart sich ihre Zahlungsunfähigkeit. Wenn in einem Teilreservesystem eine Bank ausfällt, ist die Wahrscheinlichkeit sehr groß, dass auch alle anderen Banken zahlungsunfähig werden.

Folglich greift der Staat, wenn es in einem Teilreservesystem zu einem »Bankensturm« kommt, zu einem Trick: Er suspendiert die Edelmetalleinlösepflicht der Banken. Haltern von Banknoten und Giroguthaben wird mitgeteilt, dass von nun an ihre Ansprüche nicht mehr in Gold eintauschbar sind, zumindest vorübergehend nicht mehr. Solch ein Suspendieren der Goldeinlösbarkeit der Banknoten und Giroguthaben ist allerdings für Staat und Banken heikel. Die Betroffenen, die nicht mehr an ihr Gold kommen, protestieren, und der Trick lässt sich auch nicht allzu häufig wiederholen. Das Aussetzen des Versprechens, Bankengeld in Gold einzutauschen, ist daher keine zufriedenstellende Lösung für den Staat und die Banken.

Für sie ist es viel vorteilhafter, wenn das Geld entmaterialisiert und damit beliebig vermehrbar wird; und wenn es dabei auch noch eine zentrale Instanz gibt, die die Geschicke des entmaterialisierten Geldes lenkt – und zwar im Sinne des Staates und der Banken. Mit anderen Worten: Staat und Banken wollen eine *Zentralbank*, die das Monopol der Geldproduktion innehat. Eine solche Zentralbank, die großes Prestige und Vertrauen genießt – schließlich steht der

Staat hinter ihr! –, verringert die Wahrscheinlichkeit eines Bankensturms, erhöht also die Inflationierungsmöglichkeiten, die Staat und Banken betreiben wollen.

Mit einer Zentralbank lässt sich die Deckung des Geldes durch das Gold beenden. Und genau das ist mittlerweile in allen Ländern der Welt geschehen. Der Weg dahin hat lange gedauert. Aber die Staaten haben es letztlich geschafft: Sie haben das Monopol über die Geldproduktion erlangt und das Sach- beziehungsweise Goldgeld durch ihr eigenes, *ungedecktes Papiergeld* ersetzt. Betrachten wir das Beispiel der Vereinigten Staaten von Amerika. Im Münzgesetz von 1792 wird der US-Dollar definiert in Gold- und Silberfeingewicht.[45] Amerika hat damit einen *Bimetallismus*: Gold und Silber sind offiziell Geld. Im Jahr 1873 wird das Silber entmonetarisiert, und der US-Dollar ist de facto nur noch in Gold definiert. Fortan entsprechen 20,67 US-Dollar 1 Feinunze Gold.

Am 5. April 1933 verbietet US-Präsident Franklin D. Roosevelt (1882–1945) den Amerikanern die Goldhaltung. Die Goldbestände, die in Banken lagern, müssen an das US-Finanzministerium abgegeben werden. Im Gegenzug dafür erhalten die Kunden US-Dollar-Banknoten und -Giroguthaben bei US-Banken. Die Amerikaner können fortan ihre Banknoten oder Bankeinlagen nicht mehr in physisches Gold eintauschen. Das gelbe Metall verschwindet aus dem täglichen Zahlungsverkehr. Mit Gold werden nur noch großvolumige Transaktionen im internationalen Zahlungsverkehr zwischen Zentralbanken ausgeführt.

Anfang 1934 beschließt die Roosevelt-Regierung, den US-Dollar gegenüber dem Gold *abzuwerten* (»Gold Reserve Act«). Dazu wird der bisherige Preis des Goldes von 20,67 auf 35 US-Dollar pro Feinunze angehoben. Das Gold verteuert sich dadurch um 69 Prozent gegenüber dem US-Dollar – und entsprechend fällt die Kaufkraft des US-Dollar, in Gold gemessen, um etwa 41 Prozent. Da diese Maßnahme die US-Dollar-Geldmenge erhöhte, stiegen nachfolgend auch die Güterpreise merklich an. Übrigens dauerte es mehr als 40 Jahre, bis US-Präsident Gerald Ford (1913–2006) im August

1974 entschied, das Goldverbot aufzuheben: Erst 1975 wird den Amerikanern wieder der Goldbesitz erlaubt.

Doch das Gold verliert damit nicht seinen Geldstatus. Im Jahr 1944 einigt man sich auf das *System von Bretton Woods*, das die weltweiten monetären Verhältnisse neu ordnen soll.[46] Der US-Dollar wird zur Weltreservewährung erkoren. 35 US-Dollar entsprechen 1 Feinunze Gold. Die übrigen Währungen (wie zum Beispiel britisches Pfund und französischer Franc) sind mit einem festen Wechselkurs an den US-Dollar gebunden. Damit sind sie indirekt im Gold verankert. Allerdings sollte man daraus nicht vorschnell schlussfolgern, das System von Bretton Woods wäre ein Goldstandard gewesen. Es war nur ein Pseudogoldstandard;[47] in Kapitel 16 wird das genauer erklärt.

Aufgrund seiner fehlerhaften Konstruktion scheitert das System von Bretton Woods. Am 15. August 1971 verkündet US-Präsident Richard Nixon (1913–1994), die Goldeinlösbarkeit des US-Dollar sei *vorübergehend* beendet; und das sollte sich als der größte monetäre Enteignungsakt in der Währungsgeschichte erweisen. Mit dem unilateralen Beschluss der Amerikaner wird dem US-Dollar und damit auch allen anderen wichtigen Währungen der Welt die Golddeckung entzogen. Damit verliert das Weltwährungssystem seine Verankerung im Gold. Die Währungen werden per Handstreich zu Fiat-Geld. Im folgenden Kapitel wird genauer erklärt, was Fiat-Geld ist und was es anrichtet.

KAPITEL 9

Anatomie einer Zerrüttung: Was Fiat-Geld anrichtet

»Krankes Geld, kranke Welt.«

– Gregor Hochreiter

Das Wort *fiat* stammt aus dem Lateinischen und heißt so viel wie »Es werde« oder »Es sei«. Fiat-Geld ist kein »natürliches Geld« in dem Sinne, dass es im freien Markt – durch freiwillige Übereinkunft der Marktakteure – hätte entstehen können. Fiat-Geld können wir – gemäß dem Motto »Friss oder stirb« – als *Zwangs*geld, als *verordnetes* Geld bezeichnen. (Mit einem Augenzwinkern könnte man sagen: Wenn Sie gezwungen werden, einen Hund als Katze zu bezeichnen und zu behandeln, dann ist der Hund eine *Fiat*-Katze.)

Fiat-Geld zeichnet sich durch drei Eigenschaften aus: (1) Fiat-Geld ist staatlich monopolisiertes Geld; die staatlichen Zentralbanken haben das Produktionsmonopol des Geldes inne. (2) Fiat-Geld wird in der Regel durch Kreditvergabe geschaffen, der keine echte Ersparnis gegenübersteht.[48] Es wird so gesehen »aus dem Nichts« geschaffen (oder »ex nihilo«, wie der Lateiner sagt). Und (3) Fiat-Geld ist entmaterialisiertes Geld. Es hat die Form von bunt bedruckten Papierzetteln (genauer: Baumwollstückchen) und Einträgen auf Computerfestplatten (Bits und Bytes). Ob US-Dollar, Euro, chinesischer Renminbi, japanischer Yen, britisches Pfund oder Schweizer Franken: Sie alle sind Fiat-Geld.

Weil Fiat-Geld kein *natürliches*, kein im freien Markt entstandenes Geld ist – es ist nicht aus freiwilligen Tauschakten hervorgegangen –, kann es nicht verwundern, dass es unter schweren ökonomischen und ethischen Defiziten leidet. Fiat-Geld ist *inflationär*: Es verliert seine Kaufkraft im Zeitablauf, weil die Zentralbanken – in enger Kooperation mit den Geschäftsbanken – die Fiat-Geldmenge fortwährend ausweiten. Und steigt die Geldmenge, steigen auch die Güterpreise, und das senkt notwendigerweise die Kaufkraft des Geldes ab.

Diese Einsicht gilt übrigens für Sachgeld wie für Fiat-Geld. Weil aber sich die Fiat-Geldmenge jederzeit in der politisch gewünschten Menge ausweiten lässt, ist das Fiat-Geld viel *inflationärer* als das Sachgeld; und das ist auch der Grund, warum der Staat das Sachgeld durch sein eigenes Fiat-Geld ersetzt hat.

Die chronische Inflation des Fiat-Geldes sorgt für eine *nicht-marktkonforme Umverteilung* von Einkommen und Vermögen, bei der die Erstempfänger des neu geschaffenen Geldes auf Kosten der Spätempfänger profitieren. Wer das neu geschaffene Geld als Erster erhält, kann Güter zu noch unveränderten Preisen erwerben. Verbreitet sich das neue Geld in der Volkswirtschaft, steigen die Güterpreise an – beziehungsweise sie fallen höher aus im Vergleich zu einer Situation, in der die Geldmenge nicht erhöht worden wäre. Der Umverteilungseffekt – einige werden reicher auf Kosten vieler – tritt notwendigerweise ein, weil nicht alle Menschen gleichzeitig an der Vermehrung der Fiat-Geldmenge teilhaben.[49]

Da die Kaufkraft des Fiat-Geldes im Zeitablauf dahinschmilzt, bleibt Sparern nichts anderes übrig, als zur Bank zu gehen, um sich verzinsliche Guthaben und Wertpapierdepots einzurichten, in der Hoffnung, einen Zinsertrag erwirtschaften zu können, der sie vor dem Geldwertschwund bewahrt. Das Fiat-Geld vergrößert folglich die Geschäfts- und Gewinnmöglichkeiten der Banken- und Finanzindustrie immens – schließlich muss ja der Kunde für Konten, Depots und Transaktionen Gebühren bezahlen. Es ist daher alles andere als verwunderlich, dass gerade der Banken- und Finanzsektor ein glühender Befürworter des Fiat-Geldsystems ist!

Indem die Zentralbank neues Geld vorzugsweise durch Kredite in Umlauf bringt, die nicht durch echte Ersparnisse gedeckt sind, wird der Marktzins künstlich abgesenkt. Die Zentralbank führt dadurch eine groß angelegte Täuschung herbei: Den Konsumenten und Unternehmern wird eine Reichtumsillusion vorgegaukelt. Sie werden über die wahren Knappheitsbedingungen in die Irre geführt, ihre Konsum-, Spar- und Investitionsentscheidungen fehlgelenkt. Das verursacht schwerwiegende Störungen im Wirtschafts- und Finanzgefüge.

Der künstlich gesenkte Marktzins verleitet die Menschen dazu, weniger zu sparen und mehr zu konsumieren, und gleichzeitig werden Firmen motiviert, neue Investitionen zu tätigen. Das führt dazu, dass die Volkswirtschaft über ihre Verhältnisse lebt. Doch das ist zunächst nicht erkennbar. Denn der künstlich gesenkte Zins setzt einen *künstlichen* Aufschwung (»Boom«) in Gang. Er sorgt dafür, dass die Unternehmensgewinne sprudeln, die Beschäftigung zunimmt, die Löhne steigen. Doch der Boom ist auf Sand gebaut: Nachdem der einmalige Einschuss des neuen Fiat-Geldes seine Wirkung auf Güterpreise und Löhne entfaltet hat, bemerken die Unternehmen, dass die erhöhte Nachfrage nach ihren Produkten einmalig und nicht dauerhaft war und dass ihre Gewinne hinter den Erwartungen zurückbleiben.

Angefangene, noch nicht vollendete Investitionsprojekte werden daraufhin liquidiert und rückabgewickelt. Arbeitsplätze, die zuvor geschaffen wurden, werden gestrichen, und die Löhne und Einkommen der Arbeitnehmer sinken wieder. Der Boom schlägt in den Abschwung (»Bust«) um. Dazu tragen insbesondere auch die Banken bei: Die Kredite, die sie Konsumenten und Unternehmen vergeben haben, geraten in Zahlungsverzug oder fallen aus. Die Banken werden daraufhin vorsichtig(er) bei der Kreditvergabe, fahren ihre Risikobereitschaft zurück. Die Folge: Der Zustrom von neuen Krediten und neuem Fiat-Geld in das Wirtschaftssystem versiegt.

Der Marktzins beginnt daraufhin wieder zu steigen, und die Volkswirtschaft kehrt zu ihrer ursprünglichen Spar-Konsum-Investitions-Relation zurück – zu der Situation, die vor dem künstlichen Absenken des Marktzinses von den Marktakteuren bevorzugt war: zu einer Situation, in der mehr gespart, weniger konsumiert und weniger investiert wurde als im künstlichen Boom. Dadurch aber kollabiert der Boom – und damit auch die Produktions- und Beschäftigungsstruktur, die sich im Zuge der künstlich gesenkten Zinsen aufgebaut hat. Es kommt zur Wirtschafts- und Finanzkrise.

Der Bust ist zwar schmerzlich, aber er ist volkswirtschaftlich notwendig. Durch ihn werden die ökonomischen Schäden korrigiert, die der Boom verursacht hat: Überkonsum und Fehlinvestitionen. Der Bust sorgt dafür, dass Produktion und Beschäftigung wieder an die eigentlichen Kundenbedürfnisse angepasst werden. Doch der Bust ist politisch unbeliebt: Wer will schon Einkommenseinbußen hinnehmen, aus angestammten Märkten verdrängt werden, auf gewohnte Errungenschaften verzichten, wer will Fehler eingestehen müssen? Kaum jemand! Und daher wird, wenn der Boom in einen Bust umzuschlagen droht, in der Öffentlichkeit der Ruf nach Zinssenkungen laut.

Noch niedrigere Zinsen sollen den Bust in einen neuerlichen Boom ummünzen. Die Zentralbank kommt der Aufforderung nach – und das Spiel beginnt von Neuem. So erklärt sich der Zyklus von Boom und Bust. Doch die Schäden, die die Zentralbanken durch ihre Zinsverzerrung verursachen, sind damit noch nicht vollständig beschrieben. Der künstlich niedrige Zins wertet den Gegenwartskonsum gegenüber dem Zukunftskonsum auf. Die Folgen dieser *Wertmanipulation* zeigen sich in vielen Ausprägungen. Beispielsweise treiben die Zinssenkungen der Zentralbanken die Preise und auch die Bewertungsniveaus für Aktien, Grundstücke und Häuser in die Höhe.[50] Wohlgemerkt: Derartige Preissteigerungen sind die Symptome einer Ursache – der zinspolitisch veränderten Wertvorstellungen der Menschen. Doch die Zinsmanipulation der Zentralbanken hat noch viel weiter gehende Effekte.

Denn die Zentralbanken treiben mit ihrer Zinsmanipulation die Zeitpräferenz der Menschen künstlich in die Höhe.[51] Wenn der

Zins künstlich abgesenkt wird, wird es für die Menschen wichtiger, Kurzfristziele im Vergleich zu Langfristzielen zu erreichen. Die Zinsdrückerei ermuntert beispielsweise das Leben auf Pump – also zum zeitlichen Vorziehen der Konsummöglichkeiten auf Kosten der Zukunft. Sparsamkeit gerät aus der Mode, Dauerschuldnerei wird moralisch akzeptabel. Und wenn das Gleich und Sofort immer wichtiger wird, nimmt auch die Leistungsbereitschaft ab: Man arbeitet lieber weniger, weil die Freizeit wichtiger wird (dazu ausführlicher in Kapitel 20).

Vor allem aber fügen die Boom-und-Bust-Zyklen, für die die Zentralbankpolitiken sorgen, den meisten Menschen großen Schaden zu: Sie erleiden Arbeitsplatzverluste, geraten in soziale Probleme, verlieren ihre Altersvorsorge. Sie schreiben die Ursache für ihr Leid der freien Marktwirtschaft zu – nicht aber dem staatlichen Fiat-Geldsystem. (Für diese fehlerhafte (Um-)Deutung der Krisenursache sorgen die vielen staatlich bezahlten Ökonomen, die öffentlichkeitswirksam die Schuld den freien Märkten und nicht dem Staat zuschreiben!) Unternehmer und Arbeitnehmer rufen nach noch mehr staatlichen Markteingriffen, um die Wirtschaftslage zu verbessern. Dazu gehört insbesondere auch der Ruf nach noch niedrigeren Zinssätzen.

Ludwig von Mises bringt diese Tragik zum Ausdruck:

Nichts hat die liberalen Wirtschaftsideen und das kapitalistische Wirtschaftssystem ärger kompromittiert als der wiederkehrende Wechsel von fieberhafter Haussespekulation, dramatischem Zusammenbruch der Konjunktur und langanhaltender Depression. Die öffentliche Meinung gewöhnte sich daran, in den »Auswüchsen der Haussespekulation« und in den Widrigkeiten des Niederganges Übelstände zu erblicken, die dem kapitalistischen System notwendigerweise anhaften. Sozialistische und interventionistische Ideen konnten allgemeinen Anklang finden, weil man in den Krisen eine unabwendbare Begleiterscheinung »freier Wirtschaft« zu sehen glaubte. Man begriff nicht, dass die Übelstände, die man be-

klagte, die Folge von Bemühungen waren, den Zinsfuss künstlich durch Kreditausweitung zu drücken, und suchte daher die Wirkungen der Intervention auf dem Darlehensmarkte nicht durch die Beseitigung der Einrichtungen, die Kreditausweitung möglich machten, zu erreichen, sondern durch weitere Interventionen zu Gunsten der geschädigten Interessen einzelner Gruppen und Schichten. So verstrickte man sich immer stärker in das Gestrüpp der Interventionen, aus dem sich kein Ausweg mehr finden liess.[52]

Das zentrale Problem des Fiat-Geldes ist das: Die Volkswirtschaften geraten in eine *Schuldknechtschaft*. Die im Fiat-Geldsystem immer weiter anschwellende Verschuldung erhöht die Abhängigkeit nicht nur der Schuldner, sondern auch der Sparer, Investoren und der gesamten Produktions- und Beschäftigungsstruktur von der Fortführung der Niedrigzinspolitik. Unternehmen, Arbeitnehmer und Regierungsvertreter: Sie alle wollen nicht scheitern, wollen nicht, dass ihre Verschuldung in einem groß angelegten Zahlungsausfall und einer großen Krise endet. Mit anderen Worten: So etwas wie eine »kollektive Korruption«[53] bildet sich heraus.

Im Fiat-Geldsystem werden die Menschen wirtschaftlich-sozial abhängig von seiner Fortführung. Deshalb ist es nicht verwunderlich, dass sie aus ihrem Eigeninteresse heraus Maßnahmen befürworten, die das Fiat-Geldsystem und die von ihm geschaffenen Strukturen aufrechterhalten und sie vor dem Zusammenbruch bewahren – selbst wenn dadurch das, was von der freien Marktwirtschaft noch übrig ist, auch noch demontiert wird. Die bevorzugte Maßnahme ist, wen wundert es, die Politik der Zinssenkung und der Ausweitung der Kredit- und Geldmengen.[54]

Doch das zögert die Krise nur zeitlich hinaus, und es macht sie dadurch nur noch größer. In den Worten von Ludwig von Mises:

Wahrscheinlich hätte der Aufschwung noch für einige Zeit verlängert werden können, wenn die Banken ihre Kreditausweitungspolitik fortgesetzt hätten. Doch endlos hätte man den Aufschwung der Konjunktur durch Festhalten an der Kreditausweitung nicht verlängern können. Früher oder später muss es zum Zusammenbruch des durch die Kreditausweitung ausgelösten Aufschwungs kommen, und der Anpassungsprozess, den man Niedergang der Konjunktur nennt, wird umso schmerzlicher sein und umso mehr Zeit beanspruchen, je länger die Kreditausweitung fortgesetzt worden war und je grösser der Umfang der durch sie bewirkten Kapitalfehlleitung gewesen ist.[55]

Dass Staaten, die beanspruchen, Wohlfahrtsstaaten zu sein, auf ihr Geldproduktionsmonopol pochen, ist alles andere als überraschend. Der Wohlfahrtsstaat ist ein Wolf im Schafspelz, eine Mogelpackung. Mit ihm versuchen seine Befürworter – nach und nach und häufig auf Schleichwegen – ihre sozialistischen Träumereien in Wirtschaft und Gesellschaft in die Tat umzusetzen. Hinter der hochstilisierten Idee des Wohlfahrtsstaates verbirgt sich ein *freiheitsfeindliches Ideologieprogramm* – und es trägt den Namen *demokratischer Sozialismus.* Ihm ist das folgende Kapitel gewidmet.

Über Marktzins und Urzins

Was ist der Zins? Um das Zinsphänomen zu erklären, bietet es sich an, zunächst zwischen *Marktzins* und *Urzins* zu unterscheiden. Der Marktzins bildet sich durch Angebot von und Nachfrage nach Ersparnissen (die für Investitionszwecke eingesetzt werden) auf dem Markt. Er setzt sich – im einfachsten Fall – aus einzelnen Komponenten zusammen. Dazu zählt neben Inflations- und Risikoprämien auch der sogenannte *Urzins.*

Der Urzins erklärt sich aus der *Zeitpräferenz.* Sie ist eine Kategorie des menschlichen Handelns und erklärt sich wie folgt: Handeln erfordert *Zeit;* ein zeitloses Handeln lässt sich nicht widerspruchsfrei denken. Zeit ist folglich ein *Mittel,* um Ziele zu erreichen, und wie jedes Mittel ist auch die Zeit *knapp.* Folglich wertschätzt der Handelnde die gegenwärtige Erfüllung eines Bedürfnisses *höher* als die Erfüllung des Bedürfnisses (gleicher Art und unter sonst gleichen Bedingungen) zu einem späteren Zeitpunkt.

Hat der Handelnde einen Urzins von, sagen wir, 2 Prozent, wird er nur bereit sein, 1 Euro, den er heute besitzt, gegen 1,02 Euro, die er in einem Jahr erhält, einzutauschen. Bekäme er für seinen heutigen 1 Euro lediglich, sagen wir, 1,01 Euro in einem Jahr, würde kein Tausch zwischen »Euro heute« und »Euro in einem Jahr« stattfinden; und es gäbe dann auch keinen Marktzins.

Zeitpräferenz und Urzins sind von Mensch zu Mensch unterschiedlich, und sie können sich im Zeitablauf verändern. Sie können sich zum Beispiel in Richtung der Nulllinie bewegen. Aber Zeitpräferenz und Urzins können niemals null oder negativ werden; sie lassen sich aus dem Werten und Handeln der Menschen nicht wegdenken. Dieser Aussage liegt keine willkürliche (Verhaltens-)Annahme zugrunde, sie folgt aus der *Logik des menschlichen Handels.*[56]

Nehmen wir an dieser Stelle die Position des *Advocatus Diaboli* ein und durchdenken, was es bedeutet, wenn der Urzins in der Volkswirtschaft tatsächlich auf null fällt: Wenn Ihr persönlicher Urzins, verehrte Leserin, geehrter Leser, 0 Prozent wäre (wenn Sie also keine Zeitpräferenz hätten), dann würden Sie 2 Äpfel, die Sie erst in 10 Jahren oder in 1.000 Jahren bekommen, 1 Apfel heute vorziehen. Wenn Ihr Urzins null wäre, dann zählt für Sie nämlich nur noch »Mehr ist besser als weniger«, das »Früher ist besser als später« hat hingegen keine Bedeutung mehr für Ihr Werten und Handeln.

Ein Urzins von 0 Prozent würde die Grundstückspreise, die sich aus der Abzinsung aller künftigen Bodenrenten auf die Gegenwart ergeben, ins Unendliche treiben. Grundstücke würden unbezahlbar! Wer sagt, der Urzins sei null, der verneint implizit damit, dass die Mittel knapp sind – und das ist als logisch falsch einsehbar.[57] Es würde bedeuten, dass man aus seinem Einkommen nichts mehr konsumiert und alles spart und investiert, um dadurch mehr Güter genießen zu können: Man konsumiert heute nicht, morgen nicht, nicht in einem Jahr, nicht in zehn Jahren. Eine völlig absurde Vorstellung! Und erst ein negativer Urzins: Er ist handlungslogisch gar nicht sinnvoll denkbar für den logischen Menschenverstand!

Die vielen Beispiele, die Hauptstromökonomen aufbieten, um einen negativen Urzins zu begründen, können das voranstehend Gesagte nicht widerlegen. Wenn sich etwa der Goldmarkt im Contango befindet (der Terminpreis übersteigt den Kassapreis), bedeutet das nicht, dass Zeitpräferenz und Urzins der Marktakteure negativ sind. Und beide sind auch dann nicht negativ, wenn der Preis, den man für Eiscreme im nächsten Sommer bereit ist zu zahlen, höher ist als heute im Winter. In diesen angeführten Beispielen kommt nämlich zusätzlich zum Urzins (der stets und überall positiv ist) noch ein Faktor in der Wertbestimmung zum Tragen, der die Handlungsbedingungen zu dem Zeitpunkt berücksichtigt, an dem gehandelt wird; darauf hat der US-Ökonom Frank A. Fetter (1863–1949) hingewiesen.

In »Reinform« zeigt sich der Urzins *nur* im Tausch einer gegenwärtig verfügbaren Geldeinheit gegen eine erst künftig verfügbare, nicht aber im intertemporalen Tausch von *Sachgütern*. Es mag Pensionäre geben, die sich heute gut versorgt fühlen und denen die künftige Güterausstattung wichtiger ist als die gegenwärtige. Aber auch dann gilt: Eine heute verfügbare Geldeinheit werten die Pensionäre höher als die Geldeinheit, die erst in der Zukunft erhältlich ist: Sie werten 1 Euro heute höher als 1 Euro (und selbstverständlich auch als 0,95 Euro) in zehn Jahren. Auch der Urzins der Pensionäre ist positiv, er kann aus handlungslogischen Gründen nicht null oder negativ sein.

KAPITEL 10

Eine destruktive Ideologie: der demokratische Sozialismus

»In sozialistischen Ideen ist jederzeit der verwegenste Idealismus mit dem begehrlichsten Materialismus zusammengetroffen.«
– Heinrich von Treitschke

Der *Sozialismus* verspricht den Menschen mit verheißungsvollen Worten eine bessere Welt. Eine Welt, in der Friede herrscht, in der es gerecht und gut zugeht. Ökonomisch gesehen bedeutet Sozialismus, dass die Produktionsmittel sich nicht im Privatbesitz befinden, sondern dass sie nationalisiert, also verstaatlicht sind. Als Wirtschafts- und Gesellschaftsmodell ist der Sozialismus damit der Gegenentwurf zum *Kapitalismus,* der die Wirtschafts- und Gesellschaftsform bezeichnet, in der die Produktionsmittel sich im Privatbesitz befinden. Doch wie verlockend seine Versprechungen auch klingen mögen: Der Sozialismus ist nicht durchführbar.

Die Unmöglichkeit des Sozialismus hat Ludwig von Mises im Jahr 1919 in seinem Aufsatz »Die Wirtschaftsrechnung im sozialistischen Gemeinwesen« mit wissenschaftlichen Mitteln abschließend aufgezeigt. Kurz: Im Sozialismus können sich – weil es kein Eigentum an den Produktionsmitteln gibt – keine Marktpreise für die knappen Güter bilden. Ohne sie ist eine Wirtschaftsrechnung aber ganz und gar unmöglich. Die sozialistischen Planer können nicht wissen, welche Güter in welcher Menge und Qualität gewünscht werden, und sie können auch nicht die Durchführbarkeit von Produktionsvorhaben abschätzen. Der Sozialismus führt zu Chaos, Gewalt und Verarmung – entgegen allen anderslautenden Heilsverkündigungen.[58]

Der Sozialismus kommt zwar in unterschiedlichen Formen und Ausprägungen daher.[59] Doch zwei ganz grundsätzliche Formen lassen sich unterscheiden. Zum einen ist da der *Sozialismus russischer Prägung* (auch: *Marxismus-Leninismus*). Er steht für Revolution und blutigen Umsturz, für die gewaltsame Enteignung der Eigentümer und die Verstaatlichung der Produktionsmittel. Zum anderen ist da der *Sozialismus deutscher Prägung*: Die deutschen Sozialisten erkannten, dass der russische Weg zum Sozialismus in Deutschland nicht umzusetzen war. Zu schonungslos, zu grausam war er, als dass er in Deutschland Aussicht auf Erfolg hätte haben können. Die deutschen Sozialisten setzten daher auf eine andere Strategie. Sie sprachen sich dafür aus, das Eigentum an den Produktionsmitteln prinzipiell zu belassen. Gleichzeitig forderten sie jedoch, dass den Eigentümern nicht der gesamte Ertrag, den sie mit dem Einsatz ihres Eigentums erwirtschaften, zusteht. Ein Teil davon gehöre dem Gemeinwesen und sei in Form von Steuern an den Staat abzuführen.

Haben die demokratischen Sozialisten erst einmal Zustimmung für ihre Forderung gefunden, ist der weitere Gang der Dinge quasi vorprogrammiert. Wenn man die Teilenteignung als richtig und gut angesehen hat, dann lässt sich kein prinzipieller Grund mehr gegen immer weitere Steuererhöhungen anführen. Wenn anfänglich eine Einkommenssteuer in Höhe von, sagen wir, 20 Prozent erhoben wird, dann werden daraus im Zeitablauf 25, 30, 35, 40 und mehr Prozent. Im Zuge der kleinen Schritte kommt es zu einer voranschreitenden Enteignung der Einkommensverdiener und zu einer immer größeren, nach politischen Erwägungen betriebenen

Umverteilung von Einkommen und Vermögen, durch die der Staat und von ihm begünstigte Gruppen immer machtvoller werden. Das Eigentum besteht dann nur noch formal, aber nicht mehr in wirtschaftlicher Hinsicht. So gesehen ist Eigentum aus Sicht des demokratischen Sozialismus *Eigentum durch Staates Gnaden*; es ist *Fiat-Eigentum*.

Der demokratische Sozialismus findet seine intellektuelle Basis im *Kulturmarxismus* (oder auch: *Neomarxismus*). Er ist aus der Einsicht der Marxisten-Leninisten erwachsen, dass die erhoffte Revolution nicht von den Arbeitermassen ausgeht, sondern dass die Grundlage für die Transformation der Gesellschaft von den Intellektuellen geschaffen werden muss. Nicht der plötzliche gewaltsame Umsturz, sondern der schleichende friedvolle Umbruch – durch Wandel von Werten, Kultur und Glauben der Menschen – ist das Ziel. Auf diesem Wege sollen die sinnentleerten und orientierungslosen Massen letztlich dem Kommunismus quasi ins Netz gehen.

Nach Jahrzehnten des beharrlichen Vorarbeitens (dem »Marsch durch die Institutionen«) nehmen kulturmarxistische Intellektuelle heutzutage viele Schlüsselstellungen in Politik, Verwaltung, Kunst und Kultur ein. Insbesondere auch in Schule und Universität finden sich die Kulturmarxisten und popularisieren ihre Ideen, verhüllt im Gewand des demokratischen Sozialismus. Immer neue Gruppenkonflikte werden geschürt und herbeigeredet – ob Geschlechterkampf oder Nationalitätenfrage –, die die Menschen verunsichern und gezielt verwirren, bis sie psychotische Ausmaße annehmen.

Der *politische Globalismus* setzt auf den demokratischen Sozialismus. Er zielt darauf ab, die Gestaltung aller Beziehungen zwischen den Menschen aus unterschiedlichen Erdteilen obrigkeitsstaatlich zu lenken und zu bestimmen. Nicht durch den freien Markt, durch Arbeitsteilung und Freihandel soll bestimmt werden, was wann und wo produziert und konsumiert wird, sondern diese Entscheidungen sollen durch einen ideologisch-politischen Gestaltungswillen beeinflusst beziehungsweise getroffen werden. Unterstützung erhält der politische Globalismus nicht nur von der politischen Linken. Vor allem auch Großunternehmen sprechen ihre Unterstützung aus – weil sie hoffen, den politischen Gestaltungsprozess zu ihren Gunsten beeinflussen zu können.[60]

Der demokratische Sozialismus hat – und das lässt sich mit der *a priori*-Handlungstheorie zeigen – negative Folgen für den materiellen Wohlstand und die Moral der Gesellschaft. Dazu einige Beispiele. Das Besteuern von Unternehmensgewinnen reduziert die Investitionsrendite: Sie fällt geringer aus im Vergleich zu einer Situation, in der die Unternehmer nicht besteuert worden wären. Das Investieren wird dadurch weniger attraktiv. Der Kapitalstock wächst weniger stark, als er eigentlich könnte, und folglich fallen auch die künftigen Reallohnzuwächse geringer aus, als sie andernfalls ausfallen würden.

Der Anreiz zu arbeiten, einer produktiven Tätigkeit nachzugehen, nimmt ab, weil die Kosten des Nichtarbeitens sinken. Im demokratischen Sozialismus kann man schließlich an (Transfer-) Einkommen gelangen, ohne dass man dafür eine marktfähige Leistung anbieten muss. Man braucht nur eine Regierung an die Macht zu wählen, die einem die gewünschten Wohltaten zuschanzt. Die Rechnung haben die Besteuerten, die Produktiven, zu bezahlen – die daraufhin einen verminderten Anreiz haben, produktiv tätig zu sein. Der materielle Wohlstand der Volkswirtschaft wird daher insgesamt niedriger ausfallen im Vergleich zu einer Situation, in der es keine Besteuerung gibt.

Der demokratische Sozialismus hebt die scharfe Trennung zwischen »Mein« und »Dein« auf. Wer eine Regierung wählen darf, der wird diejenige Partei wählen, von der er erwartet, dass sie ihn besserstellt, auch wenn das auf Kosten der Mitmenschen erfolgt. Um sich zu wehren, werden tatsächliche und potenzielle Opfer der Wahlergebnisse (die Produktiven, denen man etwas wegnehmen kann) sich ebenfalls politisch engagieren wollen. Das führt zu einer Politisierung der Gemeinschaft, die alle Lebensbereiche erfasst, von der nichts und niemand verschont bleibt. Der »politische Kampf«, der daraufhin entbrennt, lenkt zusehends knappe Ressourcen (Geld, Zeit, Personaleinsatz etc.) von produktiven in unproduktive Verwendungen.

Vor allem aber lässt der demokratische Sozialismus die gesellschaftliche Moral verfallen. Man mache sich dazu das Folgende klar: In einer freien Marktwirtschaft kann man Einkommen und Vermögen nur dann verdienen und erhalten, wenn man etwas leistet, was andere freiwillig nachfragen. Man muss seine Arbeitsleistung konsequent in den Dienst der Kundenwünsche stellen und sich jeden Tag aufs Neue beweisen. In einer freien Marktwirtschaft sind daher Einkommen und Vermögen die Belohnung, seinen Mitmenschen dienlich gewesen zu sein.

Im demokratischen Sozialismus bildet sich eine andere Moral- und Wertvorstellung heraus. Anders als in einer freien Marktwirtschaft gibt es im demokratischen Sozialismus einen geringeren Anreiz, Einkommen zu erzielen und Vermögen aufzubauen, indem man seine Kräfte so ausrichtet, dass sie den Wünschen der Mitmenschen bestmöglich dienen. Vor allem gibt es keinen unbedingten Respekt mehr vor dem Eigentum der Anderen. Deren Einkommen und Vermögen werden vielmehr zur möglichen Beute herabgestuft, die man sich straffrei aneignen kann, wenn man die passende Partei wählt. Nach dem Motto: *Die Regierung nimmt den anderen etwas weg, und sie gibt mir von dem Erbeuteten etwas ab.* Der demokratische Sozialismus sorgt auf diese Weise für einen *Dauerkonflikt*, indem er die Gemeinschaft in *Netto-Staatsprofiteure* und *Netto-Staatsverlierer* spaltet.

Der demokratische Sozialismus steht allerdings vor einem ganz besonders heiklen Problem, wenn er räumlich begrenzt ist: In einer einzelnen Region sind der Politik der Besteuerung und Umverteilung von Einkommen und Vermögen mehr oder weniger enge Grenzen gesetzt, solange es einen internationalen freien Verkehr von Arbeit und Kapital gibt. Werden beispielsweise Unternehmen und Arbeitnehmer in dem Land, in dem demokratischer Sozialismus herrscht, sehr hoch besteuert, wandern sie ab in andere Länder, in denen die Steuerbelastung vergleichsweise geringer ist. Das ist den demokratischen Sozialisten ein Dorn im Auge.

Die Abwanderung der Produktiven schmälert schließlich die zur Verfügung stehende Besteuerungs- und Umverteilungsmasse, der die demokratischen Sozialisten habhaft werden wollen. Das Problem der »Abstimmung mit den Füßen« kann der demokratische Sozialismus nur in den Griff bekommen, wenn es ihm gelingt, einen weltumspannenden demokratischen Sozialismus unter einheitlicher Führung zu errichten. Doch wie kann das gelingen? Dieser Frage wird in den folgenden Kapiteln genauer nachgegangen. Zuvor soll aber noch aufgezeigt werden, wie die *a priori*-Theorie helfen kann, die Entwicklungsdynamik des demokratischen Sozialismus und seine gesellschaftlich-wirtschaftlichen Folgen besser zu verstehen und abzuschätzen.

KAPITEL 11

Folgenabschätzungen: ein Fall für die a priori-Theorie

»Mehr als die Vergangenheit interessiert mich die Zukunft, denn in ihr gedenke ich zu leben.«

– Albert Einstein

In Kapitel 4 wurde die Rolle der *a priori*-Theorie für die sinnstiftende Interpretation geschichtlicher Ereignisse herausgestellt. Doch die *a priori*-Theorie hat noch ein weiteres Anwendungsfeld: Sie ermöglicht eine *zukunftsgerichtete Abschätzung der Handlungsfolgen*. Um sogleich einem möglichen Missverständnis vorzubeugen: Damit ist nicht gemeint, dass sich mit der *a priori*-Theorie prognostizieren ließe, wie Menschen sich künftig verhalten werden (welche Produkte sie nachfragen, wie sie auf technische Veränderungen reagieren, welche Parteien sie wählen etc.). Ganz und gar nicht!

Menschliches Handeln lässt sich nicht in der Weise prognostizieren, wie man es aus den Naturwissenschaften kennt. In den Naturwissenschaften lassen sich quantifizierbare Ursache-Wirkungs-Beziehungen erkunden wie »Wenn *A*, dann *B*« oder »Wenn *A* um *x* Prozent steigt, verändert sich *B* um *y* Prozent«. Im Bereich des menschlichen Handelns lassen sich derartige »Regelmäßigkeiten« nicht finden, es gibt hier keine *Verhaltenskonstanz*. Unterschiedliche Menschen reagieren auf den gleichen Einflussfaktor zu unterschiedlichen Zeiten unterschiedlich. Das ist keine beliebige Behauptung, sondern es ist eine logische Schlussfolgerung, die sich aus der unbestreitbaren Lernfähigkeit des handelnden Menschen ableitet.

Die Aussage, dass Menschen lernfähig sind, lässt sich nicht widerspruchsfrei verneinen:[61] (1) Wer argumentiert, der Mensch sei nicht lernfähig, der setzt voraus, dass andere den Inhalt seines Gesagten noch nicht kennen, dass sie also lernfähig sind (sonst würde er das, was er sagt, ja nicht sagen). Er begeht folglich einen *performativen Widerspruch*. (2) Wenn jemand sagt: »Der Mensch kann lernen, dass er *nicht* lernen kann«, so setzt er damit voraus, dass er irgendwann einmal gelernt hat, dass man nicht lernen kann – und attestiert dadurch Lernfähigkeit. Er begeht einen *offenen Widerspruch*. Man kann folglich Lernfähigkeit aus logischen Gründen nicht bestreiten; sie besteht *a priori*.

Lernfähigkeit impliziert nun aber, dass man mit äußeren Faktoren (physikalischer, chemischer oder biologischer Art) menschliche Handlungen nicht systematisch erklären beziehungsweise prognostizieren kann (im Sinne einer Ursache-Wirkungs-Beziehung) – ansonsten könnte man schon heute wissen, wie künftig gehandelt wird: Aus heutigen Zuständen könnte das künftige Verhalten prognostiziert werden, und man wüsste heute schon, wie sich die Handelnden künftig verhalten. Die Handelnden wüssten dann heute schon alles, was sie jemals künftig werden wissen können. Das aber hieße, sie könnten nicht mehr handeln, nicht mehr Einfluss nehmen auf den Gang der Dinge, sie wären quasi zu Automaten degradiert. Das klingt nicht nur absurd, das ist es auch: Es lässt sich – aufgrund der nicht verneinbaren Lernfähigkeit – nicht logisch widerspruchsfrei denken.

Wir wissen zwar mit apriorischer Gewissheit, welche Implikationen im Satz »Der Mensch handelt« stecken; sie lassen sich durch widerspruchsfreies Denken ermitteln. Was wir jedoch nicht mit Gewissheit wissen beziehungsweise prognostizieren können, ist, *wie* Menschen in der Zukunft handeln, wie sie auf bestimmte Einflussfaktoren reagieren und wie die Bedingungen aussehen, unter denen gehandelt wird;[62] der polnische Soziologe Stanislav Andreski (1919–2007) betont, »daß es logisch unmöglich ist, daß irgend jemand je seinen eigenen Geist verstehen und so in der Lage sein wird, exakte Voraussagen über dessen zukünftige Zustände zu machen«.[63]

Daher stellt sich die Frage: Kann die apriorische Theorie überhaupt irgendeine Unterstützung leisten, um das *künftig mögliche Geschehen* zu beleuchten? Die Antwort lautet: Ja, sie kann, wenngleich auch nur innerhalb äußerst eng gesteckter Grenzen: Die *a priori*-Handlungslogik erlaubt es, die denknotwendigen qualitativen (nicht aber quantitativen) Folgen und Abfolgen des menschlichen Handelns, die unter bestimmten Bedingungen stattfinden, verlässlich aufzuzeigen.

Ein Beispiel: Aus der gegenwärtigen Lage lässt sich mit wissenschaftlichen Mitteln nicht überzeugend abschätzen, ob und wenn ja in welcher Weise die Zentralbankräte die Geldmenge in den kommenden Jahren verändern werden. Man weiß prinzipiell nicht, wie die Marktakteure auf die künftig auf sie einwirkenden Einflussfaktoren – konjunkturelle Auf- oder Abschwünge, technische Neuerungen, Naturereignisse oder politische Geschehnisse – reagieren werden, und man kennt heute auch nicht mit Gewissheit die Bedingungen und Umstände, unter denen gehandelt werden wird.

Was man aber mit Gewissheit sagen kann, ist, dass alle Aussagen, die sich widerspruchsfrei aus der Logik des menschlichen Handelns ableiten lassen, strenge Allgemeinheit beanspruchen können und dass sie notwendig immer und ausnahmslos gelten, heute und auch morgen. Zweifel an dieser Aussage lassen sich entkräften: »Ob es nicht noch irgendwo Welten gibt oder geben kann, wo anders gedacht und gehandelt werden kann, entzieht sich der Erkenntnis durch die menschliche Vernunft.«[64] Es gibt nur *eine* Logik des Handelns, die für den Menschen denkbar ist, vom menschlichen Geist begriffen werden kann.

Mithilfe der Logik des menschlichen Handelns lässt sich allerdings schon heute sagen: Die Entscheidung der Zentralbankräte, die Geldmenge zu erhöhen, führt notwendigerweise zu einer Verringerung der Kaufkraft des Geldes – und zwar im Vergleich zu einer Situation, in der die Geldmenge nicht erhöht worden wäre. Steigt die Geldmenge in den Händen der Marktakteure, sinkt der Grenznutzen der zusätzlich erhaltenen Geldeinheit im Vergleich zu den anderen Gütern. Folglich tauschen die Marktakteure – unter der Bedingung, dass die Geldnachfrage unverändert bleibt – das neue Geld gegen Güter ein. Die Folge ist ein Anstieg der Güterpreise, der die Kaufkraft des Geldes schmälert. (Das ist übrigens der Grund, warum die »klassischen Ökonomen« die Ausweitung der Geldmenge als Inflation bezeichneten: Für sie war das Anwachsen der Geldmenge die *Ursache* der Preissteigerungen, in den steigenden Preisen sahen sie die *Wirkung* der erhöhten Geldmenge.)

Welche Preiswirkung sich allerdings letztlich beobachten lässt, hängt von den besonderen Umständen ab. Es ist denkbar, dass der Geldmengenzuwachs die Güterpreise erhöht und die Kaufkraft des Geldes absenkt. Möglich ist aber auch, dass die Güterpreise unverändert bleiben – weil sich zum Beispiel gleichzeitig ein *positiver Angebotsschock* eingestellt hat, von dem eine preissenkende Wirkung ausgegangen ist. Überlagert dieser die preissteigernde Wirkung der Geldmengenausweitung und bleiben die Güterpreise deswegen unverändert, so gilt dessen ungeachtet die Aussage der *a priori*-Theorie: dass nämlich ein Ansteigen der Geldmenge die Kaufkraft des Geldes verringert (im Vergleich zur Situation, in der die Geldmenge nicht ausgeweitet worden wäre).

Die *a priori*-Theorie lässt sich auch auf die Abschätzung der wirtschaftlich-gesellschaftlichen Folgen anwenden, die von der Existenz des Staates beziehungsweise vom Nebeneinander vieler Staaten ausgehen. Ein solches gedankliches Voranschreiten *(Progression)* kommt einer bedingten Folgenabschätzung auf der Grundlage der *a priori*-Handlungswissenschaft gleich. Es kann beanspruchen – soweit die Bedingungen, unter denen das Handeln stattfindet, realistisch sind –, eine bedingte rational-realistische Zukunftseinschätzung bereitzustellen.

In Kapitel 8 wurde bereits ein solcher Gedankengang entfaltet: Mit der *a priori*-Theorie wurden rückblickend die Schritte erfasst, mit denen der Staat sich nach und nach die Hoheit über die Geldproduktion beschafft und das Waren- beziehungsweise Goldgeld, das er zunächst vorgefunden hat, durch sein eigenes Fiat-Geld ersetzt hat. Im folgenden Kapitel, dem ersten Kapitel des zweiten Teils dieses Buches, geht es darum, das handlungslogische Denken auf Zukünftiges auszuweiten: Es soll durchdacht werden, wohin das Nebeneinander vieler Staaten, wie man es heute auf der Welt vorfindet, und die mehr oder weniger alle dem demokratischen Sozialismus anhängen, führt. Das Ergebnis dieser Überlegungen verrät die Kapitelüberschrift: »Das Progressionstheorem: der Drang zur Weltregierung«.

Teil 2:

Hauptteil

KAPITEL 12

Das Progressionstheorem: der Drang zur Weltregierung

»All nations must come together to build a stronger global regime.«

– Barack Obama

Der Gedanke, eine *Weltherrschaft* zu errichten, eine *Weltregierung*, einen *Weltstaat* zu schaffen, ist nicht neu – und er speist sich aus der Erfahrung mit der aggressiven, kriegerischen Natur des Staates. Immanuel Kant warb in seiner Altersschrift »Zum ewigen Frieden« (1795) für eine *Weltrepublik*, um einen dauerhaften Frieden zwischen den Staaten zu erreichen; damit knüpfte er an die Gedanken des niederländischen Rechtsgelehrten Hugo Grotius (1583–1645) an. Der englische Schriftsteller Herbert G. Wells (1866–1946) warb in verschiedenen Büchern ganz entschieden für die Idee eines Weltstaats. Ebenfalls sprachen sich dafür der englische Historiker Arnold J. Toynbee (1889–1975) und der US-amerikanische Historiker und Philosoph Will J. Durant (1885–1981) aus.

Der Völkerbund ab 1920 und ab 1945 die Vereinten Nationen sind die neuzeitlichen Versuche, dem »Ideal der Weltregierung« näher zu kommen – nicht nur die internationale Kooperation zu fördern und die Interessen der unterschiedlichen Staaten auf friedlichem Wege zum Ausgleich zu bringen, sondern auch die Interessen des Staates (wie wir ihn heute kennen) ganz grundsätzlich zu unterstützen.[65]

Die Gruppe der 20 (G20), ein informeller Zusammenschluss von 19 Staaten und der Europäischen Union ist ein Vorstoß der Staaten, das internationale Finanz- und Wirtschaftssystem zu gestalten und Politiken, die man meint, nur noch gemeinsam auf internationaler Ebene verfolgen zu können – wie Umweltschutz, Migrationssteuerung und Terrorismusbekämpfung –, untereinander zu koordinieren.

Im Jahr 1961 veröffentlichte der britische Philosoph Bertrand Russell (1872–1970) eine Schrift mit dem Titel »Has Man a Future?«, in der er die Auffassung vertrat, zur Wahrung des Friedens brauche die Welt eine einheitliche Regierung (»single government for the whole world«); bereits 1955 hatte Russell zusammen mit Albert Einstein (1879–1955) das »Russell-Einstein-Manifest« veröffentlicht, in dem er vor den Gefahren des Atomwaffenkrieges warnen wollte.

Nach wie vor erfährt die Weltstaatsidee von vielen Seiten Unterstützung. Mit Blick auf einen möglichen Zusammenprall der Kulturen verabschiedete der katholische Theologe Hans Küng (* 1928) 1993 zusammen mit Vertretern verschiedener Religionen eine »Erklärung zum Weltethos«: eine Verpflichtung auf Gewaltlosigkeit, Ehrfurcht vor dem Leben, eine gerechte Wirtschaftsordnung, ein Leben in Wahrhaftigkeit, die Gleichberechtigung von Mann und Frau. Ohne ein *Weltethos* könne es keine Weltordnung geben. Der Philosoph Otfried Höffe (* 1943) formuliert in *Demokratie im Zeitalter der Globalisierung* (1999) ebenfalls Handlungsbedarf: Um den künftigen Herausforderungen zu begegnen, bedürfe es einer globalen Rechts- und Staatsordnung, die sich den Bedingungen einer freiheitlichen Demokratie zu unterwerfen habe und die von den nationalen Staaten subsidiär ergänzt werde.

Die zahlreichen Erklärungen und Gestaltungsempfehlungen für das internationale Miteinander von Staaten lassen allerdings meist handlungslogische Erkenntnisse außer Acht.[66] Dieses Defizit soll im Folgenden behoben werden.

Es gab Anfang des Jahres 2019 insgesamt 195 Staaten auf der Welt.[67] Eine solche Vielzahl von Staaten stellt allerdings – handlungslogisch betrachtet – keinen Endzustand, kein stabiles Gleichgewicht dar. Vielmehr wohnt der Vielzahl von nebeneinander existierenden Staaten eine kraftvolle Tendenz inne – und zwar die Tendenz, aus vielen Staaten immer weniger Staaten zu machen und letztlich einen einheitlichen Weltstaat herauszubilden. Diese Position vertritt Hans-Hermann Hoppe in seinem Aufsatz »Banking, Nation States, and International Politics: A Sociological Reconstruction of the Present Economic Order« aus dem Jahr 1990;[68] er formuliert darin eine *progressionstheoretische Überlegung*.[69]

Ein Staat – verstanden als territorialer *Zwangsmonopolist mit Letztentscheidungsmacht über alle Konflikte in seinem Gebiet* – steht notwendigerweise in Konkurrenz zu anderen Staaten. Jeder Staat muss grundsätzlich fürchten, dass seine Untertanen abwandern, sollte er ihnen gar zu übel mitspielen. Beispielsweise verlagern Unternehmen ihre Geschäfte in andere Länder, wenn sie in ihrem Heimatland zu stark besteuert werden. Zudem ist auch die Möglichkeit für jeden Staat begrenzt, sich durch Ausgabe von inflationärem Geld zu finanzieren. Denn steigt die Inflation zu stark an, akzeptieren die Menschen das staatliche Geld nicht mehr und fragen beispielsweise ein vergleichsweise besseres Geld aus anderen Staaten nach.

Wie kann der Staat die Beschränkungen, die seinem ihm eigenen Ausbeutungs- und seinem Expansionsdrang entgegenstehen, überwinden? Die Staaten könnten über eine Kartellbildung nachdenken. Allerdings ist ein Kartell, soweit es auf freiwilliger Übereinkunft beruht, instabil. Die Kartellmitglieder wären verpflichtet, die Wirtschafts- und Steuerpolitik des schlechtesten Kartellmitglieds nachzuahmen, damit an keinem Standort bessere Wirtschaftsbedingungen vorherrschen als am unattraktivsten Standort – ansonsten kommt es zur Wanderung von Kapital und Arbeit zwischen Regionen, die ja verhindert werden soll. Auf eine solche Politik werden sich aber die vergleichsweise besseren Staaten nicht einlassen wollen. Für sie sind die Anreize, aus dem Kartell auszuscheren, am größten: Sie können innerhalb ihrer Grenzen bessere Wirtschafts- und Lebensbedingungen bieten und damit Unternehmen und Arbeitnehmer aus anderen Staaten anlocken und damit die eigene Steuer- und Machtbasis verbreitern.

Könnte ein Staatenkartell nicht versuchen, ein ungewolltes Ausscheren von Kartellmitgliedern zu verhindern, indem vertraglich vereinbart wird, dass in solch einem Fall schmerzliche Sanktionen fällig werden, beispielsweise in Form von Kapitalverkehrs- und Handelssanktionen? Das ist zumindest denkbar. Doch wer würde solch einen Vertrag freiwillig unterzeichnen wollen? Sicherlich nicht die Staaten, die besser wirtschaften als die anderen, also gerade jene nicht, die den größten Anreiz haben, das Kartell zu verlassen, weil die Kartellmitgliedschaft nicht zu ihrem Nutzen ausfällt.

Weil ein Kartell der Staaten nicht stabil ist, gibt es, so lautet Hoppes Argument, nur eine stabile Lösung: Ein Staat muss die Konkurrenzsituation ausschalten, sein Einflussgebiet ausweiten und, als ultimatives Ziel, sich selbst als Weltregierung etablieren und dann auch sein Geld zum Weltgeld machen. Wer in diesem Kampf gewinnt, liegt auf der Hand: Es wird der wirtschaftlich und militärisch mächtigste Staat sein. Dieser kann recht einfach sein Einflussgebiet durch Gewaltmaßnahmen (Krieg) ausweiten: Er überfällt andere Staaten und unterwirft und beherrscht sie; allein schon sein Drohpotenzial mag ausreichen, damit sich andere Staaten ihm gefügig machen und sich ihm freiwillig unterordnen.

Der mächtigste Staat sorgt auch dafür, dass die besiegten Staaten seine Währung – sein Fiat-Geld – annehmen. Die Vorteile, die das für ihn hat, liegen auf der Hand: Je mehr Menschen sein Geld verwenden, desto größer fällt auch der Geldschöpfungsgewinn (»Seigniorage«) aus. Mehr noch: Wenn der mächtigste Staat erst einmal das Monopol für die Produktion des weltweit verwendeten Geldes innehat, steigen seine Finanzierungsmöglichkeiten und damit seine Besteuerungs- und Umverteilungsmacht gewaltig an. Er kann sich einfacher denn je die Unterstützung bei seinen Wählern erkaufen – während die Kosten der Fiat-Geldfinanzierung nicht nur von den heimischen Bürgern und Unternehmern zu tragen sind, sondern auch von den Menschen in den unterworfenen Ländern.

Zum militärisch-gewaltsamen Aufstieg eines Staates zum Weltstaat ist jedoch eine alternative, eine (pseudo-)friedliche Entwicklung denkbar: Der demokratische Sozialismus *steigt weltweit zur beherrschenden, allgemein akzeptierten Ideologie auf*, und er bestimmt fortan die Gestaltung der Beziehungen zwischen den Staaten. Wenn die Staaten den demokratischen Sozialismus etabliert haben, entsteht auch Einvernehmen darüber, dass der demokratische Sozialismus Weltgeltung anstrebt. Die demokratischen Sozialisten können sich nicht damit begnügen, nur die Gleichheit der Menschen in einer Region herzustellen. Dadurch lässt sich nicht auch gleichzeitig die Gleichheit aller Menschen in allen Regionen der Welt erreichen.

Neben diesem Gleichheitsziel gibt es noch einen ganz praktischen Beweggrund, warum der demokratische Sozialismus Weltgeltung beanspruchen muss: Ein räumlich begrenzter demokratischer Sozialismus kann gegenüber einem freiheitlichen Marktsystem nicht dauerhaft bestehen. Aus einem räumlich begrenzten demokratischen Sozialismus werden die leistungsfähigen Unternehmen und Arbeitnehmer abwandern. Angesichts der »besseren Verhältnisse« in den anderen Regionen werden die Wahlbürger früher oder später eine Abkehr vom demokratischen Sozialismus einfordern, beziehungsweise die schlechten wirtschaftlichen und sozialen Verhältnisse werden das erzwingen.

Aber auch ein Nebeneinander von regional oder national voneinander unterschiedlichen Formen des demokratischen Sozialismus kann auf Dauer nicht funktionieren. Auch sie würden im Wettbewerb um Kapital und Arbeit miteinander stehen: Solange von Region zu Region unterschiedliche Wirtschaftsbedingungen herrschen (die auf unterschiedliche Ressourcenausstattung und Bevölkerungsdichte zurückzuführen sind), gibt es zwischen ihnen Anreize für Arbeiter, zu wandern, und für Unternehmen, Kapital zu verlagern. Die einzelnen Staaten, die sich dem demokratischen Sozialismus verschrieben haben, werden sich das nicht gefallen lassen können.[70]

Der demokratische Sozialismus wird Weltgeltung unter einheitlicher Führung anstreben müssen.[71] Dabei sieht er sich allerdings vor große Schwierigkeiten gestellt. Ein Grund ist die Unterschiedlichkeit der Produktionsbedingungen auf dieser Welt. Es gibt Regionen, die mit natürlichen Ressourcen besser und reichlicher ausgestattet sind als andere – und folglich kann allein deswegen schon der Wohlstand zwischen den Regionen unterschiedlich ausfallen. Ein weiterer Grund ist, dass auch die Bevölkerungszahlen sich von Region zu Region unterscheiden: Es gibt relativ dicht und weniger dicht besiedelte Gebiete. In den Regionen, die sich durch ein relativ großes Arbeitsangebot auszeichnen, werden die Realeinkommen geringer ausfallen als in Regionen, in denen es ein relativ geringes Arbeitsangebot gibt.

Um ein Angleichen der Lebensbedingungen herbeizuführen, müssen die demokratischen Sozialisten Wanderung zulassen beziehungsweise politisch initiieren und steuern. Die Menschen müssen von Regionen, die weniger günstige Produktionsbedingungen aufweisen, in Regionen wandern, in denen die Produktionsbedingungen günstiger sind. Wäre die Wanderung ungehindert möglich, würde sich über kurz oder lang eine Situation einstellen, in denen sich die Löhne für gleiche Arbeit weltweit angleichen. Manche Gebiete wären dichter, andere weniger dicht besiedelt: In den Netto-Auswanderungsländern verknappt sich das Arbeitsangebot, und die Reallöhne steigen; in den Netto-Einwanderungsländern steigt das Arbeitsangebot, und die Reallöhne sinken.

In der Welt, die man heute vorfindet, führt ungehinderte Wanderung jedoch für den demokratischen Sozialismus unweigerlich zu einem Problem. Aufgrund der Verschiedenartigkeit der Menschen auf dieser Welt (in Bezug auf Sprache, Kultur, Tradition, Religion etc.) sieht sich der demokratische Sozialismus keiner homogenen, sondern vielmehr einer höchst heterogenen Bevölkerung beziehungsweise Wählerschaft in den einzelnen Regionen der Welt gegenüber. Das macht eine politisch motivierte Umverteilung von Einkommen und Vermögen zwischen den heterogenen Wählern schwierig oder gar unmöglich: Die Menschen in den unterschiedlichen Regionen werden den Standpunkt einnehmen, dass die sich auf ihrem Gebiet befindlichen Ressourcen und Kapitalien ihnen zu dienen haben und dass Außenstehende von ihnen keinen Nutzen ziehen dürfen.

Es ist sicherlich möglich, den demokratischen Sozialismus in einzelnen Regionen, in denen sich die Menschen aufgrund von Sprache, Kultur, Tradition, Religion etc. relativ eng verbunden fühlen, umzusetzen. Hier gibt es vermutlich zumindest eine gewisse Bereitschaft bei denjenigen, denen genommen wird, der Umverteilung zuzustimmen beziehungsweise sie ohne Aufstand hinzunehmen. Wenn aber die Bevölkerungszusammensetzung zu unterschiedlich ist, verliert der demokratische Sozialismus seine Zustimmung bei den Wählern. Damit ist die zentrale Hürde benannt, die sich dem Ziel, einen weltweit einheitlichen demokratischen Sozialismus zu errichten, in den Weg stellt: die Verschiedenartigkeit der Menschen. Diese Einsicht lenkt den Blick auf die *Nation* und das *Nationalitätenprinzip*.

KAPITEL 13

Die Nation: Sprach- und Wertegemeinschaft

»Es gibt keinen Zufall; und was uns blindes Ohngefähr nur dünkt, Gerade das steigt aus den tiefsten Quellen.«

– Friedrich Schiller

Mithilfe der Logik des menschlichen Handelns können wir die Entstehung und die Bedeutung von *Nation* und *Nationalitätenprinzip* erklären.

Blickt man weit in die Menschheitsgeschichte zurück, so zeigt sich, dass die Menschen sich zunächst in kleinen Einheiten (erst in nomadischen Sippen, später, als sie sesshaft wurden, in Dorfgemeinschaften) zusammengefunden haben, weil sie erkannten, dass *Arbeitsteilung* nützlich ist. Arbeitsteilung und Handel der arbeitsteilig produzierten Güter werden besonders gefördert, wenn sich eine gemeinsame Sprache herausbildet. Eine arbeitsteilig organisierte kleine Einheit wird daher zu einer Sprachgemeinschaft (und meist auch zu einer Regel- und Wertegemeinschaft). Das ist der Geburtsakt der *Nation*.

Die Nation ist im Kern Sprachgemeinschaft. Der Ursprung der Nation lässt sich mit handlungslogischen Überlegungen auf die menschliche Einsicht in die höhere Ergiebigkeit des Zusammenhandelns und Zusammenwirkens durch Arbeitsteilung zurückführen. So gesehen ist die Nation in der Tat etwas Natürliches. In Europa trat die Nation als politisches Phänomen in Erscheinung, als die Menschen im 18. und 19. Jahrhundert begannen, gegen die Fremdherrschaft – der sie von innen, aber auch von außen ausgesetzt waren – aufzubegehren und ihr *Recht auf Selbstbestimmung* geltend zu machen.[72] Die Nation als politisches Phänomen hat ihre Wurzeln im Kampf für die eigene Freiheit. Mit dem Herausbilden der Nation ist per se keine Feindschaft zwischen unterschiedlichen Nationen verbunden.

Die Nation als Sprachgemeinschaft

Kann es überzeugen, den Kern der Nation an der gemeinsamen Sprache festzumachen? Dafür spricht zunächst einmal die ungeheure Bedeutung der Sprache für das Denken, den Gedankenaustausch, für das Miteinander im täglichen Leben. Denken kann gar nicht anders als sprachlich vermittelt werden. Und Sprache ist keine Privatangelegenheit. Der Philosoph Ludwig Wittgenstein (1889–1951) hat gezeigt, dass es so etwas wie eine *Privatsprache* (die nur ich verstehe und die ich grundsätzlich niemandem mitteilen kann) nicht geben kann. Sprache garantiert die Möglichkeit der Intersubjektivität, sie setzt eine Kommunikationsgemeinschaft – das Sprechen mit anderen – voraus.

Vielleicht will man sich dennoch sträuben, das Wesen der Nation in der Sprachgemeinschaft zu erblicken? Das mag vor allem an einigen augenscheinlichen Abgrenzungsschwierigkeiten liegen, die sich allerdings auflösen lassen. Nation und Sprache sind keine unabänderlichen Kategorien, sie können sich vielmehr im Zeitablauf verändern.

Die Beherrschung der Sprache bestimmt den Grad der Nationenzugehörigkeit. Die Gebildeten sind der Nation vollumfänglich zugehörig, die weniger Gebildeten nur insoweit, als ihnen das Verständnis der Sprache zugänglich ist.

Die meisten Menschen gehören nur einer Nation an. Es gibt aber auch Menschen, die mehrere Sprachen nahezu perfekt beherrschen, in ihnen sprechen und denken können. Sie gehören dann mehreren Nationen beziehungsweise Sprachgemeinschaften an.

Die Nation beinhaltet *nicht* die Notwendigkeit, dass unterschiedliche Teile der Nation sich zu einem Einheitsstaat zusammenfinden. So gesehen können zum Beispiel Engländer und Amerikaner – die sich beide der englischen Sprache bedienen – als eine Nation angesehen werden.

Das gilt auch für Dänen und Norweger. Nach der Loslösung Norwegens von Dänemark 1814 hat man versucht, die norwegische Sprache wiederzubeleben. Da diese stark auf dem Dänischen basiert, geschah dies vor allem dadurch, dass man das Dänische durch einige Ausdrücke aus norwegischen Dialekten angereichert hat. Obwohl sie heute zwei politisch getrennte Staaten bilden, gehören Dänen und Norweger doch einer (Sprach-)Nation an.

In Irland sprechen mittlerweile fast alle Einwohner die englische Sprache. Das *Gälische,* das noch zu Beginn des 19. Jahrhunderts in Irland dominierend war, wurde seitdem aus verschiedenen Gründen stark zurückgedrängt und konnte trotz starker Förderung nach der Unabhängigkeit Irlands nicht mehr seinen alten Stellenwert erlangen. Die Gegensätze zwischen der Republik Irland und dem zu Großbritannien gehörenden Nordirland sind sozialer und religiöser, nicht nationaler Natur.

Unterschiedliche Nationen werden miteinander in friedvolle und produktive Arbeitsteilung treten, wenn die Bedingungen für die Arbeitsteilung gegeben sind. Diese Einsicht stammt von dem britischen Ökonomen David Ricardo. Er zeigte, dass es für die Menschen in den jeweiligen Nationen sinnvoll ist, sich auf die Produktion desjenigen Gutes zu konzentrieren, bei dessen Herstellung sie über Kostenvorteile verfügen. Und dass es sogar auch dann noch Sinn macht, in die Arbeitsteilung einzutreten, wenn die Menschen in der einen Nation *alle* Güter mit den geringsten Kosten herstellen können: Es ist für die in allen Produktionsrichtungen überlegene Nation vorteilhaft, sich der Erzeugung der Güter zuzuwenden, für deren Erzeugung ihre Überlegenheit größer ist, und die Erzeugung der übrigen Güter, für deren Produktion sie zwar gleichfalls, jedoch in einem geringeren Maße überlegen ist, der weniger begünstigten Nation zu überlassen.

Erst als sich der Staat – verstanden als territorialer Zwangsmonopolist der Letztentscheidungen über alle Konflikte in seinem Gebiet – der Nation bemächtigte, als er die Nation für seine Zwecke einspannte, entstand das Problem der aggressiven Rivalität zwischen Nationen. Das Schlagwort heißt an dieser Stelle *Nationalitätenprinzip*: Jede Nation soll ihren eigenen Staat (wie man ihn heute kennt) haben. Während die Nation, wie bereits erwähnt, einen natürlichen Ursprung hat, handelt es sich beim Nationalitätenprinzip um ein reines Kunstprodukt. Das Nationalitätenprinzip ist nicht natürlich, es lässt sich nicht handlungslogisch begründen, es ist vielmehr eine Erscheinung, die aus politisch-ideologisierten Überlegungen rührt.

Die Nation steht dem Bestreben entgegen, unterschiedliche Nationen unter eine zentrale Obrigkeit, einen Einheitsstaat stellen zu können. Schon der deutsche Philosoph und Dichter Johann Gottfried Herder (1744–1803) wusste um die Unvernunft, nationale Charaktereigenschaft unter eine einheitliche Staatsführung stellen zu wollen. Er schrieb: »Ein Volk ist sowohl eine Pflanze der Natur als eine Familie; nur jenes mit mehreren Zweigen. Nichts scheint also dem Zweck der Regierungen so offenbar entgegen als die unnatürliche Vergrösserung der Staaten, die wilde Vermischung der Menschengattungen unter einem Szepter.«[73]

Die Befürworter des demokratischen Sozialismus wollen der Nation und dem Nationalitätenprinzip daher zu Leibe rücken. Die nationale Souveränität soll aufgehoben und auf supranationale Ebenen verlagert werden. Beispielsweise zielen die Bestrebungen der »politischen Globalisten« in Europa bereits seit Jahrzehnten darauf ab, das Nationalitätenprinzip aus der Welt zu schaffen, um – in letzter Konsequenz – die »Vereinigten Staaten von Europa« zu schaffen: eine Konstruktion, in der die nationalparlamentarischen Selbstbestimmungsrechte aufgehoben und durch eine Zentralregierungsmacht ersetzt werden.

Das Bestreben, das Nationalitätenprinzip zu relativieren oder langfristig abzuschaffen, zeigt sich auch auf globaler Ebene, und zwar in den politischen Bemühungen, die nationalen Politikfelder – wie zum Beispiel die Geld- und Fiskalpolitik – zusehends enger miteinander zu koordinieren. Dazu gehört beispielsweise die G20, die seit 1999 den Zusammenschluss von 19 Staaten und der Europäischen Union – und damit die bedeutendsten Industrie- und Schwellenländer der Welt – repräsentiert. Die G20 ist zwar keine Weltregierung, aber längerfristig ist ihre politische Stoßrichtung mit dem Bestreben, eine Weltregierung, einen Weltstaat zu etablieren, gleichzusetzen.

Die Bande zwischen dem Nationalitätenprinzip und der Nation ist viel weniger eng, als es auf den ersten Blick erscheinen mag: Das Nationalitätenprinzip braucht die Nation, aber die Nation braucht das Nationalitätenprinzip nicht. Während es im Bereich des politisch Möglichen liegt, das Nationalitätenprinzip aus dem Weg zu räumen – zumal es sich hierbei nur um eine politisch-willkürliche Einrichtung handelt –, gilt das nicht gleichermaßen auch für die Nation – deren Existenz eine handlungslogische Begründung hat.

Wäre es denkbar, dass die Nation – verstanden als eigenständige Sprachgemeinschaft – sich auflöst, dass irgendwann die Vielzahl der heute auf dieser Welt bestehenden Nationen sich zu einer einzigen Nation formiert, und zwar im Zuge einer freiwilligen Entscheidung der Menschen? Unter welchen Bedingungen wäre das möglich? Eine Veränderungskraft, an die man in diesem Zusammenhang denken muss, ist die langfristige Wirkung der internationalen Arbeitsteilung.

Es wurde bereits erwähnt, dass David Ricardo die Arbeitsteilung zwischen den Menschen aus verschiedenen Nationen durch die *Theorie der relativen Kostenvorteile* erklärt hat. Ricardos Theorie beruht nun aber auf einer ganz wichtigen Annahme: Arbeit und Kapital sind international immobil. Was aber, wenn Kapital mobil und Arbeit immobil ist? In diesem Fall wandert das Kapital in die Regionen der Welt, in der es die höchste Ergiebigkeit erzielen kann.

Es wird aus den Regionen abgezogen, in denen es relativ reichlich vorhanden ist und nur eine vergleichsweise geringe Rendite erzielt, und es wird in die Regionen verlagert, in denen es relativ knapp ist und eine relativ hohe Rendite erwirtschaften kann. Die Neuverteilung des Kapitals führt dazu, dass die Grenzleistungsfähigkeit des Kapitals sich weltweit angleicht. Es wird dabei, weil der Faktor Arbeit immobil ist, weiterhin Gebiete geben, die relativ dicht besiedelt, und Gebiete, die weniger dicht besiedelt sind. Folglich wird es auf der Welt keine Angleichung der Löhne für gleiche Arbeit geben: In dicht besiedelten Gebieten wird es weiterhin tendenziell niedrigere und in weniger dicht besiedelten Gebieten tendenziell höhere Löhne geben.

Es kommt in diesem Szenario zwar nicht zu einem Angleichen der Löhne für gleiche Arbeit auf der Welt, wohl aber zu einer effizienteren Allokation des Kapitals und damit zu einem Wohlfahrtsgewinn. Zwar ist denkbar, dass auch die Intensität der Arbeitsteilung und des Handels zunimmt, aber es stellt sich annahmegemäß keine Zu- oder Abwanderung in den jeweiligen nationalen Gebieten ein. In diesem Szenario erwachsen keine Notwendigkeit und kein Anreiz für die Menschen in den jeweiligen Nationen, sich von ihrer nationalen Zugehörigkeit und Identität abzukehren. Mit anderen Worten: In einer Welt, in der Kapital mobil, aber Arbeit immobil ist, bleiben die Menschen ihrer Nation tendenziell treu, kehren sich nicht von ihr ab. Was aber wäre, wenn Kapital *und* Arbeit mobil wären?

Wenn nicht nur Kapital in die Regionen der Welt wandert, in denen es die höchste Rendite erzielt, sondern wenn sich auch Arbeit ungehindert dorthin begeben kann, wo sie die höchsten Löhne erzielt, stellt sich die Frage: Würde es unter der Bedingung der internationalen Kapitalmobilität und der ungehinderten Wanderung zum Verschwinden, zur Auflösung der Nation kommen? Würde sich über kurz oder lang gewissermaßen so etwas wie eine weltweite Einheitsnation herausbilden, die dem demokratischen Sozialismus in die Hände spielt? Im folgenden Kapitel wird eine Antwort auf diese wichtige Frage herausgearbeitet.

KAPITEL 14

Wanderung: natürlich und unnatürlich

> *»Die gefährlichste aller Weltanschauungen ist die Weltanschauung der Leute, welche die Welt nicht angeschaut haben.«*
>
> – Alexander von Humboldt

Die Verschiedenheit der Lebensbedingungen auf dieser Welt hat in der Geschichte schon immer Wanderungen von einzelnen Menschen und ganzen Völkern ausgelöst. Gründe für Wanderungen wird es auch künftig geben. Beispielsweise können neue Technologien Standorte attraktiv machen, die bisher unattraktiv waren, und umgekehrt. Gleiches können klimatische Veränderungen bewirken. Ökonomisch lässt sich sagen: Wenn Kapital und Arbeit international mobil sind, entscheiden die absoluten Kosten, wo auf der Welt das Kapital investiert wird und wo die Menschen sich niederlassen wollen.

Arbeitssuchende wandern aus den Regionen ab, in denen die Grenzproduktivität der Arbeit und damit die Löhne niedrig sind, und sie wandern in die Regionen, wo die Grenzproduktivität und damit die Löhne höher sind. Dadurch geht das Arbeitsangebot in den Gebieten zurück, aus denen ausgewandert wird – und die Grenzproduktivität der Arbeit und damit auch die Löhne steigen hier an. Hingegen nimmt das Arbeitsangebot in den Gebieten zu, in die eingewandert wird, und die Grenzproduktivität der Arbeit und die Löhne nehmen hier aufgrund des nunmehr erhöhten Arbeitsangebots ab.

Bei freier Mobilität der Arbeit hält die Wanderung so lange an, bis überall auf der Welt die gleiche Grenzproduktivität für die gleiche Arbeit herrscht. Unterschiedliche Regionen der Welt werden dann zwar unterschiedlich dicht bevölkert sein, aber weltweit werden gleiche Löhne für gleiche Arbeit gezahlt. Die Ergiebigkeit der Arbeit wird auf diese Weise bestmöglich ausgeschöpft. Das ist die ökonomische Gesetzmäßigkeit *der Wanderung*. Will man sie auf die heutige Situation anwenden, muss man bedenken, dass eine Welt entstanden ist, in der Land kein freies Gut mehr ist, sondern sich im Privat- oder Gemeineigentum befindet. Welche Bedeutung diese »Restriktion« für die Wanderung hat, wird klar, wenn man die Wanderung unter zwei Bedingungen betrachtet: (1) Wanderung in einer freien Wirtschaft und Gesellschaft ohne Staat und (2) Wanderung in einer unfreien Wirtschaft und Gesellschaft mit Staat.

Zu (1): In einer freiheitlichen Wirtschaft und Gesellschaft gilt der unbedingte Respekt vor dem Eigentum – verstanden als Selbsteigentum am eigenen Körper und an den rechtmäßig, auf nicht-aggressivem Wege erworbenen Gütern. Ist das Eigentum in dieser Weise akzeptiert, ist die Wanderung von Personen zwischen Regionen zwar möglich, aber nur dann, wenn die Eigentümer von Grund und Boden ausdrücklich eine Einladung aussprechen.

Jeder Eigentümer hat das Recht, Gäste in sein Haus und auf sein Grundstück einzuladen. Für die Kosten der An- und Abreise, der Beherbergung, der Verpflegung und der Bekleidung muss er oder sein Gast selbst aufkommen. Unternehmen dürfen Arbeitnehmer nach ihren Wünschen einstellen. Arbeitnehmer werden das Arbeitsangebot jedoch nur dann annehmen (können), wenn die Unternehmen Löhne bezahlen, mit denen die Beschäftigten ihre Lebensführung finanzieren können.

Ungebetene Zuwanderung – das Betreten einer Landfläche, die sich im Eigentum einer Person oder einer Gemeinschaft befindet, die nicht zum Betreten eingeladen hat – kommt einer Verletzung der Eigentumsrechte gleich, und die Eigentümer werden sich mit Fug und Recht dagegen zur Wehr setzen. In einer freien Wirtschaft und Gesellschaft (ohne den Staat, wie wir ihn heute kennen) gäbe es so gesehen kein systematisches Wanderungsproblem im Sinne unerwünschter Personenbewegungen. Es mag hier und da einige Fälle von ungebetenen Besuchern geben, aber keine chronisch-ungebetene Wanderung.

Zu (2): Wenn ein Staat (wie wir ihn heute kennen) existiert und mit seiner Zuwanderungspolitik gegen die Eigentumsrechte der Menschen im Zuwanderungsland verstößt, wandelt sich das Bild. Der Staat eröffnet bekanntlich die Möglichkeit, dass einige ihre Sonderinteressen und Privilegien durchzusetzen vermögen. Es kommt dann unweigerlich zu Konflikten, die sich aufgrund widerstreitender Interessen entzünden. Beispielsweise werden Arbeiter, deren Löhne durch Zuwanderung sinken, ihre Gewerkschaften anrufen, um Einwanderungsbeschränkungen einzufordern: Die Löhne der heimischen Arbeiter sinken, wenn das heimische Arbeitsangebot steigt.

Einwanderungsbeschränkungen benachteiligen nun aber heimische Unternehmer: Sie müssen höhere Löhne zahlen und machen entsprechend geringere Gewinne – im Vergleich zur Situation, in der es keine Zuwanderungsbeschränkungen gibt. Die heimische Produktion fällt geringer und teurer aus, als sie mit Zuwanderung sein könnte. Die Unternehmen werden daher ebenfalls bestrebt sein, ihren Einfluss in der Politik geltend zu machen, um Zuwanderungserleichterungen zu erreichen.

Auch politische Programme werden auf die Zuwanderungspolitik Einfluss nehmen wollen. Ein Motiv kann der humane Wunsch sein, Not zu lindern: Menschen aus Ländern mit geringem Einkommen sollen einwandern dürfen, um ein besseres Leben führen zu können. Oder das Motiv besteht darin, durch Einwanderung die wirtschaftlichen Folgen einer schrumpfenden Bevölkerung abzuwenden. Ein wieder anderes Motiv entspringt der Idee, der Weltfrieden werde befördert, wenn Menschen unterschiedlicher Abstammung, unterschiedlicher kultureller und unterschiedlicher religiöser Prägung nicht räumlich voneinander getrennt, sondern in engster Nachbarschaft miteinander leben.

Die Zielsetzung der demokratischen Sozialisten lautet in dieser Auseinandersetzung: Abschaffung des Nationalstaatsprinzips und vor allem Abschaffung der Nation. Das ist eine unverzichtbare, eine notwendige Bedingung, damit sich überhaupt erst die Möglichkeit eröffnet, eine Einheitsnation und einen Einheitsstaat aus der Taufe heben zu können. Doch wie kann das gelingen? Was ist beispielsweise von folgender Idee zu halten: Die Nationen werden vereinheitlicht, indem durch Wanderung die räumliche Trennung, die es bisher zwischen den Regionen mit nationalen Bevölkerungen gibt, aufgehoben wird?

Das könnte beispielsweise im Zuge von Zwangsumsiedlungen geschehen. Doch dafür würden sich derzeit in den nationalstaatlichen Demokratien sehr wahrscheinlich keine politischen Mehrheiten finden lassen. Die Kosten und Leiden, die Zwangsumsiedlungen für die betroffenen Menschen – die Vertriebenen wie für die Aufnehmenden – verursachen würden, wären zu groß. Ein alternativer Weg dazu ist die politisch gesteuerte Wanderung: Die Nationalstaaten werden geöffnet für Zuwanderung von außen, vor allem sprach- und kulturfremde Einwanderung wird gefördert. Doch ließen sich die Nationen in dieser Weise tatsächlich auflösen?

Wenn sich die Zuwanderer sprachlich-kulturell assimilieren – wenn sie Sprache, Gebräuche und Religion ihres Herkunftslandes aufgeben und die des Zuwanderungslandes annehmen –, bleiben die Nationalstaaten in sich homogen, untereinander aber weiterhin heterogen. Das gilt sowohl für die Nation, in die eingewandert wird und deren Bevölkerungszahl ansteigt, als auch für die Nation, aus der ausgewandert wird und die zahlenmäßig abnimmt. Wenn hingegen die Assimilierung der Zuwanderer ausbleibt, wird das Zuwanderungsland heterogenisiert: Es wird zu einer Region, in der sich neben der bisher die Staatlichkeit ausmachenden Nation weitere Nationen etablieren.

Die Anhänger eines einheitlichen internationalen demokratischen Sozialismus müssen folglich darauf setzen, dass die Zuwanderung *nicht* zur Assimilierung führt.[74] Zwar ist mit einer sich nicht assimilierenden Zuwanderung keine Garantie verbunden, dass Nation und Nationalstaatsprinzip aufgelöst werden. Aber immerhin eröffnet sie die Möglichkeit, dass zumindest im Einwanderungsland Nation und Nationalstaatsprinzip zurückgedrängt und letztlich vielleicht doch aufgelöst werden. In diesem Zusammenhang wiegt indes besonders schwer: Die Zuwanderung führt im Einwanderungsland, in dem das demokratische Mehrheitsprinzip herrscht, zu einem ganz besonders heiklen Problem.[75]

Je größer die Rolle des Staates im Wirtschafts- und Gesellschaftsleben ist, desto härter fällt auch der politische Kampf um die Mehrheitsposition aus; und desto größer wird die *politische Ohnmacht* derjenigen sein, die in diesem Kampf den Kürzeren ziehen, die in die Minderheitsposition geraten. Spannungen zwischen den Menschen, die in der Mehrheit sind, und den Menschen, die die Minderheit darstellen, sind in der Demokratie, im demokratischen Sozialismus, zwar unvermeidlich. Sie werden jedoch in Gebieten abgemildert, in denen die Bevölkerung durch Sprache, Bräuche, Tradition, Kultur und Religion relativ eng miteinander verbunden ist.[76] Die Mehrheit wird hier die Interessen der Minderheit nicht ganz aus den Augen verlieren; und die Minderheit wird auch bereit sein, sich in gewissem Maße, wenn auch zähneknirschend, der Mehrheit zu beugen.

Das Bild ändert sich fulminant, wenn in einem Gebiet sprachlich und kulturell ganz unterschiedlich geprägte Menschen miteinander zusammenleben. Das Mehrheitsprinzip sorgt dann nämlich dafür, dass die Minderheit hier geradewegs in die Unterdrückung geschickt wird. Die Mehrheit hat wenig oder gar keine Anreize, auf eine ihr im Grunde fremd erscheinende Minderheit irgendwelche besonderen Rücksichten zu nehmen. Der Minderheit bleiben daher nur zwei Alternativen: Entweder sie assimiliert sich, oder sie assimiliert sich nicht.

Der Fall der freiwilligen Assimilierung ist mit den geringsten Problemen verbunden. Die Zuwanderer nehmen nach und nach Sprache und Lebensgewohnheiten der Menschen im Zuwanderungsland an, gehen auf in der Nation des Zuwanderungslandes. Wenn die Zuwanderer sich nicht assimilieren wollen, bleiben sie eine Minderheit und sind ausgeschlossen von der politischen Willensbildung. Sie verlieren ihre Selbstbestimmung. Entweder finden sie sich damit ab. Oder sie begehren dagegen auf – etwa dadurch, dass sie versuchen, im Zuwanderungsland zur Mehrheit aufzusteigen.

In dem Fall, in dem aber die nicht-assimilierten Zuwanderer die Mehrheitsposition anstreben (zum Beispiel durch weitere Zuwanderung oder hohe Geburtenraten), müssen die Einwohner des Landes, in das eingewandert wird, befürchten, ins Hintertreffen zu geraten. Entweder fügen sie sich dem Schicksal, künftig von ihrer bisherigen Mehrheitsstellung verdrängt zu werden; oder sie gehen dagegen an, dass die Zuwanderer zur Mehrheit aufsteigen – zum Beispiel indem sie Assimilation erzwingen. Es kommt zum Konflikt, wenn die Bewohner des Einwanderungslandes von den Zuwanderern eine Assimilation erzwingen, die Zuwanderer aber ihre Eigenheiten bewahren, sie nicht aufgeben wollen.

Wir erkennen: Die Demokratie (wenn man sie als Recht auf Selbstbestimmung auffasst) erweist sich bei einer sprachlich und kulturell heterogenen Zusammensetzung der Bevölkerung nicht als friedensstiftend, sondern als konfliktverursachend beziehungsweise konfliktverschärfend. Für die Befürworter eines internationalen demokratischen Sozialismus bedeutet das, dass der Versuch, durch politisch gesteuerte Wanderung den Nationalstaat zu heterogenisieren beziehungsweise ihn abzuschaffen, kein gangbarer Weg ist, wenn die Demokratie aufrechterhalten werden soll.

Der demokratische Sozialismus muss vielmehr seine demokratische Verankerung aufgeben und sich in einen totalitären Sozialismus wandeln, will er zu einem einheitlich-weltumspannenden System aufsteigen. Nun werden aber die demokratischen Sozialisten nicht müde, in der Öffentlichkeit ihre Unzertrennlichkeit mit der Demokratie zu bekunden. Was ist davon zu halten? Nicht allzu viel: Die Demokratieverbundenheit des demokratischen Sozialismus entpuppt sich als ein Etikettenschwindel, wenn man dem »Ehernen Gesetz der Oligarchie« Glauben schenken möchte. Dieses »Gesetz« besagt, dass die Parteiendemokratie eine oligarchisierte Elitenherrschaft herausbildet, die die Demokratie gewissermaßen still und heimlich aushöhlt und aushebelt. Welche Bedeutung das für die Möglichkeit hat, einen Weltstaat mit Weltwährung zu errichten, erörtert das folgende Kapitel.

KAPITEL 15

Die Illusion der Demokratie: das »Eherne Gesetz der Oligarchie«

»Die Gefahr liegt nahe, daß die soziale Revolution die faßbare und sichtbare, als solche offen anerkannte herrschende Klasse von heute in eine geheime, unter dem Deckmantel der Gleichheit auftretende, demagogische Oligarchie umtauschen würde.«

– Robert Michels

Im Jahr 1911 veröffentlichte der deutsch-italienische Soziologe Robert Michels (1876–1936) sein Buch *Zur Soziologie des Parteiwesens in der modernen Demokratie: Untersuchungen über die oligarchischen Tendenzen des Gruppenlebens.* Darin formuliert er das »Eherne Gesetz der Oligarchie«. In Demokratien, so Michels, besteht eine Tendenz zur Oligarchie: der Herrschaft der wenigen über die vielen.[77] Früher oder später übernimmt eine kleine Gruppe, die gewieften, herrschaftshungrigen Parteieliten, die Macht. Es kommt zur Herrschaft der Gewählten über die Wähler. Es ist daher eine Illusion zu glauben, die Demokratie gäbe den Wählern die Selbstbestimmung über ihre Geschicke. Michels erklärt die Verlagerung der Macht von den Wählern, von der Parteibasis hin zu den Gewählten mit drei Gründen.

Erstens: Eine Selbstregierung der Massen ist nicht möglich, schon rein technisch nicht. Die Demokratie braucht Parteien. Parteien sind Organisationen, und wie jede Organisation braucht auch eine Partei eine feste Führung. Das bringt Menschen in Positionen, die die erforderliche Eignung haben (Fachwissen, Führungsstärke, Durchsetzungsvermögen etc.). Eine berufsmäßige Führerschaft entsteht. *Zweitens:* Die Masse der Wähler ist unkundig, ist nicht souveräner Herr der eigenen Geschicke. Die Menschen sind mehrheitlich nicht zur vernunftgesteuerten politischen Willensbildung in der Lage. Sie suchen die politische Führung. *Drittens:* Die Mitglieder der Parteieliten haben die personelle, intellektuelle und auch charismatische Überlegenheit, die Massen und die Parteidelegierten für sich einzunehmen und sich eine Gefolgschaft zu schaffen.

Ist die relativ kleine Gruppe der Parteieliten an den Schaltstellen der Macht angekommen – hat sich eine *Parteioligarchie* herausgebildet –, beginnt sie, so Michels, sich gegen Konkurrenten zu isolieren und abzuschirmen. Aufgrund ihrer intellektuellen Überlegenheit, ihrem Durchsetzungswillen und ihrem Zugang zu finanziellen Ressourcen können die Mitglieder der Eliten ihren Ruhm als öffentliche Mandatsträger sichern, ihr Handeln als auf das Wohl der Gesellschaft gerichtet erscheinen lassen, sich persönlich unantastbar und politische Gegenströmungen mundtot machen.[78] Ihre unanfechtbare Machtstellung nutzen die Parteioligarchen für eigene Zwecke aus. Sie beginnen Ziele zu verfolgen, die nicht mehr im Einklang mit der Parteibasis beziehungsweise dem Wählerwillen stehen.

Lassen sich Michels' Thesen auf die Gegenwart übertragen? Bieten sie ein taugliches Interpretationsmuster an für das heutige gesellschaftspolitische Geschehen? Man könnte zunächst denken, die »Oligarchisierung der Demokratie« werde im Zaume gehalten, wenn es einen wirksamen Wettbewerb zwischen Parteien um die Regierungsmacht gibt. Solange die Wähler ihre Stimme konkurrierenden Parteien geben können, mag es zwar zu einer Oligarchisierung innerhalb der einzelnen Partei kommen, nicht jedoch zu einer Oligarchisierung der Regierungsmacht per se. Doch diese Hoffnung erweist sich als trügerisch.

Alle Parteien buhlen um Wählerstimmen. Und die Wähler geben ihre Stimme den Parteien, von deren Programmen und Politiken sie sich eine persönliche Besserstellung erhoffen. Die Parteien haben daher einen Anreiz, die Umverteilungsträume der Wähler nicht nur zu bedienen, sondern auch noch anzufeuern: Im Wettbewerb um die Regierungsmacht überbieten sich diejenigen, die an die Macht gewählt werden wollen, darin, möglichst viele Wähler mit »Wahlgeschenken« für sich einzunehmen. Genau dieser Stimmenkauf, der sich in der Demokratie einstellt, stützt Michels' These.

Jede Herrschaftsform – ob Diktatur, Aristokratie oder Demokratie – ist auf Zustimmung, zumindest auf Duldung durch die öffentliche Meinung angewiesen. Die Regierenden sind den Regierten zahlenmäßig unterlegen. Sollte sich die Überzeugung bei den Regierten verbreiten, man müsse die Regierenden loswerden, ist der Umsturz unabwendbar. Das wissen die Parteien und die Parteioligarchen. Um ihre Macht zu erhalten, setzen sie daher auf »Überzeugungsarbeit«. Beispielsweise indem sie sicherstellen, dass den Menschen in Bildung und Ausbildung die Unverzichtbarkeit des demokratischen Parteiensystems gelehrt wird. Zudem verfolgen sie ein *Divide-et-impera-Prinzip*: Teile und herrsche. Aus Steuereinnahmen werden Wählerstimmen bezahlt. Und damit kein Widerstand aufkommt, wird alles getan, um den Verdacht zu zerstreuen, es gäbe »Netto-Steueropfer« und »Netto-Steuerprofiteure«.

Weil aber alle Parteien um die Gunst der Mehrheit in gleicher Weise wetteifern, nähern sich ihre Programme inhaltlich mehr oder weniger an. De facto bildet sich ein Parteienkartell heraus, das den Weg zur Oligarchisierung der Demokratie ebnet. Und ist der Parteienwettbewerb erst einmal lahmgelegt, eröffnen sich den Parteioligarchen weitgespannte Handlungsspielräume. Extreme Politiken lassen sich dann relativ einfach umsetzen, die auf basisdemokratischem Wege nicht so ohne Weiteres möglich wären – wie zum Beispiel der Abbau nationalstaatlicher Souveränität zugunsten supranationaler Instanzen oder die »Politik der offenen Grenzen«.

Der »politische Globalismus« – das Bestreben, das wirtschaftliche und gesellschaftliche Zusammenleben der Menschen auf diesem Planeten nicht dem freien Markt zu überlassen, sondern nach politischen Zielen zu steuern – trägt untrüglich die Handschrift eines oligarchisierten demokratischen Sozialismus: Kleine Gruppen fällen weitreichende Entscheidungen, nicht selten in Hinterzimmern; Sonderinteressen (von Banken und Großunternehmen) heimsen Privilegien ein; die Parlamentarier werden zu willigen Steigbügelhaltern der oligarchisierten Herrschaft. Folgt man Robert Michels, gibt es keinen Grund zu glauben, dass in der Demokratie (genauer: im demokratischen Sozialismus) der Wählerwille die Regierung bestimmt. Vielmehr geht die Macht an die oligarchisierte Elitenherrschaft.

Ein weiterer Aspekt muss an dieser Stelle zur Sprache kommen: die Rolle der Fachleute in den Institutionen, die der demokratische Sozialismus in großer Zahl hervorbringt. Diese Institutionen – ob Sozialversicherung, Renten- und Krankenversicherung oder Zentralbanken und Finanzaufsichtsbehörden – haben eine Gemeinsamkeit: Sie zeichnen sich durch eine wachsende Komplexität und Unübersichtlichkeit aus. Der Grund: Alle diese staatlichen Institutionen werden entwickelt, verwaltet und verändert von sogenannten Fachleuten (»Experten«), Sachkundigen auf ihrem Gebiet. Außenstehende können da nicht mitreden.

Und daher sind es auch die Fachleute, die von der Politik nach ihrer Meinung gefragt werden, wenn etwas nicht funktioniert und Problemlösungen gesucht werden. Die Fachleute zeichnen sich aber nicht nur dadurch aus, dass sie Fachleute auf ihrem Gebiet sind. Sie ragen vor allem auch dadurch heraus, dass sie vorbehaltlos die Prinzipien unterstützen, auf denen die Institutionen aufgebaut sind. Bei Problemen werden sie die Institutionen daher anpassen und verändern, aber stets unter Wahrung der Prinzipien, auf denen sie aufgebaut sind: »Wenn der Apparat einmal eingerichtet ist, wird seine künftige Entwicklung so gestaltet werden, wie es jene, die in seine Dienste getreten sind, für nötig halten.«[79]

Gerade die Fachleute sorgen für eine *Pfadabhängigkeit*: Einmal getroffene Entscheidungen begrenzen den Raum künftig offenstehender Entscheidungsmöglichkeiten; die Revision oder das Verlassen des eingeschlagenen Weges wird zusehends schwieriger. Wie können der demokratische Sozialismus und seine oligarchische Führung diese Pfadabhängigkeit für sich nutzen? Wie im vorigen Kapitel gezeigt, würde der Versuch, einen weltweiten demokratischen Sozialismus zu errichten, indem die Bevölkerung in den unterschiedlichen Nationen der Welt durch Wanderung vereinheitlicht wird in Bezug auf Sprache, Kultur und Religion, auf große, geradezu unüberwindbar anmutende Hindernisse treffen.

Eine andere, vielversprechendere Möglichkeit für die demokratischen Sozialisten besteht darin, ein einheitliches Weltgeld zu schaffen. Das hätte zwei Vorteile. Zum einen wäre ein solches Vorhaben geradezu natürlich: Schließlich ist ja *ein* Geld für die Welt ökonomisch optimal – das wurde in Kapitel 8 gezeigt. Zum anderen lässt sich das heute bestehende System nationaler staatlicher Fiat-Gelder einfach, zumindest technisch gesehen, in *ein* Fiat-Weltgeld überführen und von *einer* Weltzentralbank lenken – und damit unterläge die weltweite Wirtschafts- und Gesellschaftsentwicklung in einem bisher nicht gekannten Ausmaß *einer* zentralen politischen Führung.

Für die Befürworter des demokratischen Sozialismus ist die Schaffung eines einheitlichen Weltgeldes daher eine äußerst attraktive Strategie, um ihren Gestaltungstraum, das gesellschaftliche und wirtschaftliche Geschehen auf diesem Planeten nach ihren politischen Vorgaben zu steuern, in die Tat umzusetzen. Blickt man auf die jüngere Währungsgeschichte seit dem Ende des Zweiten Weltkrieges, so ist deutlich erkennbar, wie weitreichend die Ideen des demokratischen Sozialismus das Weltwährungssystem bereits beeinflusst haben. Das soll im folgenden Kapitel genauer betrachtet werden.

KAPITEL 16

Der Dollar-Imperialismus: das System von Bretton Woods

»One of the factors that contributes to the great confidence in the United States dollar which exists the world over is undoubtedly our large gold holdings. [... I]nternational agreement is not a substitute for gold.«

– HARRY DEXTER WHITE

Mit dem Beginn des Ersten Weltkrieges endet die Ära des weltweiten Goldgeldes. Ungedecktes Papiergeld (oder: Fiat-Geld) wird Standardgeld. Doch diese Geldart verursacht viele Probleme: Sie sorgt für Inflation, und es kommt zu Wechselkursschwankungen, die die weltweite Arbeitsteilung und den Handel beeinträchtigen. Die internationale Staatengemeinschaft versucht deshalb, an die Tradition des Goldgeldes anzuknüpfen. Doch es wird nur ein halbherziger und daher fehlgeleiteter Versuch sein. Vom 1. bis zum 22. Juli 1944 treffen sich in Bretton Woods im US-Bundesstaat New Hampshire die Finanzminister und Zentralbankpräsidenten von 44 Staaten der späteren Siegermächte. Das Ziel dieser internationalen Währungs- und Finanzkonferenz: Eine Neuordnung des Weltfinanzsystems für die Zeit nach dem Ende des Zweiten Weltkrieges soll ausgearbeitet werden.[80] Die Briten setzen sich für den *Keynes-Plan* ein (benannt nach John Maynard Keynes, 1883–1946), die Amerikaner für den *White-Plan* (benannt nach Harry D. White, 1892–1948).[81]

Das Ergebnis der Konferenz ist das *System von Bretton Woods*. Es zeichnet sich durch drei Eigenschaften aus. *Erstens:* Das neue Währungssystem ist als *Gold-Devisen-Standard* konzipiert. Gold ist 1944 das einzig international anerkannte Zahlungsmittel und wird zur Abwicklung des grenzüberschreitenden Handels verwendet. Der goldgedeckte US-Dollar wird daher zur Weltreservewährung erhoben: Seit 1934 entsprechen 35 US-Dollar einer Feinunze Gold. Die US-Zentralbank verspricht, jederzeit und unbeschränkt US-Dollar-Bestände, die andere Notenbanken halten, in physisches Gold einzulösen. Dieses Versprechen nimmt man den Amerikanern ab, weil sie bei Abschluss des Währungsabkommens über etwa drei Viertel des weltweiten Währungsgoldes verfügen und weil sich kaum jemand vorstellen kann, dass die Vereinigten Staaten irgendwann einmal chronische Zahlungsbilanzdefizite aufweisen würden (also dauerhaft mehr importieren als exportieren und damit unter Goldabzug leiden könnten).

Zweitens: Das System von Bretton Woods sieht feste Wechselkurse vor. Alle teilnehmenden Währungen haben ein festes Austauschverhältnis (Parität) gegenüber dem US-Dollar. Auf diese Weise sind sie indirekt an das Gold angebunden. Die Währung eines Teilnehmerlandes darf nur in einer engen Bandbreite von maximal +1/–1 Prozent um die Parität schwanken. Gerät die D-Mark beispielsweise unter Aufwertungsdruck gegenüber dem US-Dollar, ist die Deutsche Bundesbank zur Intervention am Devisenmarkt verpflichtet: Sie muss US-Dollar kaufen und dafür neue D-Mark in Umlauf bringen, bis der Wechselkurs wieder innerhalb der vorgegebenen Wechselkursbandbreite liegt. Für die US-Notenbank besteht keine Interventionsplicht.

Drittens: Im System von Bretton Woods gilt die freie Austauschbarkeit (Konvertibilität) der Währungen untereinander. Beispielsweise können an den Devisenmärkten D-Mark, britische Pfund

und französische Francs in US-Dollar gewechselt werden. Die US-Dollar sind auf Wunsch bei der US-Zentralbank in physisches Gold eintauschbar. Diese Eintauschmöglichkeit besteht jedoch nur für Zahlungen zwischen den Zentralbanken. Die Konvertibilität der Währungen ist zudem zunächst auf Zahlungsvorgänge aus dem Warenhandel beschränkt. Für den autonomen Kapitalverkehr besteht sie nicht. Erst 1958 wird auch die Konvertibilität für Kapitalbewegungen eingeführt, die unabhängig vom Güterhandel sind.

Das System von Bretton Woods verdient im Grunde nicht, als eine Form des Goldstandards bezeichnet zu werden – obwohl das heute vielfach geschieht. Vielmehr war es ein »Pseudogoldstandard«. Doch immerhin trägt das System von Bretton Woods zunächst dazu bei, den Welthandel in der unmittelbaren Nachkriegszeit zu beleben und den Wohlstand zu fördern. Es verhindert die Störeffekte, die von schwankenden Wechselkursen auf die internationale Arbeitsteilung ausgehen. Allerdings hat das System von Anfang an eklatante Konstruktionsfehler, die es Anfang der 1970er-Jahre zu Fall bringen: Die akuten Problembereiche sind der *Ausgleich der Zahlungsbilanz* und die *Versorgung mit internationaler Liquidität.*

Anfänglich exportiert Amerika mehr, als es importiert. Das Ausland zahlt folglich mehr Dollar nach Amerika als Amerikaner an das Ausland zahlen. Man spricht von einer »Dollarknappheit«. Eigentlich hätten die Länder, die gegenüber den USA ein Handelsbilanzdefizit ausgewiesen haben, ihre Preise absenken müssen, damit ihre Wettbewerbsfähigkeit bei festen Wechselkursen steigen kann. Das aber war politisch nicht gewünscht. Ab 1959 dreht sich die US-Zahlungsbilanz ins Defizit: Amerika importiert mehr, als es exportiert. Das Ausland beginnt, Dollarguthaben anzuhäufen. Aus der Dollarknappheit wird eine »Dollarschwemme«. Amerika war dazu übergegangen – vor allem aufgrund seiner kriegerischen Außenpolitik –, die US-Dollar-Geldmenge auszuweiten, ohne über eine entsprechende Golddeckung zu verfügen. Das setzt den US-Dollar unter Abwertungsdruck und zwingt die Zentralbanken in anderen Ländern, zugunsten des US-Dollar zu intervenieren.

Im System von Bretton Woods werden sie gezwungen, US-Dollar zu kaufen und die Käufe mit neu geschaffener heimischer Währung zu bezahlen. Im Ergebnis importieren sie die inflationäre Geldpolitik der Amerikaner. Die nun steigende Geldmenge im eigenen Land verursacht einen Preisauftrieb. Die Amerikaner führen auf diese Weise eine Inflationierung des Gesamtsystems herbei. Um der Entwertung der eigenen Währung zu entkommen, kommt es nachfolgend zu Anpassungen der Wechselkurse (»Realignments«). Beispielsweise wird die D-Mark mehrfach aufgewertet gegenüber dem US-Dollar.

Der US-Dollar beginnt aber auch gegenüber dem Gold abzuwerten. Daher beginnen acht bedeutende Zentralbanken – neben der US-Zentralbank sind das sieben Zentralbanken aus Europa – bereits ab November 1961, den Goldpreis bei 35 US-Dollar pro Feinunze zu halten (»London Gold Pool«). Sie verkaufen Gold aus eigenen Reservebeständen, um der Verteuerung des gelben Metalls gegenüber dem US-Dollar entgegenzuwirken. Doch vergeblich. Die Märkte treiben den Goldpreis immer weiter in die Höhe, weil der US-Dollar inflationiert. Im März 1968 beenden die Zentralbanken offiziell ihre Interventionen im Goldmarkt.

Am 15. August 1971 erklärt US-Präsident Richard Nixon (1913–1994) in einer Fernsehansprache, dass von nun an der US-Dollar nicht mehr in Gold einlösbar sei. Die Amerikaner durften schon seit 1933 kein physisches Gold mehr besitzen, das hatte ihnen Präsident Franklin D. Roosevelt verboten. Nun können auch die Zentralbanken anderer Länder nicht mehr ihre Dollar-Guthaben in Gold eintauschen. Durch diesen unilateralen Beschluss wird nicht nur dem US-Dollar die Golddeckung entzogen, auch alle wichtigen Währungen der Welt werden dadurch zu ungedecktem Papiergeld oder: Fiat-Geld.

Das System von Bretton Woods scheiterte, weil viele Länder nicht bereit waren, der Inflationspolitik der Amerikaner bedingungslos Folge zu leisten. Sie entzogen sich der Inflation durch die Aufwertung ihrer eigenen Währungen. Der freiwillige Schulterschluss, der das

System von Bretton Woods eigentlich zusammenhalten sollte, erwies sich als zu schwach. Die Regierungen in vielen Ländern stellten ihre heimischen Wirtschaftsbelange über die Pflichten, die ihnen aus der internationalen Währungssystemvereinbarung erwuchsen und die die Amerikaner inflationär missbrauchten. Das System von Bretton Woods wurde am 2. März 1973 endgültig beendet. Der US-Dollar festigte dessen ungeachtet jedoch seinen Status als Weltreservewährung.

Im Jahr 1976 gab es eine Statutenänderung des Internationalen Währungsfonds (IWF). Jedes IWF-Mitgliedsland durfte fortan sein Wechselkurssystem frei wählen. Nun waren flexible Wechselkurse erlaubt. Das Schwanken der Wechselkurse sollte eingedämmt werden durch »binnenwirtschaftliche Stabilität« in den Volkswirtschaften, nicht mehr durch Devisenmarktinterventionen der Zentralbanken. Grundsätzlich sollte eine Manipulierung der Wechselkurse, die Vorteile im Außenhandel verschaffen soll, vermieden werden.

Daraufhin bildet sich weltweit ein gemischtes Wechselkurssystem heraus. Einige Länder (vor allem Entwicklungsländer) binden ihre Währungen mit einem festen Wechselkurs an andere Währungen oder einen Währungskorb. Wieder andere vereinbaren untereinander feste Wechselkurse und flexible Wechselkurse gegenüber Dritten (wie es zum Beispiel die Europäische Währungsunion praktiziert). Länder wie die Vereinigten Staaten von Amerika, Japan oder Großbritannien setzen auf flexible Wechselkurse.

Aus den Erfahrungen mit der »Dollar-Knappheit«, die sich in den ersten Jahren des Systems von Bretton Woods zeigte, erwuchs der Wunsch vieler Staaten, ihre internationale Liquiditätsausstattung unabhängig von der US-Zahlungsbilanzsituation zu machen. Bis dato galt: Gold und US-Dollar waren die weltweit akzeptierten Zahlungsmittel beziehungsweise Währungsreserven. Doch schon Ende der 1950er-Jahre hatten die USA begonnen, immer mehr US-Dollar auszugeben, die nicht durch Gold gedeckt waren. Unter diesen Bedingungen war absehbar, dass der Goldpreis in US-Dollar gerechnet unter Aufwertungsdruck geraten würde.

Doch das Anheben des offiziellen Goldpreises – eine Abwertung des US-Dollar gegenüber Gold, die im IWF-Übereinkommen unter bestimmten Bedingungen sogar ausdrücklich vorgesehen war – war aus mehreren Gründen politisch nicht opportun:[82] (1) Es hätte die Goldproduzenten Südafrika und Sowjetunion begünstigt, das eine Land ein Apartheidsregime, das andere Land der Hauptgegner im Kalten Krieg. (2) Es hätte die Länder benachteiligt, die in gutem Glauben US-Dollar statt Gold hielten. (3) Man fürchtete, dass eine Anhebung des Goldpreises erst recht die Spekulationen auf weitere Goldpreiserhöhungen schüren könnte.

Da man also den offiziellen Goldpreis nicht anheben wollte, ersann man neben dem Gold (das immer mehr nachgefragt wurde, aber mengenmäßig begrenzt war) und dem US-Dollar (der immer weniger nachgefragt und dessen Menge immer stärker ausgeweitet wurde) eine weitere Währungsreserve: das sogenannte *Sonderziehungsrecht* (SZR). Der Beschluss, dass der Internationale Währungsfonds Sonderziehungsrechte ausgeben kann, wurde im Jahr 1967 gefasst. Erstmals wurden sie 1969 geschaffen und an die IWF-Teilnehmerländer ausgegeben. Die Zuteilung von SZR erfolgte entsprechend der Kapitalanteile (»Quote«), die die Länder am IWF hatten.

SZR sind kein Geld, sondern stellen einen Anspruch gegenüber der Gesamtheit der IWF-Teilnehmerländer auf den Erwerb von Fremdwährungen dar. Konkret heißt das: Ein Land mit einem Zahlungsbilanzdefizit kann seine SZR beim IWF in eine gewünschte nationale Währung eines Teilnehmerlandes umwandeln. Sodann bestimmt der IWF ein Land mit einem Zahlungsbilanzüberschuss, das die gewünschte Währung bereitzustellen hat. Die SZR können unter bestimmten Bedingungen von jedem IWF-Mitgliedsland ausgeübt werden und haben das Potenzial, die weltweite Geldmenge zu erhöhen; das SZR wurde daher auch schon treffend als »globales Helikoptergeld« bezeichnet.[83]

Ursprünglich war jedes SZR exakt 0,888671 Gramm Gold wert. Nach dem Zusammenbruch von Bretton Woods im Jahr 1973 wurde die Definition umgestellt: Fortan war das SZR nicht mehr der Gegenwert für physisches Gold, sondern entsprach einem »Korb« der wichtigsten ungedeckten Währungen. Überprüft wird die Zusammensetzung des SZR-Korbes alle fünf Jahre. Seit dem 1. Oktober 2016 besteht der Währungskorb, der das SZR definiert, aus US-Dollar, Euro, chinesischen Renminbi, japanischen Yen und britischen Pfund. Die Währungen sind wie folgt gewichtet: US-Dollar 41,73 Prozent, Euro 30,93 Prozent, chinesischer Renminbi 10,92 Prozent, japanischer Yen 8,33 und britisches Pfund 8,09 Prozent. SZR können nur von den Zentralbanken der IWF-Mitgliedsstaaten gehalten werden und dienen für Zahlungen zwischen den Teilnehmerländern und gegenüber dem IWF. Beispielsweise kann der IWF Kredite in Form von SZR anstatt von Landeswährungen vergeben oder knappe Währungsreserven eines Landes durch Hergabe von SZR auffüllen. Auf den Devisenmärkten können SZR nicht direkt eingesetzt werden. Sie müssen erst in eine marktfähige Währung eingetauscht werden.

Die globale Finanz- und Wirtschaftskrise 2008/2009 hat dem politischen Interesse am IWF neuen Schub verliehen. Die G20 beschlossen im April 2009, den IWF zu »stärken«, indem sie seine Möglichkeiten, SZR auszugeben und weitere Kredite zu schaffen, deutlich ausgeweitet haben. Zunächst wurde eine Verdreifachung der frei verfügbaren Finanzmittel des IWF auf insgesamt mehr als 750 Milliarden US-Dollar und eine neue Zuteilung der SZR in Höhe von rund 250 Milliarden US-Dollar beschlossen; davor lag der Bestand bei lediglich 33 Milliarden US-Dollar.[84] Durch einen Beschluss vom 24. November 2009 wurden die Finanzressourcen des IWF noch einmal erhöht, und zwar auf insgesamt 934 Milliarden US-Dollar.

Die Idee, den IWF zu einem »globalen Rettungsfonds« zu machen, stand Pate für diese Entscheidungen. Doch gemäß dem IWF-Übereinkommen ist es Aufgabe des IWF, Finanzhilfen bei Zahlungsbilanzproblemen eines Landes zu geben – eine Zielsetzung, die sich aus dem System von Bretton Woods ableitet (und die im heutigen System der flexiblen Wechselkurse eigentlich gar nicht mehr notwendig ist). Die SZR-Zuteilungen haben dazu zu dienen, einen langfristigen Bedarf nach zusätzlichen Währungsreserven zu decken. Nunmehr wurde der IWF jedoch mit bilateralen Kreditlinien ausgestattet, um seine finanzielle Feuerkraft kurzfristig aufzustocken.

Der IWF ähnelt – auch weil man den Handlungsspielraum seiner Führung erweitert hat – folglich immer stärker einer *Weltzentralbank*, die SZR ausgeben und zudem Kredite in nationalen Währungen vergeben kann. Das SZR wird daher häufig als Vorläufer, gewissermaßen als Nukleus einer einheitlichen Weltwährung aufgefasst. Rein technisch gesehen ist diese Sichtweise nicht unbegründet: Es braucht nur wenige Entscheidungen beziehungsweise Handgriffe, um das SZR zur Einheitsweltwährung zu machen – und zwar durch die Verkündung und Durchsetzung *unwiderruflich* fester Wechselkurse beziehungsweise das Verschmelzen nationaler Währungen auf das SZR.

Diese Idee stand Pate bei der Schaffung des Euro zu Beginn des Jahres 1999; sie wurde bereits in der Praxis ausprobiert. Was heute als erfolgreiche Vereinheitlichung der Währungsverhältnisse in Europa gepriesen wird, ist aus handlungslogischer Sicht ganz anders zu interpretieren: Der Euro ist das Ergebnis des Bestrebens, die Währungsvielfalt in Europa zu beenden und ein staatliches Einheitsgeld zu schaffen. Nicht den freien Marktkräften wurde es überlassen, das gewünschte Einheitsgeld bereitzustellen, sondern es wurde durch staatliche Zwangsmaßnahmen befördert und daher auch als staatliches Fiat-Einheitsgeld konzipiert. Das wird im folgenden Kapitel verdeutlicht.

KAPITEL 17

Feldzug gegen die Währungsvielfalt: der Euro

»Europa entsteht durch die Währung oder gar nicht.«

– Jacques Rueff

Den Befürwortern der »Vereinigten Staaten von Europa« wurde irgendwann klar, dass der Weg, eine Vielzahl von Nationalstaaten in einem Zentralstaat aufgehen zu lassen, kein direkter sein konnte. Dazu waren die Widerstände der auf ihre Souveränität bedachten Bevölkerungen zu groß; dieser Aspekt wurde in Kapitel 13 erläutert. Das Ziel musste daher auf anderem Wege erreicht werden. Also empfiehlt der demokratische Sozialismus eine Einheitswährung für Europa, denn dadurch zwingt man die Nationalstaaten quasi – und zwar durch die Folgenotwendigkeiten, die aus dieser Entscheidung erwachsen –, in einem Einheitszentralstaat aufzugehen: Die Schaffung einer politisierten Einheitswährung soll der Zwingmeister sein für den Einheitsstaat.

Der entscheidende Schritt wurde am 1. Januar 1999 getan. An diesem Tag wurden die Währungen von elf Nationalstaaten – allesamt ungedeckte Papierwährungen – in die Einheitswährung Euro überführt. Zu den Staaten Belgien, Deutschland, Finnland, Frankreich, Irland, Italien, Luxemburg, Niederlande, Österreich, Portugal, Spanien traten nach und nach acht weitere hinzu: Griechenland (2001), Slowenien (2007), Malta und Zypern (2008), die Slowakei (2009), Estland (2011), Lettland (2014) und Litauen (2015). Der Euro wurde in allen Teilnehmerländern zum alleinigen gesetzlichen Zahlungsmittel erklärt. Das Produktionsmonopol für den Euro liegt bei der Europäischen Zentralbank (EZB).

Es war ein langer und mitunter verschlungener Weg zum Euro.[85] Bereits 1969 wurde ein Stufenplan zur Errichtung einer Wirtschafts- und Währungsunion in Europa erarbeitet (»Werner-Plan«). In seiner zweiten und dritten Stufe sollten unter anderem die Währungen in Europa vollständig konvertibel gemacht, der Kapitalverkehr grenzüberschreitend liberalisiert, Wechselkursschwankungen reduziert und letztlich unwiderruflich feste Paritäten zwischen den nationalen Währungen gesetzt werden. Als Reaktion auf das Ende des Systems von Bretton Woods Anfang der 1970er-Jahre wurde ein Europäischer Wechselkursverbund (EWV) aus der Taufe gehoben. Mit ihm sollten die Wechselkursschwankungen begrenzt werden. Doch die erste Ölpreiskrise 1973 und die damit verbundenen wirtschaftlichen Folgen führten dazu, dass viele Länder aus dem EWV austraten.

Schon seit Anfang der 1950er-Jahre gab es eine europäische Rechnungseinheit (»Gold-RE«). Sie war in Gold definiert, und zwar wie der US-Dollar: 1/35 Unze Feingold entsprach 1 US-Dollar. Die europäische RE entwickelte aber kein eigenständiges Profil, und sie war auch nicht transaktionsfähig. Nachdem das SZR des IWF Mitte 1974 von Gold in US-Dollar umdefiniert wurde, wurde auch die europäische RE rückwirkend zum 1. Juli 1974 nicht mehr in Gold, sondern nur noch als Korb von europäischen Währungen definiert.

Im Jahr 1979 wurde, als Nachfolger des EWV, das Europäische Währungssystem (EWS) beschlossen. Es sollte, wie zuvor der EWV, Wechselkursschwankungen verringern und auf diesem Weg die wirtschafts- und währungspolitische Zusammenarbeit in Europa stärken. Das EWS sah vor, dass die Wechselkursschwankungen zwischen den einzelnen Währungen nicht mehr als plus minus

2,25 Prozent nach oben oder unten um die zentralen Wechselkursparitäten – die man politisch festlegte – schwanken durften. Nach der Errichtung des EWS wurde die europäische RE am 1. Januar 1981 durch die ECU (englisch: »European Currency Unit«) abgelöst.

Das EWS war in vielerlei Hinsicht unausgegoren. So sah es etwa eine beidseitige Interventionspflicht vor. Ein Beispiel: Inflationierte Italien stärker als Deutschland und wertete die italienische Lira daher gegenüber der D-Mark ab, musste die Bank von Italien am Devisenmarkt Lira kaufen und D-Mark verkaufen. Gleichzeitig war die Bundesbank angehalten, Lira zu kaufen und mit (neu geschaffenen) D-Mark zu bezahlen. Das führte in Italien zu einer Geldmengenverknappung, in Deutschland zu einer Geldmengenausweitung. Die Inflation in Italien wurde tendenziell eingedämmt, in Deutschland tendenziell angeheizt. Das EWS sorgte also dafür, dass die Inflationspolitik eines Staates von den anderen Staaten zumindest teilweise mitgemacht werden musste.

Zudem musste die Zentralbank, deren Währung abwertete, über Währungsreserven in der aufwertenden Währung verfügen – andernfalls hätte sie ihren Interventionspflichten im EWS nicht nachkommen können. Dazu errichtete man 1973 den Europäischen Fonds für Währungspolitische Zusammenarbeit (EFWZ). Er sollte die erforderlichen Devisenmarktinterventionen im Rahmen der damaligen »Europäischen Währungsschlange« abwickeln. Innerhalb des EWS war der EFWZ zudem für die Abwicklung des Kreditmechanismus im Beistandsabkommen des EWS verantwortlich. Der EFWZ wurde 1994 aufgelöst und wurde zum Europäischen Währungsinstitut (EWI), dem Vorläufer der EZB.

Im EWS gab es so manche Anpassung der Währungsparitäten (»Realignment«): Die Veränderung der Wechselkurse wurde hin und wieder als Anpassungsparameter zugelassen, um eine sich verschiebende Wettbewerbsfähigkeit zwischen den am EWS teilnehmenden Volkswirtschaften auszugleichen. Mit dem Geist eines Systems fester Wechselkurse war das ganz und gar nicht vereinbar. Im Jahr 1992 kam es zu einer handfesten Krise: Die Geldpolitik im

Zuge der deutschen Wiedervereinigung ließ in Deutschland die Inflation ansteigen. Die Deutsche Bundesbank – die ihre Geldpolitik konsequent auf heimische Erfordernisse ausrichtete – reagierte mit kräftigen Zinsanhebungen.

Damit entschied sich die deutsche Zentralbank dafür, die heimische Inflation zu bekämpfen, selbst wenn das zu Spannungen im EWS führen sollte. Viele der am EWS teilnehmenden Währungen gerieten daraufhin unter Abwertungsspekulation. Mit Zinsanhebungen und Devisenmarktinterventionen versuchten die betroffenen Zentralbanken, ihre Wechselkursparitäten zu halten. Doch vergeblich. Am 2. August 1993 verkündete man, sie die Erweiterung der bis dahin geltenden Bandbreiten für Wechselkursschwankungen von 4,5 Prozent auf 30 Prozent. Im Grunde schien damit das Ende der festen Wechselkurse in Europa gekommen zu sein. Doch schon nach einigen Wochen waren die Wechselkurse der wichtigsten EWS-Währungen (D-Mark, französischer und belgischer Franc, niederländischer Gulden, dänische Krone) in das enge Schwankungsband, das vor der Krise galt, zurückgekehrt. Nach der EWS-Krise wurden die Schwankungsbreiten der Wechselkurse auf ±15 Prozent ausgeweitet. Das sollte den Interventionsdruck und Spekulationsanreize verringern.

Vor allem die Krise des britischen Pfundes führte allen unmissverständlich vor Augen, dass ein System fester Wechselkurse, das sich aus nationalen souveränen Währungen zusammensetzt, eine letztlich doch überaus instabile Angelegenheit ist. Das Pfund wurde erst im Oktober 1990 in das EWS mit einem Kurs von 2,95 D-Mark pro Pfund einbezogen. Am 16. September 1992, dem »schwarzen Mittwoch«, kam es zu massiven Spekulationen gegen die britische Währung. Daraufhin erhöhte die Bank von England zweimal ihren Leitzins. Als der Wechselkurs sich nicht stabilisierte, verkündete sie noch am gleichen Abend den Ausstieg aus dem EWS. Der Pfund-Kurs fiel bis unter 2,35. Die Briten hatten es vorgezogen, das Pfund abwerten zu lassen in der Hoffnung, auf diese Weise hohe Leitzinsen und eine Abbremsung ihrer Wirtschaft zu verhindern.

Die Pfund-Krise machte auf eine Besonderheit im EWS aufmerksam: Deutschland war nicht nur der wirtschaftlich größte und bevölkerungsreichste Teilnehmer, es zählte auch zu den Ländern mit der (auch historisch zu erklärenden) größten »Inflationsabneigung«. Verfolgten die übrigen Länder eine Inflationspolitik, die in Deutschland nicht gewünscht war, so mussten sie entweder davon ablassen, oder sie mussten mit einer Abwertung ihrer Währung im Devisenmarkt rechnen. Solange die D-Mark-Souveränität Deutschlands fortbestand, konnte die Geldpolitik in Europa nur mit, nicht aber gegen Deutschland geführt werden.

Unter dieser Bedingung gab es nur zwei Wege, um das politische Ziel zu erreichen, nämlich eine Währungsvereinheitlichung herzustellen: Entweder man ließ Deutschland die Währungspolitik in Europa bestimmen. Das wäre technisch möglich gewesen, indem die übrigen EU-Länder auf eine eigene Geldpolitik verzichtet und ihre Währungssouveränität vollständig an Deutschland übertragen hätten. Politisch war das aber nicht gewollt. Die einzige Alternative war deshalb, dass die D-Mark in einer Gemeinschaftswährung aufgeht – in einer Währung, die von allen Ländern gewissermaßen gemeinschaftlich herausgegeben wird. Und genau so kam es dann auch.

Vor allem zwei wichtige Entscheidungen waren dafür erforderlich. *Erstens:* Die nationale Währungssouveränität musste ein für alle Mal abgeschafft werden. Das heißt, die Kontrolle über die heimische Geldmenge, die Leitzinsen und die Inflation musste *unwiderruflich* an eine supranationale Zentralbank abgegeben werden. Eine Abkehr von dieser Entscheidung durfte nicht mehr möglich sein. *Zweitens:* Der Name der nationalen Währung (D-Mark, französischer Franc, italienische Lira etc.) musste aus den Köpfen der Menschen, aus dem täglichen Geschäftsverkehr verschwinden. Die neue supranationale Währung musste einen Namen haben, der die Namen der nationalen Währungen ersetzt.

Ganz in diesem Sinne wurde der Weg in die Euro-Währungsunion gestaltet. Das EWS endete am 31. Dezember 1998. An diesem

Tag wurden die Wechselkurse der an der Währungsunion teilnehmenden Länder (auf Grundlage der ECU-Paritäten) festgelegt, und auf dieser Grundlage wurden sie am 1. Januar 1999 in die Einheitswährung mit dem Namen Euro unwiderruflich umgetauscht. Die nationalen Zentralbanken wurden zu weisungsabhängigen Zweigstellen der EZB. Der EZB-Rat, das oberste Entscheidungsgremium der EZB, bestimmt seither die Geschicke der Geldpolitik. Im EZB-Rat sind alle Länder, die an der Währungsunion teilnehmen, vertreten, und zwar mit dem Gewicht »ein Land, eine Stimme«.[86]

Im Vorfeld der Euro-Einführung bemühte die Politik sich, der Öffentlichkeit die Vorteile und Chancen von Währungsunion und Einheitswährung schmackhaft zu machen – während die Kosten der Einheitswährung meist ignoriert oder zumindest kleingeredet wurden. Eine Einheitswährung würde, so wurde verbreitet, feste Wechselkurse bringen. Und damit stiege die Planungssicherheit für die Unternehmen mit Blick auf den Außenhandel und die grenzüberschreitenden Investitionen. Einzelne Länder könnten sich fortan keine unfairen Vorteile mehr verschaffen, indem sie ihre Währung abwerteten.

Vor allem für Konsumenten und Unternehmen würden die Transaktionskosten fallen: Man müsste nicht mehr ständig die eine Währung in die andere umtauschen. Zudem entfielen die Kosten für Währungsabsicherungen. Ebenso auf der Habenseite der Einheitswährung würde die verbesserte Preistransparenz gebucht: Ohne Wechselkursschwankungen und ohne Transaktions- und Kurssicherungskosten würde es einfacher, Preise in verschiedenen Ländern miteinander zu vergleichen. Das wiederum verbessere die Möglichkeit, ökonomisch sinnvolle Entscheidungen treffen zu können.

Nicht zuletzt ist mit der europäischen Einheitswährung der politische Wunschgedanke verbunden, dem US-Dollar, der Weltreservewährung, Konkurrenz machen zu können. Erst eine einheitliche Währung in Europa schafft die Möglichkeit, dass ein großer und liquider Wertpapiermarkt entstehen kann. Eine solche

Errungenschaft macht es für internationale Anleger attraktiver, in Europa zu investieren. Das wiederum senkt die Kredit- und Kapitalkosten und befördert Investitionen, Produktion und Beschäftigung in der europäischen Staatengemeinschaft.

All diese Argumente sind schön und gut. Aber sie sollten nicht darüber hinwegtäuschen, dass die Euro-Einführung letztlich aus einer anderen Zielsetzung erwachsen ist. Sie lautet: Staaten streben nach Machtausweitung und Kontrolle. Dafür spielt die Herrschaft über das Geld eine entscheidende, eine unverzichtbare Rolle. Jeder Staat ist bestrebt, dass sein Geld verwendet wird und dass die Verwendung alternativer Währungen (wie sie im freien Markt entstehen würden) entmutigt, notfalls rigoros unterbunden wird. Und wenn Staaten groß und mächtig genug sind, werden sie diesen Drang nicht nur auf ihrem eigenen Territorium ausleben, sondern auch international. In Europa hat der demokratische Sozialismus Anfang 1999 etwas auf den Weg gebracht, was im Vorfeld lange Zeit als unmöglich angesehen wurde: Elf Nationen stimmten dem Ende ihrer Währungssouveränität zu, gaben ihr Selbstbestimmungsrecht in der Geldwahl auf und unterwarfen sich einer politischen supranationalen Institution, der EZB.

Doch auch nach der Euro-Einführung ist die internationale Währungskonkurrenz natürlich noch nicht ausgeschaltet. Die Euro-Staaten und ihre EZB haben noch keine *Carte blanche*. Solange der internationale Kapitalmarkt offen ist und der Euro sich in andere Währungen eintauschen lässt, steht der Euro im Wettbewerb mit anderen Währungen. Würde beispielsweise die EZB eine Geldpolitik der hohen Inflation verfolgen, würden Euro-Geldhalter, soweit es ihnen möglich ist, in weniger inflationäre Währungen wechseln. Solange noch andere Währungen verfügbar sind, auf die die Euro-Halter ausweichen können, sind der Inflationspolitik im Euroraum zumindest gewisse Grenzen gesetzt.

Doch die Euro-Einheitswährung markiert selbstverständlich nicht das Ende der Geschichte. So hat sich in den letzten Jahren gezeigt, dass die Geldpolitiken in den Währungsräumen sich auffällig stark einander angeglichen haben. Nicht nur sind die staatlichen Fiat-Währungen, die es international gibt, nach der gleichen Blaupause aufgebaut. Auch haben sich die nationalen Geldpolitiken einander auffällig stark angeglichen. Das liegt vor allem auch an der immer enger gewordenen Kooperation zwischen den Zentralbanken. Man kann ohne zu dramatisieren von einem weltweiten *Zentralbankkartell* sprechen. Von ihm handelt das nächste Kapitel.

Aus vielen Währungen wird eine gemacht

Die Euro-Währungsunion begann am 1. Januar 1999 mit elf Nationen, deren Währungen am 31. Dezember 1998 mit vorab festgelegten unwiderruflichen Wechselkursen (den »offiziellen Paritäten«) zum Euro fixiert wurden – und damit wurden die Wechselkurse auch untereinander ein für alle Mal festgezurrt.[87] Die nachstehende Abbildung zeigt die Wechselkursentwicklung ausgewählter Währungen (jeweils in Euro-Notierungen umgerechnet) seit Anfang der 1970er-Jahre und, ab Jahresbeginn 1999, den Wechselkurs des Euro gegenüber dem US-Dollar. Steigt (fällt) eine Linie in der Grafik, so bedeutet das, dass die jeweilige Währung gegenüber dem US-Dollar abgewertet (aufgewertet) hat. Wie aber konnten die nationalen Währungen in den Euro überführt werden?

Die Zentralbanken haben die politisch gewünschten *festen* Wechselkurse am Markt durchgesetzt. Als Monopolisten der Geldproduktion war ihnen das möglich. Nehmen wir an, der französische Franc wertet gegenüber der D-Mark ab und sinkt unter den politisch gewünschten Wechselkurs. Die Bank von Frankreich kauft daraufhin am Devisenmarkt Francs und bietet dafür D-Mark an. Das kann sie nur tun, wenn sie Währungsreserven in D-Mark hat oder wenn sie D-Mark von der Deutschen Bundesbank erhält.

Ausgewählte Wechselkurse der Teilnehmernationen am Euro*

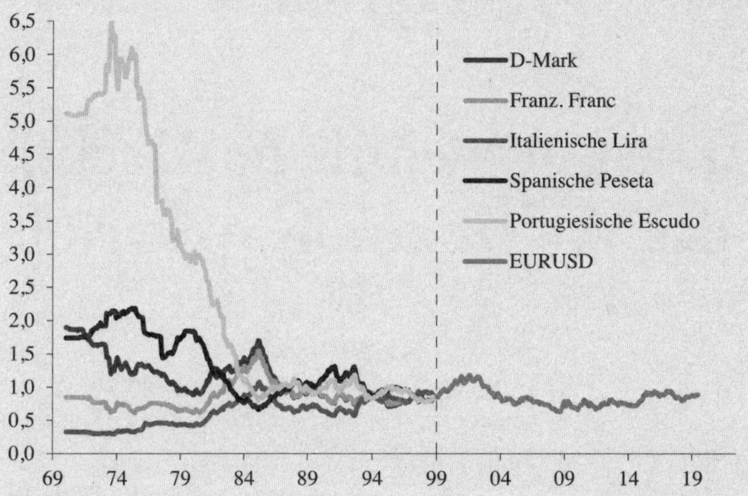

Quelle: Thomson Financial; eigene Berechnungen.

** Ausgedrückt als Anzahl der nationalen Währungen, die für einen US-Dollar zu bezahlen sind.*

Gleichzeitig kauft die Bundesbank Francs und bietet im Gegenzug dafür D-Mark an. Durch dieses »Manöver« kommt es zu einer Verknappung der Franc-Geldmenge und einer Ausweitung der D-Mark-Geldmenge. In Frankreich gibt es tendenziell Abwärtsdruck, in Deutschland tendenziell Aufwärtsdruck auf die Güterpreise. Wenn die Zentralbanken den Devisenmärkten glaubwürdig versichern, dass sie gewillt sind, die Wechselkurse auf dem politisch gewünschten Niveau zu halten, werden sie erfolgreich sein: Die Märkte werden dann nicht gegen die von den Zentralbanken verkündeten Kurse spekulieren.

KAPITEL 18

Die (un-)heimliche Macht: das Weltzentralbankkartell

»It is no coincidence that the century of total war coincided with the century of central banking.«

– Ron Paul

Dass Zentralbanken zusammenarbeiten, hat eine lange Tradition – und meist geschieht es unbemerkt von der Öffentlichkeit.[88] Die heutzutage augenscheinlichste Form der Kooperation über Grenzen hinweg ist sicherlich die Bank für Internationalen Zahlungsausgleich (BIS). Sie wurde – vor allem auf Drängen des Gouverneurs der Bank von England, Montagu Norman (1871–1950), und des Präsidenten der Deutschen Reichsbank, Hjalmar Schacht (1877–1970) – im Jahr 1930 gegründet, ihr Sitz ist Basel in der Schweiz. Die Aufgaben der BIS sollten die Abwicklung der deutschen Reparationszahlungen nach dem Ersten Weltkrieg sowie die Förderung der Zusammenarbeit zwischen Zentralbanken sein.

Als »Bank der Zentralbanken« und wegen ihrer nicht immer öffentlich sichtbaren Aktivitäten, gerade auch in der Zeit des Zweiten Weltkrieges, ist die BIS seit jeher Gegenstand von kritischen Blicken und Fragen und auch so mancher Verschwörungstheorie.[89] Diese generelle Skepsis gegenüber der BIS ist nicht unbegründet. Die (Vor-)Geschichte der Zentralbankkooperation ist zweifelsohne anrüchig. Man denke nur an die Kreditgewährungen, die in der Zeit des »klassischen Goldstandards« – die richtigerweise als Phase des »Schein-« oder »Pseudogoldstandards« zu bezeichnen ist – immer wieder zwischen Zentralbanken erfolgten.

Nicht nur die Geschäftsbanken gaben mehr Geld per Kreditvergabe heraus, als sie in Gold einzulösen vermochten. Die Zentralbanken taten das Gleiche. Kein Wunder, dass in den Märkten immer wieder Zweifel aufkamen, dass auch die Zentralbanken nicht in der Lage seien, das von ihnen ausgegebene Geld wie versprochen vollumfänglich in Gold einzulösen. Um den ganzen Schwindel nicht auffliegen zu lassen, sahen sich andere Zentralbanken veranlasst, bei einem »Bankensturm« ihren Zentralbankfreunden mit Krediten auszuhelfen; besonders ausgeprägt war das beispielsweise in der Zeit des *Gold-Devisen-Standards* in den späten 1920er- und frühen 1930er-Jahren.[90]

Dass die Zentralbanken – und die hinter ihnen stehenden Interessengruppen – in Zeiten des Pseudogoldstandards auf Kooperation drängten, ist also nicht verwunderlich. Und so ist es alles andere als erstaunlich, dass der Drang der Zentralbanken, im Zeitalter des Fiat-Geldes zusammenzuarbeiten, nicht nachgelassen, sondern sich sogar noch verstärkt hat.[91] Denn das weltweite Fiat-Geldsystem, das man heute auf der Welt vorfindet und das die Zentralbanken mit ihrem Geldmonopol verantworten, hat eine Eigendynamik von ganz besonderer Art hervorgebracht.

Das Miteinander von vielen staatlichen Fiat-Währungen stellt gewissermaßen eine gehemmte Wettbewerbssituation dar. Jeder Geldhalter kann zwar seine Heimatwährung mehr oder weniger problemlos in andere Währungen umtauschen; zum Beispiel kann er Euro in US-Dollar wechseln und sie dann bei US-Banken als Termineinlage oder Geldmarktzertifikat halten. Jedoch sorgen die Staaten gleichzeitig sehr wirkungsvoll dafür – vor allem mittels Steuergesetzen –, dass in ihrem jeweiligen Hoheitsgebiet nur das hauseigene Fiat-Geld für Zahlungen verwendet wird, nicht aber anderes Geld beziehungsweise Geld, das andere Staaten herausgeben.

In jeder Währungsordnung – ob nun in einem freien Markt für Geld oder in einem Nebeneinander staatlicher Fiat-Währungen – bricht sich früher oder später der Wunsch nach einem Einheitsgeld Bahn. Auch in einer Weltwirtschaft ist es ökonomisch vorteilhaft, wenn möglichst viele Menschen ein und dieselbe Währung verwenden. In dem bislang vorzufindenden gehemmten Wettbewerb zwischen den staatlichen Fiat-Währungen hat immer noch der »Greenback« die Nase vorn: Der US-Dollar ist die Währung der weltweit größten und leistungsfähigsten Volkswirtschaft, ist die Währung der größten und liquidesten Finanzmärkte.

Das liegt vor allem auch an der Internationalisierung des Bankgeschäftes, das sich in den letzten Jahrzehnten unter der Dominanz des US-Dollar vollzogen hat. Die Finanzierung von Handels- und Finanztransaktionen über Grenzen, Zeitzonen und Währungsräume hinweg wird vorzugsweise in US-Dollar abgewickelt. Auch export- und importorientierte Firmen sind mehr denn je abhängig vom US-Dollar. Das ist auch ein entscheidender Grund, warum die US-Zentralbank (Fed) mit ihrer Geldpolitik in entscheidendem Maße Einfluss auf die Zins- und Liquiditätskonditionen in den weltweiten Finanzmärkten nimmt.

Zudem ist der US-Dollar die internationale Reservewährung Nummer eins. In vielen anderen Währungsräumen dient der Greenback als »Grundgeld«. Ob Euro, japanischer Yen, chinesischer Renminbi, Schweizer Franken oder britisches Pfund: Sie alle sind mehr oder weniger auf dem US-Dollar aufgebaut. Das zeigen unumwunden die US-Dollar-denominierten Vermögenspositionen in den Bilanzen der Zentralbanken: Der US-Dollar und in US-Dollar ausgewiesene US-Staatsschulden und US-Bankschulden bilden nahezu überall die bedeutendste Fremdwährungsposition.

Es ist vor allem das Bankgeschäft, das in besonderer Weise auf eine weltweit vereinheitlichte Geldpolitik hinarbeitet und damit die Vorarbeiten für eine einheitliche Weltwährung leistet. Banken operieren bekanntermaßen mit einer Teilreserve. Das heißt, dass sie nur einen ganz kleinen Bruchteil ihrer jederzeit fälligen Zahlungsverbindlichkeiten gegenüber ihren Kunden in Form von Zentralbankgeld vorhalten.[92] Im »Fall der Fälle« könnten sie gar nicht die Auszahlungswünsche ihrer Kunden vollumfänglich erfüllen. Angesichts einer solchen latenten Illiquidität sind Banken in der Tat anfällig für Vertrauensverluste.

Das ist in einer zusehends internationalisierten Finanzwelt besonders brisant. Banken finanzieren sich schließlich nicht nur in heimischer Währung, sondern auch in ausländischen Währungen. Beispielsweise brauchen Euro-Banken für ihre Geschäfte nicht nur Euro, sondern auch US-Dollar. Deshalb wirken sich Probleme einer Bank beziehungsweise Probleme in einem Währungsraum rasch auf das weltweite Banksystem aus. Die »Ansteckungseffekte« veranlassen die nationalen Zentralbanken daher, sich besonders eng miteinander abzustimmen und insbesondere in Krisenzeiten im Gleichschritt zu handeln.

Das zeigte sich unmissverständlich in der Finanz- und Wirtschaftskrise ab 2007. Schon im Dezember 2007 vereinbarte die US-Zentralbank ein Liquidität-Swap-Abkommen in US-Dollar. Im Zuge eines Liquidität-Swaps leiht beispielsweise die Fed der EZB US-Dollar-Guthaben. Die erhaltenen US-Dollar-Guthaben kann die EZB an ihre heimischen Banken, die auf den Kreditmärkten keine US-Dollar mehr erhalten, weiterverleihen. Mittels Liquidität-Swap-Abkommen sind die Zentralbanken folglich in der Lage, Zahlungsausfälle der Banken, die im internationalen Markt für Fremdwährungskredite engagiert sind, abzuwehren.[93]

Mit Geld aus dem Nichts Geld aus dem Nichts schaffen

Nehmen wir an, Euro-Banken haben sich in US-Dollar verschuldet, um damit einen Kredit in US-Dollar vergeben zu können. Nun werden die Kredite, die die Banken aufgenommen haben, fällig. Die Banken haben sich darauf eingerichtet, ihre fälligen Kredite mit neuen Krediten zu refinanzieren. Doch unerwartet bricht eine Krise aus, und die Banken finden keine Investoren mehr, die ihnen neue US-Dollar leihen. Damit laufen die Banken Gefahr, zahlungsunfähig zu werden. Die EZB kann den Banken zwar unbegrenzt Euro zur Verfügung stellen, nicht aber US-Dollar. Wenn die EZB allerdings auf ein Liquidität-Swap-Abkommen mit der US-Zentralbank zurückgreifen kann, ist sie in der Lage, die Zahlungsunfähigkeit der Euro-Banken in US-Dollar abzuwehren: Die Fed leiht der EZB den gewünschten US-Dollar-Betrag, und die EZB leiht die Greenbacks an die Euro-Banken. Ein einfaches Beispiel kann das illustrieren.

Fed

Aktiva		Passiva	
Guthaben bei der EZB (€)	+100	Guthaben der EZB ($)	+100
			–100
		Guthaben der Euro-Banken ($)	+100

EZB

Aktiva		Passiva	
Guthaben bei der Fed ($)	+100	Guthaben der Fed (€)	+100
	–100		
Kredite an Euro-Banken ($)	+100		

Euro-Bankensystem

Aktiva		Passiva	
Guthaben bei der Fed ($)	+100	Verbindlichkeit ggü. der EZB ($)	+100

(1) Die EZB »zieht« ihre Swap-Linie, die ihr von der Fed eingeräumt wurde. Das bedeutet, dass sie der Fed einen Euro-Betrag (z. B. 100 Milliarden Euro), den sie »aus dem Nichts« schafft, zum gegebenen EUR/USD-Wechselkurs (z. B. 1,00) verkauft. Sie erhält dafür einen entsprechenden US-Dollar-Betrag (in diesem Falle 100 Milliarden US-Dollar), den die Fed ebenfalls »aus dem Nichts« schafft. (2) Die EZB verpflichtet sich, die 100 Milliarden Euro in der Zukunft (z. B. in drei Monaten) zurückzukaufen, und zwar zum unveränderten Wechselkurs.

Ein Wechselkursänderungsrisiko ist damit ausgeschlossen. Die EZB verleiht die US-Dollar an die Banken zu Konditionen (betreffend Zins, Besicherung, Laufzeit etc.), die sie selbst bestimmen kann. Folglich haftet die EZB beziehungsweise der Euro-

Steuerbürger gegenüber der Fed für den US-Dollar-Betrag, den sie an die Euro-Banken verliehen hat. Die EZB beziehungsweise die Euro-Steuerbürger werden Schuldner der Fed. Am Ende des Liquidität-Swaps zahlt die EZB der Fed zudem die Zinserträge, die sie aus der US-Dollar-Kreditvergabe an die Banken verdient hat. Die Fed zahlt keinen Zins auf den Euro-Betrag, den sie von der EZB erhalten hat. Die Fed verpflichtet sich, den Euro-Betrag nicht zu investieren, ihn auf einem Girokonto bei der EZB zu halten. Ökonomisch gesehen verbirgt sich hinter den Liquidität-Swap-Abkommen ein Geldschöpfen aus dem Nichts, und zwar auf der Grundlage von aus dem Nichts geschöpftem Geld.

In den Liquidität-Swap-Abkommen zeigt sich die Kartellierung der Zentralbanken, die das Aufrechterhalten des Fiat-Geldsystems de facto erzwingt. Zur Erinnerung: Auf nationaler Ebene formt sich ein Kartell zwischen Zentralbanken und den heimischen Geschäftsbanken. Den Geschäftsbanken wird es auf diese Weise – mit ausdrücklicher staatlicher Billigung – ermöglicht, per Kreditvergabe Geld aus dem Nichts zu schaffen. Die heimische Zentralbank hält ihre schützende Hand über die Geldhäuser, die mit einer Teilreserve operieren, und sie dient den Banken als Kreditgeber der letzten Zuflucht (»lender of last resort«); sie stellt damit sicher, dass insbesondere die systemisch relevanten Banken jederzeit zahlungsfähig bleiben.

Auf internationaler Ebene entsteht in ähnlicher Weise ein Kartell der nationalen Zentralbanken. Denn das Fiat-Geldsystem sorgt nicht nur auf nationaler, sondern auch auf internationaler Ebene für Krisen: Die zunehmenden Handels- und Kapitalverflechtungen zwischen den Volkswirtschaften werden schließlich mit nationalen Fiat-Geldern finanziert. Und weil die Volkswirtschaften zusehends voneinander abhängen, insbesondere durch bankenfinanzierte Kreditverflechtungen, müssen auch die nationalen Zentralbanken zusehends bereit sein, sich gegenseitig Schützenhilfe zu geben:

Zahlungsausfälle auf nationaler Ebene können nur allzu rasch Zahlungsausfälle auf internationaler Ebene auslösen.

Diese Schützenhilfe umfasst nicht nur fallweises Abstimmen von Politikmaßnahmen zwischen Zentralbanken. Sie hat unter der Überschrift *Technische Zentralbankkooperation* längst einen systematischen, einen dauerhaften Charakter erfahren. Die Zentralbanken unterhalten breit angelegte Aus-, Weiterbildungs- und Erfahrungsplattformen, mit der das Zentralbankpersonal in den unterschiedlichen Währungsräumen fachlich und vor allem auch geldpolitisch auf eine einheitliche Linie gebracht wird. Das stärkt die Fähigkeit und Bereitschaft der Zentralbanken, ihre Zusammenarbeit auszuweiten; es erleichtert die Kartellbildung, macht sie zu einer *natürlichen Sache*.

Doch auch eine noch so enge geldpolitische Kooperation zwischen den Zentralbanken bleibt weit hinter den (geld-)politischen Einfluss- und Steuerungsmöglichkeiten zurück, die eine Weltzentralbank mit eigener Welteinheitswährung bieten würde. Eine geldpolitische Kooperation zwischen nach wie vor souveränen Staaten, die auf Freiwilligkeit beruht, ist eine brüchige und unverlässliche Angelegenheit. Erinnern wir uns an das Beispiel der Liquidität-Swap-Abkommen. Die Fed geht hier ein Kreditrisiko ein, wenn sie der EZB US-Dollar leiht: Die EZB könnte ja vielleicht den Kreditbetrag nicht zurückzahlen. Die US-Zentralbank nimmt folglich den US-Steuerzahler in Haftung. Er ist es, der für Verluste der Fed geradestehen muss.

Solange die nationalen Zentralbanken nur ein Mandat haben, Geldpolitik für die heimische Wirtschaft zu betreiben, besteht die Möglichkeit, dass internationale Rettungsaktionen wie zum Beispiel über Liquidität-Swap-Abkommen in öffentliche Kritik geraten. Aufgebrachte Bürger und die von ihnen Gewählten sprechen sich dagegen aus, dass ausländische Banken von ihnen subventioniert werden. Die Zentralbankräte könnten dem zwar entgegnen, dass Liquidität-Swaps, durch die ausländische Banken mit heimischer Währung versorgt werden, helfen würden, eine noch größere Krise abzuwehren, die dann auch die heimische Wirtschaft in Mitleidenschaft ziehen würde. Doch was, wenn sich die Wählerschaft davon nicht überzeugen lässt?

Zweifelsohne dürfte es zum derzeitigen Zeitpunkt schwierig sein, die Wähler in den verschiedenen Staaten der Welt auf politischem Wege davon zu überzeugen, ihre eigene Währung gegen eine supranationale Währung einzutauschen. Diese Aussage mag in »normalen Zeiten« gelten, nicht aber notwendigerweise auch in »Krisenzeiten«. In Krisenzeiten wachsen die politischen Spiel- und Handlungsräume immens an. Gerade Finanz- und Wirtschaftskrisen haben sich immer wieder als besonders fruchtbarer Nährboden erwiesen, die Idee einer Weltwährung zu popularisieren. Schon in den 1930er-Jahren schrieb Fritz Machlup (1902–1983): »Von vielen Wirtschaftspraktikern, die den Vorteil eines möglichst unbehinderten Außenhandels hoch einschätzen, wird in Zeiten, in denen die Beschaffung ausländischer Zahlungsmittel mit Schwierigkeiten verbunden ist, immer wieder die Frage aufgeworfen, warum nicht endlich das einheitliche Weltgeld eingeführt wird.«[94]

Der überzeugende Lösungsweg für die demokratischen Sozialisten besteht darin, die vielen nationalen Fiat-Gelder in ein einheitliches Fiat-Weltgeld zu fusionieren, das dann von einer allmächtigen Weltzentralbank gesteuert wird: Auf diese Weise lässt sich ein weltumspannendes Fiat-Geldsystem mit größtmöglicher Beständigkeit etablieren – ein Geldsystem, das staatlicherseits perfekt kontrolliert werden kann, das die inflationären Potenziale zur Staatsfinanzierung weitestgehend ausschöpft, das die Finanz- und Wirtschaftskrisen, für die es unweigerlich sorgt, bestmöglich eindämmt. Wen verwundert es da, dass bereits eine ganze Reihe konkreter Vorschläge gemacht wurde, wie sich eine (Fiat-)Weltwährung schaffen lässt? Einige dieser Vorschläge werden im folgenden Kapitel vorgestellt.

KAPITEL 19

Vorschläge für eine Weltwährung: Bancor, Unitas, US-Dollar, INTOR, Libra

»To get the full benefits of the monetary union, countries might want to have a currency reform that would make the national franc, or lira, or peso equivalent to one INTOR.«

– Robert Mundell

Das System von Bretton Woods, das von 1945 bis 1973 Bestand hatte,[95] baute auf zwei Vorschlägen auf: dem *Keynes-Plan* und dem *White-Plan* (siehe Kapitel 16). Beide hatten zum Ziel, eine einheitliche Weltwährung für die Zeit nach dem Zweiten Weltkrieg zu schaffen. Im Keynes-Plan war das ganz offensichtlich. Aber auch der White-Plan tendierte in diese Richtung. Es ist aufschlussreich, sich zunächst mit diesen beiden Vorschlägen bekannt zu machen – gerade auch unter der Fragestellung, wie künftig (rein technisch gesehen) eine Weltwährung errichtet werden könnte.

Im September 1941 unterbreitet der Ökonom John Maynard Keynes dem britischen Finanzministerium einen Vorschlag zur

Errichtung einer Währungsunion (»Currency Union«), die er als Internationale Clearing-Stelle (»International Clearing Union« (ICU)) bezeichnet. Nach dem Keynes-Plan ist es die zentrale Aufgabe der ICU, das internationale Zahlungsmittel mit Namen *Bancor* auszugeben. Der Bancor ist in Gold definiert. Die Währungen der an der ICU teilnehmenden Länder werden gegenüber dem Bancor mit einer festen Parität fixiert. Dadurch entsteht ein System fester Wechselkurse. Wechselkursanpassungen gegenüber dem Bancor sind unter bestimmten Bedingungen möglich. Jedes Teilnehmerland erhält Bancor-Guthaben, indem es eigene Goldreserven an die ICU überträgt. Für ein Land ist es zwar möglich, Bancor gegen Hingabe von Gold zu erhalten. Aber nachfolgend kann es die von der ICU erhaltenen Bancor nicht wieder in Gold zurücktauschen. Der Bancor ist so gesehen als »Mausefalle« konzipiert: Ist man erst einmal drin, kommt man nicht mehr heraus.

Die gesamte Bancor-Menge, über die die ICU disponieren kann, wird in Abhängigkeit des Außenhandels aller teilnehmenden Länder festgelegt. Keynes empfiehlt zur Bestimmung der Erstausstattung mit Bancor die Formel: Summe der Exporte und Importe eines Landes im Durchschnitt der letzten drei Jahre vor Ausbruch des Krieges. Unter dem Keynes-Plan gestehen sich die Teilnehmer untereinander Buchkredite zu. Erzielt beispielsweise Land *A* einen Handelsüberschuss (übersteigen also die Exporte die Importe) gegenüber Land *B* (das mehr importiert als exportiert), räumt die ICU Land *A* ein Bancor-Guthaben, Land *B* räumt die ICU einen Bancor-Kredit ein. Es gibt jedoch eine Beschränkung für die Überziehung auf dem Bancor-Konto: und zwar auf 25 Prozent der Quote eines Landes im abgelaufenen Jahr.

Dadurch ermöglicht die ICU, dass der internationale Handel selbst dann fortgeführt werden kann, wenn die importierenden Länder die Güter auf Kredit finanzieren müssen. Die ICU agiert de facto wie eine supranationale Zentralbank. Sie gibt eine eigene goldgedeckte Währung heraus, mit der der internationale Handel abgewickelt werden kann. Länder mit einem Handelsüberschuss erhalten zwar zeitweise Bancor-Guthaben bei der ICU, Länder mit einem Handelsdefizit werden Bancor-Kredite gewährt. Die ICU soll jedoch sicherstellen, dass es langfristig keine Länder mit Handelsüberschüssen oder -defiziten gibt. Der Keynes-Plan zielt im Kern darauf ab, die Abhängigkeit des internationalen Handels vom Goldstandard zu lösen – damit vor allem die Länder, die über wenig Gold verfügen (wie zum Beispiel Großbritannien) nicht gezwungen werden, über fallende Güterpreise (Deflation) ihre internationale Wettbewerbsfähigkeit wiederherstellen zu müssen.

Anders als beim Keynes-Plan geht es in dem White-Plan nicht um die Errichtung einer de facto supranationalen Zentralbank, die eigenes Buchgeld ausgibt und Ländern Guthaben einräumt und Kredite gewährt. Er sieht vielmehr vor, einen Fonds einzurichten, in den die Mitgliedsländer Einzahlungen entsprechend ihrer Quote leisten, bevor sie Kredite zur Finanzierung von Zahlungsbilanzproblemen in Anspruch nehmen können. Die Quote eines Landes ermittelt sich nach Gold- und Devisenreserven, Volkseinkommen und Außenhandelsvolumen. 50 Prozent dieser Quote sind einzuzahlen in Gold (12,5 Prozent), nationaler Währung (12,5 Prozent) und Schuldpapieren (25 Prozent).

Unter dem White-Plan werden die Guthaben der Teilnehmerländer in einer einheitlichen Recheneinheit namens *Unitas* ausgewiesen (1 Unitas entspricht 8,88687 Gramm Feingold und damit 10 US-Dollar). Der Fonds legt die Paritäten der nationalen Wechselkurse gegenüber dem Unitas fest. Daraus ergeben sich feste Wechselkurse. Ihre Änderungen sind nur vorgesehen bei fundamentalen Zahlungsbilanzungleichgewichten. Der White-Plan sieht, im Gegensatz zum Keynes-Plan, formal keine Ausweitung der internationalen Liquidität vor. Vielmehr kann ein Land zur Finanzierung von Zahlungsbilanzdefiziten nur gemäß seiner Quote vom Fonds Zahlungsmittel erhalten.

Im System von Bretton Woods behielten die Ideen des White-Plans die Oberhand. Doch sie reichten nicht aus, ein einheitliches Weltgeld entstehen zu lassen. Als das System Anfang der 1970er-

Jahre scheitert und beendet wird, folgt ein weltweites Währungssystem, das es in der Währungsgeschichte so noch nicht gegeben hat: Alle wichtigen Währungen der Welt stellen ungedecktes Papiergeld dar, deren Wechselkurse untereinander mehr oder weniger frei schwanken. Das hat viele (Hauptstrom-)Ökonomen immer wieder zur Kritik veranlasst, dass ein solches weltweites Währungssystem der Wohlstandsmehrung abträglich sei. Warum?

Frei schwankende *nominale* Wechselkurse gewährleisten nicht notwendigerweise, dass sich zu jeder Zeit der richtige *reale* Wechselkurs einstellt. Wechselkursschwankungen können das Gleichgewicht zwischen den Volkswirtschaften, soweit es durch die unterschiedlichen Preisniveaus bestimmt wird, stören. Der Grund: Die Tauschrelationen zwischen den nationalen Währungen ändern sich in der kurzen Frist meist schneller und stärker als die Güterpreise und Löhne. Wenn das der Fall ist, wird die weltweite Arbeitsteilung gestört, denn dann ist nicht mehr sichergestellt, dass die internationale Produktion dort erfolgt, wo sie mit den niedrigsten Kosten durchgeführt werden kann.

Zur Bestimmung des richtigen Wechselkurses

Zur Erklärung des Wechselkurses zwischen zwei Währungen wird häufig auf die Kaufkraftparitätentheorie zurückgegriffen. Sie besagt, dass der Preis des gleichen Gutes in unterschiedlichen Währungen ausgedrückt einander gleich sein muss. Betrachten wir folgende Gleichung:

$$P = P^* / W,$$

wobei P (P^*) der Preis des Gutes in Inlandswährung (Auslandswährung) ist. W ist der *nominale* Wechselkurs, ausgedrückt als Preis der Inlandswährung in Einheiten der Auslandswährung (wie es zum Beispiel für Euro-Kurse üblich ist). Eine nominale

Aufwertung (Abwertung) der Inlandswährung schlägt sich in einem Anstieg (Rückgang) von *W* nieder.

Wenn der nominale Wechselkurs zwischen dem In- und Ausland ein für alle Mal festgezurrt ist bei zum Beispiel: $W = 1$, dann müssen die Güterpreise einander entsprechen: $P = P^*$.

Neben dem nominalen Wechselkurs gibt es auch einen *realen* Wechselkurs (*R*). Er ergibt sich als:

$$R = W \times (P / P^*).$$

Nehmen wir an, $P = 100$ und $P^* = 200$. Damit $R = 1$ ist (also die Kaufkraftparität gilt), muss $W = 2$ sein. Und nehmen wir weiter an, die Inflation im Inland steigt, sodass $P = 120$. Damit die Kaufkraftparität auch weiterhin gilt, muss der Wechselkurs der Inlandswährung gegenüber der Auslandswährung *abwerten*, in diesem Fall auf $W = 1{,}67$.

Die ökonomische Kritik an schwankenden Wechselkursen ist nicht von der Hand zu weisen – und der demokratische Sozialismus mit seinem Weltgeltungsanspruch weiß sie für sich zu nutzen. Die Forderung, die er aus seiner Kritik ableitet, lautet: Man sollte ein einheitliches Weltgeld unter der Hoheit der Staatengemeinschaft schaffen. Die in den letzten Jahren immer heftiger gewordenen Finanz- und Wirtschaftskrisen sind Wasser auf die Mühlen dieses Vorschlages. Unter dem Hinweis, die internationale Koordination der Geldpolitiken müsse vorangetrieben und intensiviert werden, um neuerliche Krisen wirksam zu verhindern, forciert man die Erschaffung eines einheitlichen Weltgeldes. Zur Umsetzung des Vorhabens liegen bereits viele Pläne in der Schublade bereit.

Der US-amerikanische Ökonom Richard N. Cooper (* 1934) veröffentlichte 1984 den Aufsatz »A Monetary System for the Future«, der große Beachtung fand. Cooper argumentiert darin, dass sich künftig – vor allem auch durch technische Innovationen – die weltweite Arbeitsteilung vertiefen wird und dass aus diesem Grunde Veränderungen in den realen Wechselkursen in besonders starkem Maße die weltweite Produktion und Beschäftigung stören könnten. Aus diesem Grund stellt er die Forderung nach einem Wechselkurssystem, das verlässliche feste Wechselkurse sicherstellt – was dann der Fall ist, wenn weltweit nur noch eine Währung Verwendung findet.

Cooper spricht sich dafür aus, dass die Nationalstaaten ihre geldpolitische Souveränität aufgeben und sie einer Weltzentralbank, der »Global Bank of Issue«, übertragen, die für die weltweite Geldpolitik verantwortlich sein soll. Die geldpolitischen Entscheidungen werden von einem Zentralbankrat (»Governing Board«) getroffen, in dem die Staaten (entsprechend ihrem wirtschaftlichen Gewicht an der Weltproduktion) durch ihre Finanzminister vertreten sind. Die Weltzentralbank produziert eigenes Geld, indem sie Schuldpapiere der Mitgliedsstaaten aufkauft (monetisiert) und/oder indem sie im Zuge von Offenmarktoperationen akzeptable Schuldpapiere diskontiert, die ihr auf Initiative der Geschäftsbanken angedient werden.

Die Einheitsweltwährung, die die Weltzentralbank herausgibt, könnte dabei aus jeder bereits etablierten ungedeckten Papierwährung geschaffen werden. Cooper sieht im US-Dollar den dafür natürlichen Kandidaten. Aber die Weltwährung könnte auch eine künstliche (synthetische) Einheit sein (wie zum Beispiel das Sonderziehungsrecht des IWF), an die sich die Öffentlichkeit zu gewöhnen habe (wie sie sich einst auch an die Umstellung auf ein metrisches Zahlensystem gewöhnt hat). Entscheidend ist für Cooper, dass die Weltwährung nicht mehr in den Händen der nationalen Regierungen, sondern in den Händen einer supranationalen Institution liegt.

Zum Zeitpunkt der Veröffentlichung seines Vorschlags bezeichnete Cooper selbst seine Weltwährungsidee als »zu radikal«, als dass sie sich in der nahen Zukunft durchsetzen ließe. Aber in einem Zeitraum von 25 Jahren gesehen (das wäre also spätestens im Jahr 2010 gewesen) sei ihre Umsetzung notwendig, um einen Rückfall in einen Zustand weltweiter Handels- und Kapitalverkehrshürden zu verhindern. Cooper benennt allerdings zwei große Probleme bei dem Versuch, eine einheitliche Weltwährung zu schaffen. Zum einen würden aufgrund des seinerzeitigen Eisernen Vorhangs nicht alle Länder der Welt teilnehmen können. Zum anderen sei mit (Akzeptanz-)Problemen in den entwickelten Volkswirtschaften zu rechnen, wenn im Entscheidungsgremium der Weltzentralbank Repräsentanten autokratischer Regime vertreten sind.

Zudem sieht Cooper die Notwendigkeit, die breite Bevölkerung überhaupt erst einmal vertraut zu machen mit dem Vorhaben, die nationale Währungssouveränität zu beenden und sie einer supranationalen Behörde zu übertragen. Einen wichtigen Schritt auf dem Weg zur Welteinheitswährung sieht er in der Herausbildung einer (Führungs-)Gruppe von Ländern – die USA, Kanada, Japan und die europäischen Staaten –, die zunächst einmal beginnen, die Wechselkursschwankungen ihrer Währungen zu reduzieren.

Wenn *N* Länder in der Gruppe *N*–1 Wechselkurse stabilisieren, gibt es einen verbliebenen Freiheitsgrad: Eine Währung kann dann als Anker dienen, der die Geldmenge in der Gruppe insgesamt bestimmt. Welche Währung aber soll der Anker sein? Wenn es eine Fiat-Währung ist (wie beispielsweise der US-Dollar), hängt das Wohl und Wehe aller übrigen Währungen an dieser Anker-Fiat-Währung. Genau damit aber hat man bereits schlechte Erfahrungen gemacht: Die Vereinigten Staaten von Amerika als das unangefochtene Leitwährungsland hatten sich nicht an die »Spielregeln« des Systems von Bretton Woods gehalten, hatten es für ihre Zwecke inflationär missbraucht, woraufhin dieses Währungsarrangement in den frühen 1970er-Jahren scheiterte.

Mit seinem Vorschlag betrat Cooper also nicht wirklich Neuland, ging im Grunde nicht über das Erbe des Systems von Bretton Woods hinaus – wenngleich er auch die Option, die Weltwährung als ungedecktes Papiergeld zu schaffen, als eine mögliche Lösung begriff. Anders ein Vorschlag zur Schaffung einer Welteinheitswährung, die von dem kanadischen Ökonomen Robert Mundell (* 1932) stammt. Wie Cooper setzt Mundell, dem 1999 der Wirtschaftsnobelpreis verliehen wurde, bei der Überlegung an, dass schwankende Wechselkurse die internationale Arbeitsteilung stören. Das ständige Auf und Ab an den Devisenmärkten stelle nicht sicher, dass die Wechselkurse in *realer* Rechnung stets die richtigen seien: Ein System schwankender Wechselkurse sei nicht optimal; ein System fester Wechselkurse, vor allem in Form einer Welteinheitswährung, sei vorzuziehen.

Um zur Weltwährung zu gelangen, schlägt Mundell vor, zunächst die Wechselkurse zwischen den bedeutenden Währungen der Welt – US-Dollar, Euro, japanischer Yen, britisches Pfund und möglicherweise auch chinesischer Renminbi – zu stabilisieren. Dazu sollen sich die Geldpolitiker in diesen Währungsräumen darauf verständigen, die Inflation niedrig zu halten. Sodann seien Bandbreiten zu vereinbaren, innerhalb derer die Wechselkurse schwanken dürfen. Erreichen die Wechselkurse die oberen oder unteren Bandbreiten, müssen die Zentralbanken Devisenmarktinterventionen durchführen, um die Wechselkurse zu halten. Auf diese Weise würden die Schwankungen in den realen Wechselkursen reduziert.

Mundell erkennt natürlich, dass solch ein System fester Wechselkurse dadurch verwundbar ist, dass einige Teilnehmer den Anreiz und auch die Möglichkeit haben, auszuscheren. Ein Beispiel soll das verdeutlichen. Nehmen wir einmal an, die Fed und die EZB setzen einen Wechselkurs von 1 : 1 zwischen US-Dollar und Euro. Nun beginnt die EZB eine Inflationspolitik zu betreiben. Der Euro wird aus Sicht der Anleger weniger attraktiv. Sie bieten daraufhin verstärkt Euro am Devisenmarkt an und fragen US-Dollar nach. Der US-Dollar beginnt gegenüber dem Euro aufzuwerten.

Um den Wechselkurs bei 1 : 1 zu halten, muss die EZB auf dem Devisenmarkt Euro aufkaufen und US-Dollar verkaufen. Das verknappt die Euro-Geldmenge und reduziert die heimische Inflation. Die Fed muss Euro kaufen gegen Ausgabe neuer US-Dollar. Sie erhöht dadurch ihre heimische Geldmenge und damit die heimische Inflation. Das wiederum senkt die relative Attraktivität des US-Dollar, und der Wechselkurs bewegt sich wieder auf die vereinbarte Relation von 1 : 1. Im Ergebnis wird der festgelegte Wechselkurs zwar gehalten, aber nur, weil die Fed bereit ist, die Inflationspolitik der EZB teilweise mitzumachen.

Ein solches System fester Wechselkurse, dessen Teilnahme auf Freiwilligkeit beruht und das einem Teilnehmer erlaubt, es wieder zu verlassen, lässt sich nicht durchhalten, wenn die Beteiligten unterschiedliche Inflationspolitiken beziehungsweise zum gleichen Zeitpunkt unterschiedliche geldpolitische Ziele verfolgen wollen. Mundell hält es daher für notwendig, über einen »Zwischenschritt«, durch den die Wechselkursschwankungen vermindert werden, zu einer Weltwährungseinheit (zunächst *nicht* zu einer einheitlichen Weltwährung) zu gelangen. Konkret sieht Mundells Vorschlag drei Stufen vor:

Stufe I: Übergang zu einem Regime stabiler Wechselkurse. Es ist gekennzeichnet durch Interventionspflichten der beteiligten Zentralbanken, um die festgelegten Wechselkurse im Markt zu etablieren und zu verteidigen. Stufe II: Schaffung einer Kerngruppe von Ländern (wie zum Beispiel die Vereinigten Staaten von Amerika, die Euro-Länder, Japan, Großbritannien und möglicherweise auch China), die die Wechselkurse auf bestimmten Paritäten festlegen und eine abgestimmte, gemeinsame Geldpolitik verfolgen, um die Wechselkursziele einzuhalten. Stufe III: Eine globale Weltwährung wird geschaffen. Mundell schlägt den Namen INTOR vor: *INT* als Abkürzung für *international* und *OR*, das französische Wort für *Gold*. Die Währungen der Teilnehmerländer werden mit einem festen (aber möglicherweise änderbaren) Wechselkurs an den INTOR gebunden. US-Dollar, Euro, japanischer Yen und chinesischer Renminbi bleiben dem Namen nach erhalten und sind frei konvertibel in den INTOR.

Nachfolgend besteht für weitere Länder die Möglichkeit, ihre Wechselkurse ebenfalls an den INTOR zu binden. Dadurch können auch ihre Wechselkurse gegenüber allen anderen Währungen fixiert werden. Es bleibt jedoch eine wichtige Frage: Was für eine Geldart soll der INTOR sein? Mundell weist dem IWF-Direktorium die Aufgabe zu, den Währungskorb für den INTOR offiziell festzulegen – anfänglich bestehend aus US-Dollar, Euro und japanischem Yen. Der INTOR wäre in dieser Form ein Währungskorb, ein Index, ganz ähnlich wie das SZR, das der IWF ausgibt. Wie beim SZR würde folglich auch der Tauschwert des INTOR durch die Zentralbanken der teilnehmenden Währungen bestimmt. Wie die Währungsgeschichte und die ökonomische Theorie zeigen, ist das *kein* Rezept für gutes Geld.

Zudem würde sich ein altbekanntes Problem beim INTOR zeigen: Bestehen zwischen den Zentralbanken beidseitige Interventionsplichten zur Wechselkursstabilisierung, so kann die Inflationspolitik eines Landes alle übrigen Länder in die Inflationspolitik hineinzwingen. Weiterhin wäre es nach Mundell dem IWF-Direktorium, das er als geldpolitisches Gremium empfiehlt, erlaubt, die Zusammensetzung des INTOR und die Gewichte, die die einzelnen Währungen im INTOR haben, zu verändern. Die Möglichkeit, derartige diskretionäre Entscheidungen durchführen zu können, weckt politische Begehrlichkeiten und kann den Markt- beziehungsweise Tauschwert des INTOR mitunter erheblich verändern.

Mundell deutet auch die Möglichkeit an, den INTOR durch Gold zu decken. Was ist davon zu halten? Wenn der INTOR Ausdruck einer bestimmten Feingoldmenge ist, so wäre erneut ein Gold-Devisen-Standard geschaffen à la Bretton Woods. Das System wäre anfällig gegenüber Veränderungen des Gold-INTOR-Verhältnisses. Letzteres würde nämlich der politischen Willkür des IWF-Direktoriums anheimgestellt. Anders als noch zu Zeiten des Systems von Bretton Woods würde zwar nicht ein einziges Land (die Vereinigten Staaten von Amerika) über das Gold-INTOR-Austauschverhältnis befinden, sondern die nach Wirtschaftskraft im IWF-Gremium vertretenen Länderrepräsentanten. Aber wäre das wirklich ein Arrangement, von dem man sich ein verlässliches Geld für die Welt versprechen darf? Wohl kaum.

Mundells Ausführungen lassen letztlich erkennen, dass ein INTOR, neben dem die nationalen Währungen weiterhin existieren und umlaufen sollen, lediglich ein Zwischenschritt sein kann. Denn der maximale Nutzen, den eine Währungsgemeinschaft mit festen Wechselkursen stiftet, und wie er vor allem von den demokratischen Sozialisten angestrebt wird, ist erst dann erreicht, wenn die nationalen Währungen im Zuge einer Währungsreform im INTOR aufgehen – so wie die europäischen Währungen auf den Euro übergegangen beziehungsweise in ihm aufgegangen sind. Damit ist die dem INTOR zugedachte Entwicklungslinie ersichtlich: Aus einer anfänglichen Weltwährung, die neben nationalen Währungen existiert, soll letztlich eine einheitliche Weltwährung werden.

Die bislang vorgestellten Konzepte zur Schaffung einer Weltwährung entspringen dem Gedanken, die Staaten sollten das Geld der Welt bereitstellen. Eine *private Initiative* stammt von dem amerikanischen Internetgiganten Facebook. Bei genauem Hinsehen geht es hierbei jedoch lediglich darum, auf die bestehenden Fiat-Währungen eine Rechnungseinheit »draufzusatteln«. Aber der Reihe nach: Im Juni 2019 kündigte das Unternehmen an, es wolle seinen Kunden ab dem Jahr 2020 eine globale High-Tech-Währung samt Infrastruktur anbieten. Vielen Menschen auf diesem Erdball soll, so Facebook, ein einfacher und kostengünstiger Zugang zum Geld- und Finanzsystem eröffnet werden. Das neue blockchainbasierte Geld heißt »Libra«. Herzstück des Projektes ist die Libra Association (LA). Der regierungsunabhängige Verein mit Sitz in Genf, Schweiz, wird von Gründungsmitgliedern wie Ebay, Facebook, Mastercard, PayPal, Spotify, Uber, Visa und weiteren renommierten Firmen getragen, die die Operation und Weiterentwicklung von Libra verantworten sollen. Ist Libra der Weg zur Weltwährung?

Sollten viele Menschen es vorziehen, ihre Zahlungen künftig in Libra und nicht mehr in nationalem Fiat-Geld abzuwickeln, könnte die Libra durchaus zum Weltgeld aufsteigen. Doch ist das realistisch? Libra werden geschaffen, indem Menschen US-Dollar oder Euro bei der LA einzahlen, die den Einzahlern daraufhin einen entsprechenden Libra-Betrag in einer digitalen Brieftasche (»Wallet«) einräumt. Dieser Betrag kann für Zahlungszwecke per Internet, Smartphone, Kreditkarte oder per WhatsApp und Messenger, Facebooks Chatdienste, verwendet werden. Technisch gesehen handelt es sich um eine Kryptogeld-Banknote, die durch einen Korb von offiziellen Fiat-Geldern (wie US-Dollar, Euro und Co.) gedeckt ist. Folglich steht und fällt die Verlässlichkeit der Libra mit der Qualität der unterliegenden Fiat-Währungen. Die Libra wird in dem Maße inflationäres Geld sein, wie US-Dollar, Euro und Co. von den Zentralbanken inflationiert werden, sie wird ihre Kaufkraft im Gleichschritt mit den offiziellen Papierwährungen verlieren. Im Extremfall, das heißt sollten die offiziellen Währungen untergehen, wäre auch die Libra perdu. Das Facebook-Geld ist also keine echte Alternative zu den offiziellen Fiat-Geldern, bestenfalls eine einfachere Art, es zu verwenden.

Die Idee der Libra-Erfinder ist es, die eingezahlten Fiat-Geldbeträge als »Reserve« vorzuhalten: Man will sicherstellen, dass der Rückumtausch von Libra in nationales Fiat-Geld jederzeit möglich ist, und dazu will man die eingezahlten Fiat-Gelder als Guthaben bei Banken halten oder für den Kauf von verzinslichen Wertpapieren verwenden. Heraus kommt eine Art »Teilreserve«. Die Libra ist damit nicht nur so inflationär wie das Fiat-Geld, sie trägt zusätzlich ein Zahlungsausfallrisiko – was dann schlagend wird, wenn die LA fehldisponiert oder die Kreditmarktlage verhindert, dass die Umtauschwünsche der Libra-Besitzer in das gewünschte Fiat-Geld vollumfänglich erfüllt werden können.

Mit der Anlage der Reserve erhoffen sich Facebook und seine Mitstreiter, Zinserträge zu erzielen. Doch das dürfte schwer werden. Die Zentralbanken haben die Zinsen bereits auf extrem niedrige Niveaus geschleust, und eine Abkehr von dieser Geldpolitik ist nicht erkennbar. Spätestens dann, wenn die Geldbehörden die

Bankguthaben mit einem Negativzins belegen, wird das auch die Libra-Kunden treffen: Wird die LA für die Reservehaltung zur Kasse gebeten, wird sie die Kosten an die Libra-Besitzer weiterreichen müssen. Wer dann Libra hält, wird also dafür zahlen müssen. Es ist ein Irrtum zu glauben, mit der Libra eröffne sich vielleicht doch ein Weg, den schlechten Fiat-Geldern zu entkommen.

Das Libra-Projekt zielt nicht darauf ab, den Menschen auf dieser Welt qualitativ besseres Geld bereitzustellen. Dass die Libra-Konten und -Zahlungen mittels einer privaten (»permissioned«) Blockchain abgebildet werden sollen, ändert daran nichts. Das Libra-Projekt von Facebook und Co. ist ein unternehmerischer Versuch, im globalen Markt für Zahlungsdienste (und später folgend vielleicht auch im Markt für Kredite) mitzuverdienen – und dabei so vieler Daten wie möglich habhaft zu werden. Wenn es das Ziel ist, den Menschen auf dieser Welt ein besseres, ein gutes Geld anzubieten, müsste die LA das Naheliegende tun: eine 100 Prozent goldgedeckte Libra anbieten. Aber wer weiß, vielleicht wird das ja der nächste Schritt sein, initiiert von Facebook, Amazon oder irgendeiner anderen Firma.

Die Libra wäre gewissermaßen ein digitaler Bezugsschein für nationale Fiat-Währungen. Ihre Konstruktion lässt sich daher mit dem SZR des IWF vergleichen. Wie auch das SZR repräsentiert die Libra einen Korb von nationalen Fiat-Währungen. Während es beim SZR der IWF ist, der entscheidet, welche nationalen Fiat-Währungen in das SZR eingehen und welches Gewicht ihnen dabei zugewiesen wird, würde es bei der Libra die LA sein, die all diese Entscheidungen zu treffen hat. Findet die Libra weltweit große Akzeptanz, wächst die LA in eine überaus machtvolle Position hinein: Sie würde zur Verwahrstelle für eine gewaltige Geldmenge beziehungsweise, wenn die LA die Gelder in Schuldpapiere investiert, zu einem gigantischen Investor mit beherrschendem Markteinfluss.

Daher ist es nicht überraschend, dass das Facebook-Geldkonzept die Zentralbanken auf den Plan gerufen hat. Im August 2019 trat der Gouverneur der Bank von England, Mark Carney, mit der Idee an die Öffentlichkeit, ein »Netzwerk von Zentralbanken« solle eine digitalisierte Währung auf den Weg bringen.[96] Sein Argument: Der Dollar werde zur Abwicklung von mindestens der Hälfte des internationalen Handels verwendet, ein Betrag, der fünfmal so groß ist wie die US-Importe (durch die Ausländer US-Dollar verdienen können). Um die Abhängigkeit der Weltwirtschaft vom US-Dollar zu verringern, schlägt er ein diversifiziertes multipolares Finanzsystem vor, das mittels neuer Technologien eine Ersatzreservewährung bereitstellt. Nicht eine private Initiative à la Libra-Projekt sei dafür geeignet, so Carney. Er stellte die vielsagende Frage, ob nicht eine solche neue »synthetische hegemoniale Währung« (*Synthetic Hegemonic Currency*, SHC) am besten vom öffentlichen Sektor bereitgestellt werden könnte, vielleicht durch ein Netzwerk von digitalen Währungen der Zentralbanken. Es könnte auf der Blaupause des Libra-Projektes aufgebaut werden – befände sich aber ganz und gar in den Händen der Zentralbanken.

Die Anhänger einer staatlich kontrollierten Weltwährung finden sich nicht nur in den westlichen Ländern. Im März 2009 sprach sich der damalige Gouverneur der People's Bank of China, Zhou Xiaochuan, dafür aus, den US-Dollar als Weltreservewährung zu ersetzen durch eine Aufwertung der Sonderziehungsrechte (SZR), die der Internationale Währungsfonds herausgibt.[97] Ziel von Zhous Aufruf (stellvertretend für Chinas Kommunistische Partei) zu einer Reform des weltweiten Währungssystems war es, die Abhängigkeit der Welt vom US-Dollar zu verringern und zu einer Weltwährung zu gelangen, die nicht mehr von kreditbasierten nationalen Währungen abhängt. Konkrete Vorschläge wurden der Öffentlichkeit seither nicht unterbreitet – allerdings wurde der chinesische Renminbi im Jahr 2016 in den SZR-Korb aufgenommen.

An dieser Stelle verdienen die digitalen Währungen, die Zentralbanken künftig ausgeben könnten, kurze Erwähnung.[98] Beispielsweise erwägt die Schwedische Reichsbank, eine »E-Krone« anzubieten, die in Konkurrenz stehen würde zu Schwedischen Kronen in Form von Bargeld und Sichtguthaben bei Geschäftsbanken. Ähnliche Vorhaben gibt es in China, Russland und Venezuela. Findet digitalisiertes Zentralbankgeld Akzeptanz, wandert der Zahlungsverkehr aus den Bilanzen der Geschäftsbanken in die Bilanz der Zentralbank. Die Zentralbank bekommt dann den perfekten Einblick, wer was wann wohin und wofür zahlt und erhält; sie wird zum allwissenden »großen Bruder«.

Dass die meisten Zentralbanken noch zögern, digitales Zentralbankgeld für alle anzubieten, hat einen Grund: Es wäre eine harte Konkurrenz zum Einlagengeschäft der Geschäftsbanken. Und die Zentralbanken brauchen die Geschäftsbanken, um die Geldmenge per Kreditvergabe auszuweiten. Unter herrschenden Bedingungen ist für das Geldmengenvermehren durch Kreditvergabe Eigenkapital erforderlich, und das wird in den meisten Währungsräumen immer noch größtenteils von privaten Investoren bereitgestellt. Die Ausgabe von digitalem Zentralbankgeld für alle würde die Geschäftsbanken schwächen, und das ist derzeit in den meisten westlichen Ländern politisch wohl nicht gewollt. In China stehen die Dinge hingegen anders: Die chinesischen Banken befinden sich direkt oder indirekt in staatlicher Hand, und die Hemmnisse, ein digitales Zentralbankgeld für alle einzuführen, sind hier entsprechend gering.

Doch zurück zur Kernfrage: Kann eine Fiat-Weltwährung (etwa in Form der SHC) auf freiwilligem Wege etabliert werden? Die Nationen, die über relativ bessere (also weniger inflationäre) Fiat-Währungen verfügen, haben einen Anreiz auszusteigen, wenn die Teilnahme an der Weltwährung eine im Heimatland inakzeptabel hohe Inflation nach sich zieht; ein freiwilliges Kartell der Zentralbanken, das nötig wäre, die Weltgeldpolitik zu vereinheitlichen, wäre daher instabil. Ein Fiat-Weltgeld ließe sich wohl nur dann schaffen, wenn – wie im Fall des Euro – die Nationalstaaten beziehungsweise ihre Wähler bereit sind, die *Selbstbestimmung über ihr Geld* ein für alle Mal an eine zentrale Stelle innerhalb des Netzwerkes nationaler Zentralbanken abzugeben, also an eine Weltzentralbank.

Technisch gesehen ist das relativ einfach möglich, und zwar durch Verschmelzung der nationalen Fiat-Währungen auf eine einheitliche Fiat-Währung. Zwar dürften diesem Schritt derzeit noch erhebliche Vorbehalte der Nationalstaaten entgegenstehen. In Stein gemeißelt ist der Widerstand allerdings nicht. Denn unter dem demokratischen Sozialismus werden die Staaten beziehungsweise die Wählermehrheit einer Währungszentralisation nicht grundsätzlich abgeneigt sein. Eine Entwicklungslinie könnte sein, dass große Länder zuerst eine gemeinsame Währung annehmen und kleinere Länder dem Beispiel mit einer zeitlichen Verzögerung nachfolgen.

Doch ist es realistisch zu erwarten, dass die Vereinigten Staaten von Amerika, die Europäische Union beziehungsweise der Euroraum, Japan, Großbritannien, China und Russland letztlich einen »Schulterschluss« vollziehen und ein einheitliches Fiat-Weltgeld kreieren? Die Wahrscheinlichkeit, dass so etwas geschieht, ist vermutlich größer, als es auf den ersten Blick scheinen mag. Denn wenn der demokratische Sozialismus weiter expandiert unter der Führung einer *oligarchisierten Parteiendemokratie,* dann wachsen auch die Interessen der Staaten immer enger zusammen. Die letzte Dekade hat nur zu deutlich gezeigt, wie beispielsweise die Interessen der Kommunistischen Partei in Peking und die der demokratisch-sozialistischen Regierungen, des »Establishments«, des »Big Business«, der »Wall Street«, der »Elite von Davos« sich bereits recht harmonisch miteinander verbunden haben.[99]

Nicht nur die kommunistische Führung in China hat das Bestreben, die totale Kontrolle über ihre Bürger und Unternehmer zu erlangen.[100] Auch in den Vereinigten Staaten und Europa beispielsweise ist der übermächtige Staat – der »tiefe Staat« (in Englisch: »deep state«) – auf dem Vormarsch, begünstigt durch die immensen technischen Fortschritte in den Kontrollmöglichkeiten, das immer engere Zusammenrücken von *Überwachungswirtschaft* und *Überwachungsstaat,* das von den Wahlbürgern nicht in ausreichendem Maße sanktioniert wird. Bürgerliche und unternehmerische Freiheiten schwinden also auch in der westlichen Welt zusehends dahin zugunsten staatlicher Einflussnahme und Machtausweitung.

In der westlichen Welt hat sich in den letzten Jahrzehnten die *politische Ideologie* zusehends vereinheitlicht und zugespitzt auf den *demokratischen Sozialismus.* Er ist eine im Kern freiheitsfeindliche, eine staatsverherrlichende Ideologie, und er unterscheidet sich daher auch nicht kategorisch von einem autoritären Regime wie etwa dem in China. Man sollte sich nicht täuschen lassen: Für die demokratischen Sozialisten ist das demokratische Element lediglich Mittel zum Zweck. Mit seiner Hilfe wollen sie die Herrschaft erringen: Der Sozialismus ist das Ziel, und ihm soll auf parlamentarischem Wege zum Sieg verholfen werden. Wenn er aber erst einmal errichtet worden ist, werden die Sozialisten ihren Gegnern die demokratischen Freiheiten natürlich nicht mehr gewähren. Das chinesische Zwangsregime lässt sich durchaus als eine Ausprägung des Endpunktes verstehen, auf den der demokratische Sozialismus hinarbeitet und den er – wie in den voranstehenden Kapiteln aufgezeigt wurde – wohl nur mit einer einheitlichen Weltwährung erreichen kann.

Neue Finanz- und Wirtschaftskrisen werden die politischen Kräfte zur Schaffung einer Fiat-Weltwährung in der Tendenz bestärken. Man denke nur einmal daran, zu welchen gesellschaftlichen »Nöten« es bei einer heftigen Erschütterung des Finanz- und Wirtschaftssystems kommt, wenn in vielen Ländern Rezession, Kreditausfälle, Bankzusammenbrüche und soziale Unruhen um sich greifen. In Zeiten einer solchen großen Bedrängnis wächst selbstverständlich die Bereitschaft der Menschen, ungewöhnliche Maßnahmen zu akzeptieren, wenn sie »Rettung aus der Not« versprechen. Für die demokratischen Sozialisten sind derartige Krisen »Gelegenheitsfenster«, die sich nutzen lassen, um Politiken einzuleiten, die unter normalen Umständen nicht möglich wären; nicht umsonst sahen Karl Marx und Friedrich Engels in »Handelskrisen« die Voraussetzung für den Übergang zum Kommunismus.[101] Eine große Finanz- und Wirtschaftskrise wäre so gesehen ein Umfeld, um den Startschuss für ein einheitliches Fiat-Weltgeld geben zu können. Wie problematisch ein solches aber ist, das zeigt das folgende Kapitel.

KAPITEL 20

Die Dystopie: ein Fiat-Weltgeld

»When governments fear the people, there is liberty. When the people fear the government, there is tyranny.«

– THOMAS JEFFERSON

Was wäre so problematisch, wenn die Staaten sich zusammenfinden und ein einheitliches Weltgeld schaffen? Das ist eine durchaus berechtigte Frage. Wie bereits mehrfach erwähnt: Rein ökonomisch gesehen gibt es bedeutende Vorteile, wenn nicht jede Region, nicht jede Nation, nicht jede staatliche Einheit auf der Welt mit ihrem eigenen Geld operiert, sondern wenn möglichst viele Menschen, am besten alle, mit ein und demselben Geld wirtschaften. Nicht nur innerhalb einer Volkswirtschaft, sondern auch für die Weltwirtschaft insgesamt ist die ökonomisch optimale Anzahl der Währungen *eins*. Dann würde die mit Geld ausgeübte Wirtschaftsrechnung bestmöglich funktionieren; die internationale Arbeitsteilung und damit der materielle Wohlstand würden bestmöglich unterstützt.

Diese Aussage ist allerdings zumindest in einer Hinsicht zu relativieren: Entscheidend ist, *wie* das einheitliche Weltgeld zustande kommt, wer es herausgibt. In einem freien Markt für Geld würde sich – in einem natürlichen Prozess – auf freiwilliger Übereinkunft der Marktakteure ein einheitliches Weltgeld herausbilden: Die Geldnachfrager entscheiden, welches Gut sie als Geld verwenden wollen. Zwar lässt sich nicht mit Sicherheit im Voraus sagen, wie das Ergebnis der freien Währungswahl aussehen würde; schließlich gleicht sie einem Entdeckungsverfahren, dessen Ergebnis man vorab nicht kennt. Zu vermuten wäre aber, dass ein Waren-, ein Edelmetallgeld entsteht, dass Gold als Grundgeld gewählt wird, möglicherweise aber auch eine Kryptoeinheit.

Wenn die Staaten (wie wir sie heute kennen) jedoch die Geldproduktion monopolisieren, dann gibt es keinen freien Markt für Geld, auf dem sich durch freiwillige Entscheidungen der Menschen ein einheitliches Weltgeld herausbilden könnte. In diesem Fall besteht zunächst ein Nebeneinander von nationalstaatlichen Fiat-Währungen. Das aber ist kein stabiles Gleichgewicht. Es bildet sich vielmehr auch hier die Tendenz heraus, ein einheitliches Weltgeld aus der Taufe zu heben – denn, wie gesagt, es ist optimal, wenn alle Menschen auf der Welt mit dem gleichen Geld handeln und kalkulieren. Das macht sich der demokratische Sozialismus zunutze.

Für ihn ist die Schaffung einer Welteinheitswährung Mittel zum Zweck. Die demokratischen Sozialisten werden erkennen, dass sich auf direktem Wege ein einheitlicher Weltstaat nicht errichten lässt. Zu groß sind noch die nationalen Widerstände, die dazu zu überwinden wären. Der Umweg, der indirekte Weg, auf dem der demokratische Sozialismus sein Ziel eher erreichen kann, besteht in der Schaffung einer einheitlichen Weltwährung unter staatlicher Kontrolle. Der Euroraum kann dafür als »Vorbild« dienen. Hier ist es nämlich gelungen, dass souveräne Nationen freiwillig ihre Währungssouveränität aufgegeben und ein Fiat-Einheitsgeld angenommen haben, das von einer supranationalen Zentralbank – die de facto von den nationalen Parlamenten nicht mehr wirksam kontrollierbar ist – herausgegeben wird.

Die Euro-Einheitswährung schafft zwar große Probleme in und auch zwischen den teilnehmenden Ländern. Doch weil die hohen Kosten eines Euro-Ausstiegs gescheut werden und auch weil die demokratischen Sozialisten jedwede Bestrebungen, aus dem Euro auszutreten, mit allen politischen Mitteln bekämpfen, ist die Euro-Zwangsehe bislang nicht geschieden worden. Die Probleme, für die die Einheitswährung sorgt, zwingen die Teilnehmerländer immer stärker in eine Vergemeinschaftung. Beispielsweise müssen die einen Nationen für die Staatsschulden der anderen Nationen aufkommen; und die Kosten, um angeschlagene Banken vor dem Untergang zu retten, werden allen Steuerzahlern und Geldverwendern aufgebürdet.

All diese Probleme sind erst in Erscheinung getreten, *nachdem* die Schicksalsgemeinschaft geschlossen war – im Vorfeld fanden sie wenig oder keine Beachtung. Von Anfang an stand nicht die ökonomische Vernunft Pate für den Euro, sondern politische Bestrebungen, die sich ideologisch, wenig überraschend, auf den demokratischen Sozialismus zurückführen lassen. In der Öffentlichkeit wurde für das Ende der nationalen Währungssouveränität und die Übernahme der Einheitswährung geworben, indem die friedens- und wohlstandsstiftende Wirkung des Eurogeldes betont wurde. Die besonderen Probleme, die *ein* Fiat-Geld für viele unterschiedliche Nationalstaaten mit sich bringt, wurden übersehen oder ignoriert.

Angesichts der Erfahrungen, die mit dem »Euro-Experiment« gemacht wurden, stellt sich die Frage: *Was sind die Folgen, wenn ein einheitliches Fiat-Weltgeld geschaffen wird?* Aus handlungslogischer Perspektive betrachtet, drängt sich ein pessimistisches Zukunftsbild auf, wenn es dem demokratischen Sozialismus gelingen sollte, die Staatenbürger zu überzeugen, ihre nationalen Währungen aufzugeben und stattdessen eine supranationale Fiat-Währung anzunehmen. Denn ein staatlich gelenktes Weltzwangsgeld hätte alle negativen Eigenschaften und Probleme im Gepäck wie jedes nationale Fiat-Geld auch, aber es würde wirtschaftliche, politische und kulturelle Schäden verursachen, die vermutlich alles in den Schatten stellen, was Fiat-Währungen auf nationaler Ebene anrichten.

Was jeder einzelne Staat, der dem demokratischen Sozialismus anheimgefallen ist, will, das will auch eine Gemeinschaft von Staaten: die Geldproduktion kontrollieren und die Geldmenge nach Belieben ausweiten, um die Herrschaft abzusichern und auszuweiten. Für die Staaten ist es ein durchaus folgerichtiger Schritt, ihre eigenen Fiat-Währungen in einer Fiat-Weltwährung aufgehen zu lassen – vor allem für kleinere und mittlere Staaten, deren Finanzierungsspielräume sich dadurch beträchtlich vergrößern.

Dass dabei die Wahl auf einheitliches Fiat-Geld und nicht auf ein Sachgeld fällt, ist quasi selbsterklärend: Die nationalen Währungen sind bereits Fiat-Geld, und das Fiat-Geld ist auch die Geldart, die die Staaten für ihre Zwecke bevorzugen, denn es lässt sich jederzeit und in jeder beliebigen Menge mit geringsten Kosten vermehren.

Wenn die nationalen Staaten übereinkommen, ein einheitliches Fiat-Geld, herausgegeben von einer Weltzentralbank, anzunehmen, dann haben die Geldverwender fortan keine Wahl- beziehungsweise Fluchtmöglichkeiten mehr. Sie sind dem Fiat-Weltgeld auf Gedeih und Verderb ausgeliefert. Die Weltzentralbank, die die Fiat-Weltwährung herausgibt, muss nicht befürchten, dass unzufriedene Verwender ihres Fiat-Weltgeldes in andere Währungen »abwandern« – denn es gibt ja keine anderen Währungen mehr. Und weil das einheitliche Fiat-Weltgeld keine Konkurrenz hat, wird es auch in besonderem Maße zum Spielball politischer Interessen. Vor allem die Staaten werden die Weltzentralbank dazu anhalten, eine Geldpolitik zu betreiben, durch die sie sich möglichst günstig per Kredit finanzieren können.

Schließlich ist die Schuldenfinanzierung für jeden Staat besonders attraktiv: Die Möglichkeit einer reibungslosen Kreditaufnahme ist für die Staaten ein ganz wesentliches Motiv, um einer Fiat-Weltwährung beizutreten. Anders als bei der Besteuerung geben Sparer dem Staat üblicherweise freiwillig ihr Geld, weil sie damit rechnen, dass es ihnen zuzüglich eines Zinses wieder zurückgezahlt wird. Eine Weltzentralbank hat freie Hand, den Marktzins nach Gutdünken festzulegen, ihn auf jedes gewünschte Niveau zu setzen. Sie muss nicht befürchten, dass bei einem extrem niedrigen Marktzins Kapital abwandert – es herrscht schließlich überall auf der Welt der gleiche, von ihr bestimmte Marktzins.

Eine Weltzentralbank, die das Monopol für das Fiat-Weltgeld hat, begünstigt die weltweite Schuldenwirtschaft in einem bisher wohl nicht gekannten Ausmaß. Ganz besonders profitieren von einer einheitlichen Fiat-Weltwährung die relativ schlechten Staatsschuldner, also solche, die sich bislang nur zu relativ hohen Zinsen finanzieren konnten. Gibt es nur noch ein Geld auf der Welt, entsteht ein einheitlicher großer, transparenter und liquider Weltkapitalmarkt, in dem es zu keinen Wechselkursschwankungen mehr kommt. Das hilft, die Kreditkosten zu senken. Die verbesserten Verschuldungsmöglichkeiten wiederum begünstigen die Ausdehnung des staatlichen Einflusses. Die Verstaatlichung von Wirtschaft und Gesellschaft wird so vorangetrieben.

Mit dem Einheitsgeld werden die Regierungen in die günstige Lage versetzt, Wählerstimmen kaufen zu können. Die Staaten locken mit Geld, und immer mehr Bürger und Unternehmer werden zu Transferempfängern, zu Begünstigten des Staates. Sie kommen in den Genuss von staatlich finanzierten Arbeitsplätzen, Sozialleistungen, gewinnträchtigen Aufträgen. Der Anteil der Staaten im Wirtschafts- und Gesellschaftsleben wird größer. Die Kultur des Kollektivismus wird gefördert, der Individualismus zurückgedrängt. Das, was von der freien Marktwirtschaft noch übrig ist, weicht unweigerlich einer Lenkungs- und Befehlswirtschaft, in der die Staaten maßgeblich (mit-)bestimmen, wer was wann und wo produziert. Diese Entwicklung schreitet zwar auch unter nationalen Fiat-Währungen voran, noch enthemmter fällt sie aber unter einer Fiat-Weltwährung aus.

Mit dem einheitlichen Fiat-Weltgeld wird es der Weltzentralbank möglich, weltweit einen künstlichen Aufschwung (»Boom«) in Gang zu setzen und ihn auch für lange Zeit vor dem Abschwung (»Bust«) zu bewahren. Dank des Einheitsgeldes erfasst der Boom alle Volkswirtschaften der Welt: Die Preise aller Arbeits- und Faktormärkte werden durch den Boom verzerrt – schließlich gibt es ja keine Wechselkursbewegungen zwischen den Volkswirtschaften mehr, die die monetären Bedingungen in einer Region von denen in allen anderen Regionen abschirmen könnten; alle Volkswirtschaften sind so gesehen »monetär gleichgeschaltet«.

Zwar werden Unternehmen und Kapitalanleger weiterhin einige Regionen auf der Welt gegenüber anderen Regionen bevorzugen – ganz so wie Investoren im Euroraum die »Nordländer« als weniger risikoreich ansehen als die »Südländer«. Sollten aber die wirtschaftlichen Entwicklungen der teilnehmenden Nationalstaaten zu unterschiedlich verlaufen, ist ein politisches Gegensteuern der Weltzentralbank absehbar: Schwächere Länder werden von ihr gestützt. Beispielsweise kauft sie Staats- und Bankanleihen aus schwachen Ländern auf; die vielen Erfahrungen aus dem Euroraum mit »Rettungspolitiken« können dafür als Illustrationen dienen.

Die Weltzentralbank kann auf diese Weise verhindern, dass die verbliebenen Korrekturkräfte des Marktes, die dem Boom ein Ende bereiten könnten, geschwächt beziehungsweise ausgeschaltet werden. Der Boom, den sie in Gang setzt, kann daher lange andauern und auch sehr weit getrieben werden. Je länger aber der Boom andauert, desto größer werden die Schäden (Überkonsum und Fehlinvestitionen) ausfallen. Und je länger der Boom fortschreitet, desto größer werden die Kosten der Bereinigungskrise. Das wiederum erhöht die politischen Anreize, den Boom mit allen Mitteln in Gang zu halten – die Staaten scheuen schließlich Rezession und Arbeitslosigkeit und die damit verbundenen sozialen und politischen Folgen.

Um die Bereinigungskrise abzuwenden, können die Staaten wie bisher auch in das Marktgeschehen eingreifen: mit Ge- und Verboten, Gesetzen, Preiskontrollen, Arbeits- und Ausgabeprogrammen und Subventionszahlungen. Vor allem aber können sie sich nun der Weltzentralbank bedienen. Diese kann jeden strauchelnden Schuldner, wenn es politisch gewünscht ist, mit neu geschaffenem Geld über Wasser halten und den Boom vor dem Absturz bewahren. Das führt zu der Frage: Wird ein einheitliches Fiat-Weltgeld inflationärer sein als nationale Fiat-Währungen? Die Antwort ist ja.[102]

Das vorrangige Ziel, das die Staaten mit einem einheitlichen Fiat-Weltgeld verfolgen, ist, möglichst ungestraft eine kontrollierte Inflationspolitik betreiben zu können – mit all ihren offenen und verborgenen Umverteilungswirkungen. Eine kontrollierte Inflation spielt den Staaten und den machtvollen Gruppen, deren Interessen besonders eng mit den Staaten verflochten sind, in die Hände.

Allerdings sind selbst unter einem einheitlichen Fiat-Weltgeld der Inflationspolitik Grenzen gesetzt. Die Weltzentralbank muss zwar nicht damit rechnen, dass bei hoher Inflation die Geldverwender vom Fiat-Weltgeld auf andere Währungen ausweichen – es gibt keine anderen Währungen mehr. Fällt aber die Inflation des Fiat-Weltgeldes zu hoch aus, verlieren die Geldverwender das Vertrauen in sie. Im Extremfall (einer sehr hohen Inflation, einer Hyperinflation) kann eine Flucht aus dem Fiat-Weltgeld einsetzen: Die Menschen wollen das Geld nicht mehr verwenden, die Geldnachfrage geht zurück, und das könnte letztlich auch das Schicksal des Fiat-Weltgeldes besiegeln.

Von entscheidender Bedeutung für die Inflation der Fiat-Weltwährung ist, welche Kräfte im Entscheidungsgremium der Weltzentralbank die Oberhand gewinnen. Im *ersten Fall* haben die Regierenden der Staaten direkten Einfluss auf die Weltzentralbank. In Demokratien sind die Regierenden bekanntlich kurzfristorientiert: Sie haben ihre Macht nur vorübergehend. Daher sind sie bestrebt, ihr laufendes Einkommen in der Amtszeit zu maximieren. An der längerfristigen Prosperität des Gemeinwesens, am Kapitalwert der Volkswirtschaft, partizipieren die Regierenden nicht. Und haben folglich auch kein (großes) Interesse, Entscheidungen zu treffen, die den Kapitalwert des Gemeinwesens über die eigene Amtszeit hinaus erhalten oder mehren. Anders ausgedrückt: Die Kuh wird hier nicht gemolken, sondern geschlachtet. Die Inflation, für die der Weltzentralbankrat sorgt, wird hier vergleichsweise hoch ausfallen.

Im *zweiten Fall* ist der Rat der Weltzentralbank mit Entscheidern bestückt, die den Interessen des Banken- und Finanzwesens besonders nahestehen. Ein solcher Weltzentralbankrat hat das Interesse, dass sein »Produkt«, sein Fiat-Weltgeld, dauerhaft marktfähig bleibt. Er wird die Fiat-Weltwährung nicht leichtfertig durch eine überzogene Inflationspolitik aufs Spiel setzen. Der Weltzentralbankrat würde folglich die Kuh nicht schlachten, sondern so lange wie möglich melken wollen. Dieser Fall schließt mit ein, dass eine oligarchisierte Demokratie im Weltzentralbankrat die Oberhand behält.

Denn gerade dann ist die Wahrscheinlichkeit sehr groß, dass die Weltzentralbank vor allem den Sonderinteressen dient, mit denen die Parteioligarchen eng verbunden sind. Das sind natürlich Großbanken und Großindustrie (»Big Business«). Die Interessen der breiten Bevölkerung treten dahinter zurück und finden nur insoweit Berücksichtigung, als dass sie die Fortführung der sonderinteressengeleiteten Geldpolitik der Weltzentralbank nicht gefährden: Die Weltzentralbank wird daher bestrebt sein, die Inflation nicht zu hoch ausfallen zu lassen, damit die Bevölkerung nicht unzufrieden wird und gegen das »Establishment« aufbegehrt.

Unter einer selbstreferenziellen oligarchisierten Demokratie, in der die Funktionsträger ihre Nachfolger aus einem selbst ernannten Fundus rekrutieren, ist dem Fiat-Weltgeld sogar eine besonders lange Verweildauer beschieden: Die Demokratieoligarchen werden sich die größtmögliche Mühe geben, damit das Fiat-Weltgeldsystem so lange wie nur möglich bestehen kann; dass Krisen, wenn sie auftreten, wirksam bekämpft werden, und zwar so, dass das Fiat-Weltgeld nicht Schaden nimmt, dass eine »Flucht aus dem Geld« vermieden wird.

Angesichts der Überschuldungsproblematik, die das Fiat-Geld notwendigerweise hervorbringt, wird man nicht vor einer *Negativzinspolitik* haltmachen. Eine Negativzinspolitik bedeutet, dass die Zentralbank den Zins zum Beispiel auf minus 4 Prozent pro Jahr setzt: Von einem Bankguthaben in Höhe von 100 Euro sind nach einem Jahr nur noch 96 Euro übrig, nach zehn Jahren nur noch

66,48 Euro.[103] Was dem Sparer schadet, nutzt dem Schuldner: Durch Kreditaufnahme macht er Gewinn, wenn er sich Geld zu Negativzinsen leihen kann! Die Sparer und Investoren lassen sich das nicht gefallen. Sie wollen den Verlusten entkommen, gehen zur Bank und verlangen, dass ihre Guthaben in Bargeld (Noten und Münzen) ausgezahlt werden – und die Negativzinspolitik läuft ins Leere. Solange es Bargeld gibt, sind der Wirksamkeit der Negativzinspolitik folglich Grenzen gesetzt.

Eine Weltzentralbank kann aber eine Bargeldabschaffung recht einfach durchsetzen: Sie stellt die Bargeldproduktion ein. Ohne Bargeld ist das Geld auf den Konten »gefangen« und kann dem Bankensektor nicht mehr entzogen werden. Die Negativzinspolitik lässt sich nun ungehemmt durchführen. Die Geldhalter haben keine Möglichkeit mehr, sich der Geld- und Ersparnisentwertung zu entziehen.[104] Die Bargeldabschaffung werden einzelne Staaten noch aus einem weiteren Grund begrüßen: Sie können die finanziellen Dispositionen der Bürger und Unternehmen, die Zahlungen nur noch elektronisch durchführen können, auf Schritt und Tritt nachverfolgen: Banken werden aufgefordert, jederzeit und vollumfänglich über die Zahlungen und die Geldvermögen der Bankkunden Auskunft zu geben. Die Besteuerungsmöglichkeiten der Staaten nehmen dadurch immens zu.

Solange es noch Bargeld gibt, sind der Besteuerung Grenzen gesetzt: Wenn die Marktakteure die Steuerlast als zu hoch empfinden, können sie ihre Transaktionen anonym mit Bargeld abwickeln. Das wiederum hält die Staaten dazu an, Bürger und Unternehmen nicht zu hoch zu besteuern. Wenn aber die Besteuerten keine Ausweichmöglichkeiten mehr haben, weil es kein Bargeld mehr gibt, fällt die politische Zurückhaltung, die einer Verschärfung der Besteuerung in einer Welt mit Bargeld noch entgegensteht. Und ist die finanzielle Privatsphäre der Bürger und Unternehmen perdu, können die Staaten mit Leichtigkeit Bürger und Unternehmen auch einer Vollüberwachung unterwerfen.

Die Bestrebung, das Bargeld abzuschaffen

In der ersten Hälfte des 20. Jahrhunderts haben sich vermutlich nur wenige Menschen vorstellen können, dass der US-Dollar und alle anderen wichtigen Währungen der Welt irgendwann nicht mehr in Gold einlösbar sein würden. Rückblickend betrachtet ist es jedoch aus handlungslogischer Perspektive alles andere als verwunderlich, dass der Staat sich das Monopol über die Geldproduktion verschafft hat und dass er auch das Sach- beziehungsweise Goldgeld, das er vorgefunden hat, durch sein eigenes Fiat-Geld ersetzt hat. In ähnlicher Weise lässt sich verstehen, dass der Staat danach strebt, das Bargeld abzuschaffen.

Das Bargeld setzt der Besteuerung Grenzen. Wenn die Menschen die Möglichkeit haben, anonyme Bargeldtransaktionen durchzuführen, muss der Staat sich mit seiner Besteuerung zurückhalten. Besteuert er zu hoch, weichen die Marktakteure aus. Zahlungen werden nicht mehr über Bankkonten, die der Staat kontrollieren kann, sondern mit Bargeld abgewickelt, die vom Staat nicht so ohne Weiteres nachzuverfolgen sind. Solange es Bargeld gibt, muss der Staat sich mäßigen bei der Besteuerung.

Daher ist den Staaten das Bargeld ein Dorn im Auge. Sie wollen es aber vor allem loswerden, weil die Volkswirtschaften sich mittlerweile einem Überschuldungsproblem gegenübersehen, und das Bargeld steht der vom Staat bevorzugten »Lösung« im Wege. Dazu muss man wissen, dass im Fiat-Geldsystem die Schulden schneller wachsen als die Einkommen, sodass irgendwann die Schuldner von den Kreditlasten erdrückt werden. Eine Möglichkeit, die Überschuldung von Staaten und Banken zu lösen, besteht in der Negativzinspolitik. Wenn die staatliche Zentralbank einen Negativzins durchsetzt, können sich Schuldner auf Kosten der Gläubiger entschulden. Ein Zins von zum Beispiel minus 5 Prozent pro Jahr lässt den Wert eines Schuldpapiers oder eines Bankguthabens in Höhe von 100 Euro in zwölf Monaten auf 95 Euro schrumpfen.

Die Sparer lassen sich das nicht gefallen. Sie fliehen vor dem Negativzins, indem sie sich ihre Bankguthaben in Bargeld auszahlen lassen. Bargeld wird durch einen Negativzins nicht entwertet. Solange die Menschen die Möglichkeit haben, Bankguthaben in Bargeld umzutauschen, lässt sich eine Negativzinspolitik nicht wirksam durchführen.

Bei vielen Menschen erfreut sich Bargeld immer noch großer Beliebtheit – trotz der technischen Neuerungen im Zahlungsverkehr. Ganz offensichtlich gibt es Transaktionen, bei denen Bargeld vorgezogen wird gegenüber elektronischem Geld. Und nicht zu vergessen ist, dass das Bargeld nicht nur für Zahlungen, sondern auch aufgrund des Vorsorgemotivs nachgefragt wird: Anders als das Buchgeld, das bei Banken gehalten wird, trägt Bargeld kein Zahlungsausfallrisiko. Wie kann der Staat das Bargeld aus dem Verkehr ziehen?

Zum Beispiel indem er die Verwendung von Bargeld verteuert. Banken werden angehalten, ihren Kunden erhöhte Kosten der Bargeldbereitstellung in Rechnung zu stellen. Oder man zieht Banknoten mit großer Denominierung ein (wie zum Beispiel die 500-Euro-Banknote). Oder der Staat erhebt Maximalbeträge für Bargeldtransaktionen. Er kann auch das Bargeld durch einen staatlich festgesetzten Umtauschkurs zum elektronischen Buchgeld entwerten. Wenn die Zentralbank einen Zins von beispielsweise minus 5 Prozent erhebt, würde bei einer Barabhebung in Höhe von 100 Euro das Kundenkonto mit 105 Euro belastet.

Solange es noch eine Vielzahl von Staaten auf dieser Welt gibt, die miteinander im Wettbewerb um Unternehmen und Talente stehen, ist ein nationaler Alleingang bei der Bargeldabschaffung wenig Erfolg versprechend. Ein einzelner Staat kann zwar das Bargeld abschaffen. Die Aussichten, dass er damit sein Ziel erreicht – eine Negativzinspolitik durchsetzen kann –, sind jedoch nicht allzu groß, denn die Betroffenen können auf ausländisches Bargeld ausweichen. Auch würde das Interesse der Investoren an einer Währung, die einer Negativzinspolitik unterliegt, schwinden. Kapital würde abgezogen und ins Ausland gebracht, was die produktiven Kräfte der Volkswirtschaft im internationalen Wettbewerb schwächen würde.

Das Bild ändert sich, wenn alle Staaten im Gleichschritt voranschreiten, um das Bargeld aus dem Verkehr zu ziehen. Die Geldverwender haben dann keine Ausweichmöglichkeiten mehr, beziehungsweise sie müssten auf bisher nicht tagtäglich verwendete Geldarten wie zum Beispiel Gold und Silber oder Kryptoeinheiten zurückgreifen. Um das Bargeld überall abzuschaffen, müsste sich allerdings ein diszipliniertes Staatenkartell herausbilden. Das aber ist, wie bereits diskutiert, instabil. Formierte sich hingegen eine Weltregierung mit einer Weltzentralbank und einer Fiat-Weltwährung, ließe sich die Bargeldabschaffung leicht durchführen.

Eine Weltzentralbank wird die Beaufsichtigung des Banken- und Finanzsektors für sich beanspruchen. Sie wird vorschreiben wollen, wie die Geschäftsbanken betriebswirtschaftlich zu operieren haben: beispielsweise welchen Liquiditäts- und Eigenkapitalanforderungen sie zu genügen haben und wie sie ihre Kreditrisiken bewerten müssen. Ebenfalls wird die Weltzentralbank entscheiden wollen, ob und unter welchen Umständen strauchelnde Banken gesundet oder geschlossen und abgewickelt werden. Das nationalstaatliche Mitspracherecht wird zusehends schwinden zugunsten der supranationalen Weltzentralbank und supranationaler Aufsichtsbehörden und -gremien. Die Folgen sind weitreichend.

Der Druck auf eine Vereinheitlichung der Regulation, der alle Banken- und Finanzunternehmen unterworfen sind, steigt an – und wird bestimmt von den großen und machtvollen Interessengruppen. Auf nationale oder regionale Besonderheiten wird keine Rücksicht genommen, wenn die großen und machtvollen Interessengruppen sich im politischen Aushandeln der regulativen Bestimmungen durchgesetzt haben. Für viele kleine Länder wird das weitreichende Anpassungen erzwingen – nicht nur in ihrer Banken- und Finanzwirtschaft, sondern auch in der Struktur ihrer Güter- und Dienstleistungsproduktion. In diesem Prozess wird es Gewinner und Verlierer geben: Die Anpassungskosten werden für einige Regionen höher, für andere geringer ausfallen. Das sorgt für Interessenkonflikte zwischen den Nationalstaaten.

Ein Fiat-Weltgeld, das die Menschen in vielen Staaten verwenden, schürt aber noch weitere Konflikte. Die Ausweitung der Geldmenge führt bekanntlich dazu, dass einige wenige bessergestellt werden auf Kosten vieler anderer: Die Erstempfänger sind die Begünstigten, die Spätempfänger die Benachteiligten. Das sorgt schon in Nationalstaaten, die sich meist durch eine kulturell, sprachlich und traditionell relativ homogene Bevölkerungsstruktur auszeichnen, für Streitigkeiten. Die Umverteilungskonflikte gewinnen noch an Schärfe, wenn sich die Verteilungswirkungen grenzüberschreitend bemerkbar machen: wenn die Menschen in einem Land merken, dass sie zugunsten der Menschen in einem anderen Land zur Ader gelassen werden.

Eine Weltzentralbank hat freie Hand, den Weltzins nach Belieben festzulegen. Sie kann ihn nicht nur künstlich niedrig halten, um einen Boom in Gang zu setzen und ihn für lange Zeit in Gang zu halten. Sie kann auch etwas Unnatürliches herbeiführen: einen negativen Weltzins. Auf einen Grund, eine Negativzinspolitik zu verfolgen, wurde bereits hingewiesen: Das Überschuldungsproblem, für das das Fiat-Weltgeld sorgt, lässt sich so auf politischem Wege »lösen«. Ein anderes Motiv, den Welt-Zins in den negativen Bereich zu zwingen, ist das Bestreben der demokratischen Sozialisten, Wirtschaft und Gesellschaft besser steuern und kontrollieren zu können oder das, was von der freien Marktwirtschaft noch übrig ist, zu zertrümmern.

Dass genau das mit einer Negativzinspolitik möglich wird, zeigt sich, wenn man sich die Folgen des Negativzinses für den Kreditmarkt vor Augen führt. Die Geschäftsbanken erhalten von der Weltzentralbank Kredit zu, sagen wir, minus 2 Prozent, und zwar unter der Bedingung, dass sie das Geld an Konsumenten und Unternehmen weiterverleihen. Wenn sie sich zum Beispiel 100 Euro zu minus 2 Prozent borgen und das Geld zu, sagen wir, minus 1 Prozent verleihen, beträgt ihr Gewinn 1 Euro.[105] Allerdings würde unter diesen Umständen die Kreditnachfrage gewaltig anwachsen: Alle wollen schließlich von den Negativzinskrediten profitieren.

Damit die Kredit- und Geldmengenschöpfung nicht aus dem Ruder läuft, muss die Weltzentralbank die Kredite rationieren: Nicht mehr der Marktzins bringt Angebot und Nachfrage zum Ausgleich, sondern die Weltzentralbank gibt eine bestimmte Kreditmenge vor und teilt sie zu. Doch nach welchen Kriterien sollen die Kredite zugeteilt werden? Sollen alle, die Kredite nachfragen, sie auch bekommen? Oder sollen beschäftigungsintensive Wirtschaftssektoren bevorzugt werden? Oder sollen die Kredite nur an Zukunftsbranchen gehen? Oder sollen schwächelnde Industriezweige mit zusätzlichen Krediten gestützt werden? Oder soll der Süden mehr als der Norden bekommen?

Die Weltzentralbank befindet maßgeblich darüber, wer was wann und wo finanzieren und produzieren kann. Wie eine Zentralplanungsbehörde befindet sie – beziehungsweise die Interessengruppen, die sie beherrschen – über die Geschicke der Volkswirtschaften in den Regionen der Welt: welche Industrien gefördert oder zurückgedrängt werden; welche Volkswirtschaften stärker und welche schwächer wachsen; welche Banken in welchen Ländern überleben dürfen und welche nicht. Willkommen in der Planwirtschaft! Allerdings wäre eine Negativzinspolitik dauerhaft nicht möglich, sie führt zum Ende des arbeitsteiligen Wirtschaftens. Das erklärt sich wie folgt:

Zunächst führt das Absenken des Zinses eine Aufblähung der Preise für das Bestandsvermögen herbei: Aktien, Häuser und Grundstücke, alles wird teurer. Denn je niedriger der Zins ist, desto höher fallen die Barwerte der künftigen Zahlungen und damit auch die Marktpreise der Vermögensgüter aus. Die Spekulationsblase, die aufgepumpt wird, beschert den Investoren zunächst hohe Renditen.

Doch gleichzeitig verschlechtern sich dadurch die künftigen Renditeaussichten. Der Grund: Die Null- und Negativzinsen lassen die Preise von zum Beispiel Aktien und Häusern so weit ansteigen, bis die erwartete Rendite, die diese Anlageklassen dann noch versprechen, sich dem Niedrig- beziehungsweise Negativzins, den die Zentralbank setzt, angenähert hat. Im Extremfall fallen die erwarteten Marktrenditen auf oder sogar unter die Nulllinie.

Wenn aber die Weltzentralbank erst einmal alle Renditen auf oder unter die Nulllinie gedrückt hat, steht die freie Marktwirtschaft (oder das, was von ihr noch übrig ist) vor dem Aus. Ohne einen positiven Marktzins, ohne eine positive Rendite in Aussicht zu haben, hört nämlich das Sparen und Investieren auf: Schließlich hat ja jeder Konsument und Unternehmer einen positiven Urzins. Und wenn es keine Rendite mehr zu verdienen gibt, wird nicht mehr gespart und investiert, sondern nur noch konsumiert. Die arbeitsteilige Volkswirtschaft kommt zum Erliegen. Ersatz- und Erweiterungsinvestitionen bleiben aus, Kapitalverzehr setzt ein, die moderne Volkswirtschaft fällt zurück in eine primitive Subsistenzwirtschaft. Die Existenz von Milliarden von Menschen würde ausgelöscht. Ein fürchterliches Extremszenario.

Allein schon der Prozess, in dem die Weltzentralbank den Weltmarktzins auf oder unter die Nulllinie senkt (etwas, was sie als Monopolist der Geldproduktion bewerkstelligen kann), ist äußerst problematisch. Er treibt die Zeitpräferenz der Menschen künstlich in die Höhe. Es kommt zu einer – wie es Friedrich Nietzsche (1844–1900) formulierte – »Umwertung aller Werte«, zu einer Entwertung des Zukünftigen. Das Hier und Jetzt wird noch wichtiger »gemacht« als das Morgen. Die Folgen sind weitreichend. Zum Beispiel wird das Leben auf Pump befördert. Die Tugend der Sparsamkeit gerät aus der Mode. »Dauerschuldnerei« wird moralisch akzeptabel. Kurzfristziele zu realisieren wird für die Menschen wichtiger im Vergleich zum Erreichen von längerfristigen Zielen. Beispielsweise nimmt die Leistungsbereitschaft ab, weil Freizeit noch höher wertgeschätzt wird gegenüber dem »Arbeitsleid«. Auch werden Scheidungen zur »Lösung« von Eheproblemen attraktiver; Anstrengungen, über partnerschaftliche Schwierigkeiten hinwegzukommen, werden zusehends gescheut. Die Qualität der Ausbildung leidet: Wenn das Hier und Jetzt so wichtig ist, wendet man eben auch weniger Zeit auf, um sich über den Tag hinaus auf zeitintensiven Wegen zu bilden und reifen zu lassen. Die Sitten verfallen: Rücksichtnahme und Manieren sind aufwendige Tätigkeiten im zwischenmenschlichen Umgang und zahlen sich häufig erst langfristig aus. Die Ästhetik verkommt: Modische Eintagsfliegen haben es leicht(er), Käufer zu finden, das Brechen mit »bewährten Klassikern« wird erleichtert. Eine Weltzentralbank, die Fiat-Geld herausgibt, hat weltweite dezivilisierende Folgen.

Die Idee, Staaten könnten, wenn sie erst einmal am Fiat-Weltgeldsystem teilnehmen, souverän und unabhängig bleiben, ist illusionär. Wenn in unterschiedlichen Staaten das gleiche Geld verwendet wird, hilft das, die Effizienzpotenziale, die die internationale Arbeitsteilung hat, bestmöglich zu nutzen. Die Güter- und Faktorfinanzmärkte der Volkswirtschaften verzahnen sich zusehends miteinander. Und je enger die Bande zwischen ihnen, desto stärker der Anreiz der Nationalstaaten, Souveränität an supranationale Instanzen abzugeben. Das gilt sowohl für wirtschaftlich gute Zeiten – dann ist die Bereitschaft zu teilen, Kompromisse einzugehen relativ hoch – als auch für wirtschaftlich schlechte Zeiten – dann wird im Zusammenrücken, in gemeinsam betriebenen »Notstandspolitiken« ein Ausweg aus den wirtschaftlichen Problemen gesehen.

Ein Fiat-Weltgeld befördert die politischen Zentralisierungstendenzen innerhalb der Staatengruppe, die es verwendet. Der »Drang«, eine einheitliche Regierung, einen Weltstaat zu errichten, wird gestärkt, gerade unter der ideologischen Führung des demokratischen Sozialismus: Wenn die wirtschaftlichen und finanziellen Bande immer enger werden, warum dann nicht einen Welteinheitsstaat schaffen, der wirksamer die gewünschten Politiken – wie Prävention von Wirtschafts- und Finanzkrisen sowie Steuerbetrug,

Umweltschutz, Terrorismusbekämpfung etc. – umsetzen kann als eine Vielzahl von unabhängigen Staaten, die ihre gemeinsame Politik, wenn überhaupt, nur mühsam und auf langwierigen Wegen vereinbaren und durchsetzen können? Die Weltzentralbank, die das Fiat-Weltgeld herausgibt, wird in diesem Konzentrationsprozess zu einer besonders begehrten politischen Macht- und Schaltzentrale.

Greift man auf Robert Michels' »Ehernes Gesetz der Oligarchie« zurück, ist damit zu rechnen, dass eine relativ kleine, durchsetzungsstarke Menschengruppe, die aus den Partei- und Regierungsstrukturen der Teilnehmerstaaten stammt, versucht, die Weltzentralbank maßgeblich ihrer Kontrolle zu unterstellen und für ihre eigenen Zwecke dienstbar zu machen. Dass dabei etwas entstehen könnte, das als »demokratische Weltzentralbank« bezeichnet werden kann, wäre vor diesem Hintergrund unrealistisch. Die Vertreter der Teilnehmerstaaten werden (zumindest anfänglich) vielleicht bemüht sein, die Weltzentralbank »an die Kette zu legen«, also die Regeln und Vorgaben, denen die Weltzentralbank unterworfen ist, so zu gestalten, dass ein Machtmissbrauch verhindert wird.

Nun passiert aber das, was in der Hierarchie von Parteien geschieht, auch in der Hierarchie einer Staatengemeinschaft: Die entschiedensten, unermüdlichsten, rücksichtslosesten und unerbittlichsten Verfechter des demokratischen Sozialismus setzen sich durch – allen voran Regierungsvertreter aus den Teilnehmerländern, aber auch und vor allem die »Fachexperten« in den Zentralbanken und Bürokratieapparaten. Das Bestreben der oligarchisierten Eliten wird es sein, sich die Weltzentralbank dienstbar zu machen, und das heißt vor allem, die Schaffung einer Weltregierung, einer Weltherrschaft, eines Weltstaates, wie es der demokratische Sozialismus notwendigerweise anstreben muss, zu ermöglichen.

Ein Weltstaat, ausgestattet mit eigenem Fiat-Weltgeldmonopol, würde ein düsteres Kapitel der Menschheitsgeschichte aufschlagen, in eine zivilisatorische Katastrophe führen. Er hätte keine Konkurrenten mehr zu fürchten. Niemand könnte vor ihm fliehen.

Auswanderung wäre unmöglich, der Weltstaat wäre ja überall. Die Hoffnung, die Machtausdehnung des Weltstaates ließe sich wirksam durch demokratische Wahlakte im Zaume halten, würde sich als illusorisch erweisen, sobald eine Oligarchisierung der Demokratie einsetzt – und damit ist natürlich zu rechnen, wie bereits der Expansionsdrang der Nationalstaaten in den letzten Jahrzehnten eindrücklich illustriert und wie er aus der Handlungslogik folgt.

Es ist geradezu absurd zu meinen, ein Weltstaat mit eigenem Fiat-Weltgeld würde nicht über kurz oder lang zu einem totalitären Tyrannen mutieren. Man schießt daher auch nicht über das Ziel hinaus, wenn man bei den dramatischen Folgen eines Fiat-Weltgeldes an den Roman »Der Herr der Ringe« denkt, den der britische Schriftsteller J. R. R. Tolkien (1892–1973) im Jahr 1954 veröffentlicht hat. In Anlehnung an den Originaltext könnte man sagen:

Ein Fiat-Weltgeld, sie zu knechten, sie alle zu finden,
Ins Dunkel zu treiben und ewig zu binden.

Doch gibt es vielleicht – wie in »Der Herr der Ringe« – gute Kräfte, die den Staaten das Geldmonopol streitig machen und dadurch wirksam verhindern, dass die Ideen von Weltgeld und Weltstaat in die Tat umgesetzt werden? Eine mögliche gute Kraft ist die *technologische Disruption*, die das weltweite Geldsystem revolutionieren beziehungsweise den Menschen vor Augen führen könnte, dass besseres Geld, als es die Staaten anbieten, notwendig und auch möglich ist. Zweifelsohne bergen Kryptowährungen ein solches Disruptionspotenzial. Diesem Gedanken ist das folgende Kapitel gewidmet.

KAPITEL 21

Technologische Disruption: Kryptowährungen

»Bitcoin is the beginning of something great: a currency without a government, something necessary and imperative.«

– Nassim Taleb

Die Kryptoeinheit Bitcoin[106] stellt Revolutionäres in Aussicht: ein Geld, das im freien Markt entstanden ist, auf dessen Produktion und Verwendung der Staat keinen Zugriff hat: Die mit ihm durchgeführten Transaktionen sind anonym, Außenstehende wissen nicht, wer gezahlt und wer die Zahlung empfangen hat. Es wäre ein Geld, das sich nicht beliebig vermehren lässt, dessen Menge endlich ist, das keine nationalen Grenzen kennt, das weltweit ungehindert verwendet werden kann. Möglich ist das, weil der Bitcoin auf einer besonderen Form der elektronischen Datenverarbeitung und -speicherung beruht: auf der *Blockchain*-Technologie (einer »Distributed Ledger Technology«, DLT), die sich auch als dezentrales Kontobuch bezeichnen lässt.

Man durchdenke die Folgen, sollte sich ein solches »entstaatlichtes« Geld tatsächlich in der Praxis durchsetzen. Der Staat kann seine Bürger nicht mehr wie bisher besteuern. Ihm fehlen die Informationen über die Arbeits- und Kapitaleinkommen der Bürger und Unternehmen und deren gesamtes Vermögen. Dem Staat verbleibt nur die Möglichkeit, die Vermögensbestände in der »realen Welt« – wie Häuser, Grundstücke, Kunstwerke etc. – zu besteuern. Das aber ist aufwendig und teuer. Er könnte zwar versuchen, eine »Kopfsteuer« zu erheben: eine Steuer, bei der jeder den gleichen absoluten Steuerbetrag zahlt – unabhängig von den persönlichen Verhältnissen der Besteuerten wie Einkommen, Vermögen, Leistungsfähigkeit und so weiter. Aber wäre das praktikabel, ließe sich das durchsetzen? Man kann Zweifel anmelden.

Der Staat könnte sich auch nicht mehr so ohne Weiteres Geld leihen. Wer würde in einer Kryptowährungswelt dem Staat (wie wir ihn heute kennen) Kredit geben? Der Staat müsste schon die Erwartung rechtfertigen, dass er das geliehene Geld produktiv einsetzt, um seinen Schuldendienst zu leisten. Doch dazu ist der Staat bekanntlich nicht in der Lage, beziehungsweise schneidet er dabei viel schlechter ab als Privatfirmen. Selbst wenn also der Staat sich Kredit beschaffen könnte, hätte er einen vergleichsweise hohen Zins zu zahlen, und das schränkt seinen Kreditfinanzierungsspielraum empfindlich ein.

Angesichts der finanziellen Entmachtung des Staates durch eine Kryptowährung stellt sich die Frage: Könnte der Staat, wie wir ihn heute kennen, überhaupt noch weiterbestehen, könnte er noch genügend Anhänger mobilisieren und hinter sich scharen? Schließlich würden sich ja die Umverteilungs- und Bereicherungsfantasien, die heute viele Menschen als Wähler in die Arme politischer Parteien und Ideologien treiben, in Luft auflösen. Der Staat funktionierte nicht mehr als Umverteilungsmaschinerie, er hätte im Grunde kaum mehr oder gar kein Geld, um politische Versprechungen zu finanzieren. Kryptowährungen haben folglich das Potenzial, das Ende des Staates (wie wir ihn heute kennen) einzuläuten.

Der Übergang von den nationalen Fiat-Währungen zu einer Kryptowährung, die im freien Markt entsteht, hat vor allem auch Folgen für das bestehende Fiat-Geldsystem und die Produktions- und Beschäftigungsstruktur, die es hervorgebracht hat. Nehmen wir einmal an, eine Kryptowährung (*C*) steigt in der Gunst der Geldnachfrager. Sie wird verstärkt nachgefragt und wertet dadurch gegenüber der etablierten Fiat-Währung (*F*) auf. Bleiben die Güterpreise in *F* gerechnet unverändert, so verbucht der Besitzer von *C* eine Erhöhung seiner Kaufkraft: Für *C* erhält man mehr *F* und kann, soweit die in *F* ausgewiesenen Güterpreise unverändert bleiben, mehr Güter erwerben.

Da nun *C* gegenüber *F* aufgewertet hat, müssen über kurz oder lang auch die in *F* ausgedrückten Preise der Güter ansteigen – ansonsten könnte ja der Halter von *C* arbitrieren, indem er *C* in *F* tauscht und dann die in *F* ausgezeichneten Güterpreise bezahlt. Steigen aber die in *F* ausgewiesenen Güterpreise, sinkt die Kaufkraft von *F*. Und weil immer mehr Menschen *C* als Geld verwenden wollen, werden die Güterpreise bald nicht nur in *F*, sondern auch in *C* ausgezeichnet. Wenn die Geldverwender sich zusehends von *F* abkehren, weil sie *C* als das bessere Geld ansehen, setzt sich die Kaufkraftentwertung von *F* fort. Weil *F* eine ungedeckte Währung ist, kann sie im Extremfall ihre Kaufkraft verlieren, zum Totalverlust werden.

Der Verfall der Kaufkraft von *F* wird weitreichende Folgen für die Produktions- und Beschäftigungsstruktur der Volkswirtschaft haben. Sie führt zu einem Ansteigen der Marktzinsen für Kredite, die in *F* denominiert sind.[107] Investitionen, die bisher rentabel erschienen, entpuppen sich als Flop. Firmen streichen Arbeitsplätze. Schuldner, deren Kredite fällig werden, haben Probleme, Anschlusskredite zu erhalten, und werden zahlungsunfähig. Der »Boom«, für den die Fiat-Währungen gesorgt haben, bricht zusammen, schlägt in einen »Bust« um. Wenn die Zentralbanken diesen Bust mit einer Ausweitung der Geldmenge begleiten, verfällt der Wechselkurs der Fiat-Währungen gegenüber der Kryptowährung noch weiter. Die Kaufkraft der in Fiat-Währungen ausgewiesenen Giro-, Termin- und Spareinlagen sowie Schuldverschreibungen wäre perdu; Gläubiger könnten bei Kreditausfällen nur hoffen, von den Besicherungswerten, soweit vorhanden, (teil-)entschädigt zu werden.

Doch noch hat sich der Bitcoin nicht so weit entwickelt, als dass er ein perfekter Ersatz für die Fiat-Währungen sein könnte. Zum Beispiel ist die Leistungsfähigkeit des Bitcoin-Netzwerkes noch nicht groß genug. Derzeit kann es etwa 360.000 Zahlungen pro Tag abwickeln und ist damit ausgelastet. Allein in Deutschland werden aber an einem Arbeitstag rund 75 Millionen Überweisungen durchgeführt! Ein weiteres Problem der Bitcoin-Transaktionen besteht in der Finalität. In den modernen Fiat-Geldzahlungssystemen gibt es einen klar bestimmbaren Zeitpunkt, an dem eine Zahlung rechtlich und faktisch abgeschlossen ist, und von da ab kann das übertragene Geld sofort weiterverwendet werden. Die Konsensverfahren der DLT (wie beispielsweise das »Proof-of-Work«) ermöglichen jedoch nur eine *relative* Finalität, und das ist zweifelsohne nachteilig für den Geldverwender (weil auf der Blockchain hinzugefügte Blöcke nachträglich durch Auflösen von Forks ungültig werden können).

Die Transaktionskosten sind ebenfalls von großer Bedeutung für die Frage, ob sich der Bitcoin als universell verwendetes Zahlungsmittel durchsetzen kann. Hier zeigten sich in jüngerer Vergangenheit mitunter große Schwankungen: Mitte Juni 2019 kostete eine Transaktion etwa 4,10 US-Dollar, im Dezember 2017 waren es in der Spitze mehr als 37 US-Dollar, zwischenzeitlich jedoch über viele Monate auch nur 0,07 US-Dollar. Hinzu kommt, dass die Zeit zur Abwicklung einer Transaktion ebenfalls mitunter stark geschwankt hat, was angesichts des Aufkommens von »Instant Payment« für Fiat-Geldzahlungen aus Sicht der Bitcoinverwender nachteilig sein kann.

Ein ebenfalls wichtiger Aspekt ist die Frage nach dem »Mittelsmann«, dem »Intermediär«. Bitcoin ist darauf ausgerichtet, Transaktionen intermediationsfrei zwischen Teilnehmern zu ermöglichen. Doch wollen die Marktakteure wirklich ein intermediationsfreies Geld? Was, wenn es Probleme gibt? Wer beispielsweise einen Fehler begeht und 100 anstelle von 1 Bitcoin überweist, kann die Transaktion nicht mehr rückgängig machen. Und niemand kann ihm helfen! Dass viele ihre Bitcoins bei Handelsplätzen und nicht in ihrer privaten digitalen Brieftasche (»Wallet«) halten, deutet darauf hin, dass auch in einer Welt von Kryptowährungen eine Nachfrage nach Intermediären besteht, die Dienste wie Verwahrung und Sicherung der »Private Keys« anbieten.

Sobald aber Intermediäre ins Spiel kommen, ist die Transaktionskette nicht mehr auf die digitale Welt beschränkt, sondern erreicht die reale Welt. An der Schnittstelle zwischen digitaler und realer Welt bedarf es einer vertrauenswürdigen Instanz. Man denke nur einmal an Kreditgeschäfte. Sie lassen sich nicht unbesehen (»trustless«) und anonym durchführen. Es kann hier Zahlungsausfälle geben, und daher will der Kreditgeber wissen, wer der Kreditnehmer ist, welche Kreditqualität er hat, welche Besicherungen er stellt. Und wird die Brücke von der digitalen in die reale Welt geschlagen, gerät das Kryptogeld unweigerlich in das Fadenkreuz des Staates. Diese Brücke wird aber letztlich notwendig sein, denn in modernen, arbeitsteilig organisierten Volkswirtschaften muss das Geld intermediationsfähig sein.[108]

Man kann zwar davon ausgehen, dass die Technologie weitere Fortschritte machen, dass sie viele verbliebene Hindernisse aus dem Weg räumen wird. Allerdings ist auch damit zu rechnen, dass der Staat alles versuchen wird, einen freien Markt für Geld zu entmutigen beispielsweise zu verhindern, indem er mit steuerlichen Maßnahmen (wie zum Beispiel der Umsatz- und Kapitalertragssteuer) die Wettbewerbsfähigkeit von alternativen Geldmedien wie Edelmetallen und Kryptoeinheiten gegenüber dem Fiat-Geld herabsetzt. Solange das so ist, wird es selbst für ein in allen sonstigen Belangen besseres Geld schwierig sein, sich durchsetzen zu können.

Vermutlich wird daher die technische Überlegenheit allein nicht ausreichen, um einem freien Marktgeld – ob in Form von Gold, Silber oder Kryptoeinheiten – zum Durchbruch zu verhelfen. Es wird zusätzlich und vor allem notwendig sein, dass die Menschen ihr *Selbstbestimmungsrecht bei der Geldwahl* einfordern beziehungsweise dass sie die Notwendigkeit erkennen, von ihm Gebrauch zu machen. Ludwig von Mises hat in diesem Zusammenhang das

»Prinzip des guten Geldes« angeführt: »Das Prinzip des guten Geldes hat zwei Aspekte. Es ist positiv, als dass es der Wahl des allgemein akzeptierten Tauschmittels im Markt zustimmt. Es ist negativ, als dass es der Neigung des Staates entgegensteht, sich in das Geldsystem einzumischen.«[109] Und weiter: »Es ist unmöglich, die Idee des guten Geldes zu erfassen, wenn man nicht realisiert, dass es ersonnen wurde als ein Instrument für den Schutz der bürgerlichen Freiheiten gegen despotische Überfälle durch die Staaten. Ideologisch gehört es in die gleiche Klasse wie politische Verfassungen und ›Bills of Rights‹.«[110]

Diese Worte machen deutlich, dass sich in den Köpfen der Menschen ganz Wesentliches verändern muss, damit ein freier Markt für Geld überhaupt möglich wird. Man muss sich vom demokratischen Sozialismus, von allen sozialistisch-kollektivistischen Irrlehren abkehren, von ihrer staatsverherrlichenden Verblendung lösen, den sozialistischen Appellen an Neid und Missgunst kein Gehör mehr schenken. Das kann nur die bessere Einsicht leisten, die Akzeptanz der besseren Ideen, des handlungslogischen Denkens bewirken. Zugegeben, ein schwieriges, aber kein aussichtsloses Unterfangen. Zumal es einen handlungslogisch einsichtigen Gegenentwurf gibt zum demokratischen Sozialismus: die *Privatrechtsgesellschaft* mit einem freien Markt für Geld. Was darunter zu verstehen ist, wird im letzten Kapitel dieses Buches skizziert.

KAPITEL 22

Der Lichtblick: freier Markt für Geld und Privatrechtsgesellschaft

»To reverse the trend and reduce the role of government in our lives [...] is a giant educational task.«

– Hans F. Sennholz

Ein freier Markt für Geld bedeutet zweierlei. Zum einen haben die Geldnachfrager die freie Wahl, was sie als Geld verwenden wollen – für Transaktions- und Sparzwecke. Zum anderen hat jeder Marktakteur die Freiheit, sich darin zu versuchen, seinen Mitmenschen ein Gut anzubieten, das sie als Geld freiwillig nachfragen wollen. Doch würde das nicht geradewegs in ein »Geldchaos« führen? Würden nicht Hunderte, vielleicht sogar Tausende Geldarten umlaufen und auf diese Weise die Geldrechnung in der Volkswirtschaft unmöglich machen? Und würde das nicht die Leistungsfähigkeit der Volkswirtschaft untergraben? Die Besorgnis ist unbegründet.

Die entscheidende Rolle spielt der Geldnachfrager. In einem freien Markt für Geld wird jeder, der Geld nachfragt, aus Eigeninteresse heraus ein Gut nachfragen, das die größtmögliche Marktfähigkeit besitzt, und das ist ein Gut, das von seinen Tauschpartnern als das allgemein akzeptierte Tauschmittel, als Geld, anerkannt wird.

Ein Beispiel: Sie wollen für das Frühstück frische Brötchen kaufen. Was bieten Sie dem Bäcker dafür an? Am besten etwas, mit dem der Bäcker beim Schuster oder Schneider Güter erwerben kann. Man erkennt: In einem freien Markt für Geld werden die Menschen ein Gut als Geld nachfragen, das die breiteste Akzeptanz findet, das von der größten Zahl der Menschen als das allgemein akzeptierte Tauschmittel angesehen wird. *Die Wahl des Gutes, das als Geld dient, erfolgt mit Blick auf die Wünsche der Handelspartner.*

Doch was ist, wenn Frau *A* bunt bedruckte Papierzettel anbietet mit dem Hinweis, es handele sich hierbei um »gutes Geld«? Die Antwort lautet: Niemand würde ihre Papierzettel als Geld akzeptieren. Warum nicht? Ganz einfach: Man wüsste nicht, was diese bunten Zettel wert sind, was man für sie im Tausch bekommt. Deshalb würde sie auch niemand als Geld nachfragen. Genau das hat Ludwig von Mises mit seinem Regressionstheorem gezeigt: Geld muss aus einem Gut entstehen, das, bevor es als Geld Verwendung finden kann, bereits einen nicht-monetären Marktwert gehabt hat. Für bunt und beliebig bedruckte Papierzettel ist das nicht gegeben. Sie würden sich gegenüber anderen Gütern wie Gold und Silber nicht durchsetzen können.

Die Menschen werden in einem freien Markt für Geld ein Gut nachfragen, das die physischen Eigenschaften besitzt, die »gutes Geld« haben muss. Solch ein Gut muss zum Beispiel knapp sein, lagerfähig, transportabel, teilbar, prägbar und übertragbar, und es muss auch als wertvoll angesehen werden.[111] Berücksichtigt man die Erfahrungen aus der Währungsgeschichte, so erscheint es recht wahrscheinlich, dass auch heute noch Geld in Form von Edelmetallen gewählt würde – allen voran in Form von Gold und Silber. Aber auch Kryptoeinheiten könnten sich künftig möglicherweise als Geld durchsetzen. Welche Wahl die Menschen in einem freien Markt für Geld letztlich treffen werden, ist aus heutiger Sicht nicht mit Gewissheit vorhersehbar.

Wenn die Menschen sich für Edelmetalle als Geld entscheiden, wäre das alles andere als ein Rückschritt gegenüber dem ungedeckten Fiat-Geld. Niemand müsste klingende Münzen in seiner Tasche herumtragen. Die Verwendung von Gold und Silber lässt sich »digitalisieren«. Alle Arten von Zahlungen, die heute gang und gäbe sind, wären mit Gold und Silber einfach und problemlos durchführbar. Wird Bargeld gewünscht, laufen Edelmetallmünzen um, oder es werden Banknoten verwendet, die zu 100 Prozent in physisches Gold umgetauscht werden können bei der Lagerstätte, die die Banknoten herausgegeben hat. Ein bargeldloser Zahlungsverkehr ist ebenfalls bei der Verwendung von Goldgeld in der gewohnten Art und Weise möglich: Überweisung, Lastschrift, Verrechnungsscheck, Zahlungen per Kredit- und Debitkarte, Mobile Payment, Wechsel etc.

In einem freien Markt für Geld werden sich zwei Typen von Banken herausbilden, die rechtlich getrennt voneinander operieren müssen: Depositenbanken und Kreditbanken. *Depositenbanken* bieten Lager-, Sicherheits- und Zahlungsdienste an. Sie stellen Lagerkapazitäten beispielsweise für physisches Gold und Silber bereit, schützen das eingelagerte Edelmetall vor Diebstahl und wickeln auch bargeldlose Zahlungen in Edelmetallgeld ab (»Settlement-Dienste«). Dafür stellen sie ihren Kunden eine Gebühr in Rechnung. Depositenbanken konkurrieren miteinander um die besten Lager- und Zahldienste zu den günstigsten Konditionen.

Kreditbanken vergeben Darlehen an Kreditsuchende. Das Geld, das verliehen wird, beschaffen sich die Kreditbanken durch Ausgabe von Aktien oder Schuldpapieren am Kapitalmarkt. Beispielsweise bieten sie Sparern verzinsliche Wertpapiere an im Tausch gegen Goldgeld. Die Sparer übertragen ihre Kaufkraft für die Zeit des Kreditvertrages auf die Kreditbank, und die Kreditbank leiht das Geld an den Darlehensnehmer weiter. Die Kreditbanken erhöhen durch ihre Kreditgewährung zwar das Kreditvolumen in der Volkswirtschaft, sie schaffen aber dadurch kein neues Geld, und sie verzerren auch nicht die Marktzinsen (wie es im heutigen Fiat-Geldsystem der Fall ist).

In einem freien Markt für Geld, in dem ein nicht beliebig (durch Kreditvergabe) vermehrbares Gut als Geld gewählt wird, kann der

Kreditmarkt seine ihm zugedachte Funktion ungestört ausüben: Durch das Angebot von und die Nachfrage nach Ersparnissen bildet sich ein Marktzins heraus, der sicherstellt, dass genügend Ersparnisse vorhanden sind, um die Investitionen durchführen zu können. Die chronischen Störungen im Wirtschaftsablauf (Boom und Bust), für die die Ausgabe von Fiat-Geld sorgt, finden ihr Ende. Weil das Bankgeschäft nicht inflationär ist, hören auch die nicht-marktkonformen (unsozialen) Umverteilungswirkungen, für die das Fiat-Geld sorgt, auf.

Freier Markt für Geld – Antworten auf drängende Fragen

Wer von *freiem Marktgeld* und *freiem Bankgeschäft* hört, der wird sich vermutlich fragen: Kann das funktionieren? Nachfolgend einige wichtige Fragen und kurze Antworten darauf.

(1) *Was passiert, wenn eine Depositenbank pleitegeht?* Eine Depositenbank kann, wie jedes Unternehmen auch, in Konkurs gehen. Allerdings erleidet der Kunde, der sein Gold bei der Depositenbank eingelagert hat, keinen Schaden: Die Depositenbank ist »nur« die Verwahrstelle für sein Gold. Im Konkursfall haben die Gläubiger der Depositenbank keinen Zugriff auf das eingelagerte Gold. Es gehört nach wie vor den Bankkunden.

(2) *Gibt es Krisen in einem freien Marktgeldsystem?* Ja, es wird vermutlich auch in einer Volkswirtschaft, in der es einen freien Markt für Geld gibt, zu Krisen kommen. Aber nicht mehr zu monetär verursachten Krisen, wie sie das Fiat-Geldsystem notwendigerweise hervorbringt.

(3) *Gibt es in einem freien Marktgeldsystem Kredite?* Ja. Kreditbanken bieten Sparern verzinsliche Schuldverschreibungen an. Das auf diese Weise erhaltene Geld reichen sie als Darlehen

an Kreditsuchende weiter. Die Kreditschaffung der Kreditbanken lässt die Geldmenge aber unverändert.

(4) *Was passiert, wenn die Geldmenge so knapp ist, dass die Güterpreise im Zeitablauf sinken?* Das wäre kein Problem. Die Kaufkraft des Geldes, das die Konsumenten besitzen, steigt im Zeitablauf. Man kann daher die Geldhaltung reduzieren und zusätzlich Güter nachfragen. Unternehmen stehen bei fallenden Güterpreisen vor keiner grundsätzlich anderen Herausforderung als bei steigenden Güterpreisen: Ihr Gewinn entspricht der Spanne zwischen Umsatz und Kosten. Steigen die Preise, müssen die Unternehmen darauf achten, dass ihre Kosten nicht stärker steigen als die Umsätze; fallen die Preise, müssen sie zusehen, dass ihre Kosten stärken sinken als die Umsätze.

(5) *Werden überhaupt noch Güter nachgefragt, wenn die Güterpreise fallen?* Ja. Um das zu erklären, nehmen wir an, ein Auto kostet heute 50.000 Euro, in einem Jahr nur noch 40.000 Euro. Diejenigen, die ein Auto unbedingt jetzt und sofort brauchen (weil zum Beispiel ihr altes kaputt ist), werden es schon heute kaufen. Grundsätzlich gilt: Ob jetzt gekauft oder mit dem Kauf noch gewartet wird, das hängt von der *Zeitpräferenz* ab. Natürlich ist der (Grenz-)Nutzen kleiner, ein Auto für 50.000 Euro zu kaufen (U_1) als für 40.000 Euro (U_2). Um zu entscheiden, ob er heute oder erst in einem Jahr kaufen soll, wird jedoch der Handelnde den (Grenz-)Nutzen des Kaufs *heute* dem (Grenz-)Nutzen des Kaufs *in einem Jahr* gegenüberstellen, und zwar abdiskontiert mit seiner persönlichen Zeitpräferenzrate r (oder: Urzins). Wenn gilt $U_1 > U_2 / (1 + r)$, dann kauft er heute; und gilt $U_1 < U_2 / (1 + r)$, wartet er ab mit dem Kauf. Man sollte also nicht glauben, bei fallenden Güterpreisen käme die Volkswirtschaft zum Erliegen, weil niemand mehr kauft! Das wird nicht geschehen – schon allein

deswegen nicht, weil es nichtaufschiebbare Bedürfnisse gibt und auch weil die Zeitpräferenz(rate) stets und überall positiv ist, weil Zeitpräferenz und Urzins niemals auf null fallen (geschweige denn negativ werden) können.

(6) *Was bedeutet es für den Kreditmarkt, wenn die Preise fallen?* Es gibt auch bei fallenden Güterpreisen einen Kreditmarkt. Nur wäre er viel kleiner als im heutigen Fiat-Geldsystem: Die Fremdfinanzierung verteuert sich für den Kreditnehmer – im Vergleich zur Kreditfinanzierung im Fiat-Geldsystem. Gleichzeitig gewinnt die externe Finanzierung von Unternehmen über Ausgabe neuer Aktien (bei Aktiengesellschaften) oder Gesellschafteranteile (bei Personengesellschaften) an Bedeutung. Für die Altersvorsorge würde nicht mehr vorwiegend in Schuldpapieren gespart, sondern vor allem in Form von Geld (das ja im Zeitablauf an Kaufkraft gewinnt) und in Form von Unternehmensbeteiligungen.

(7) *Bildet sich in einem freien Banksystem nicht ein Monopol heraus?* In einem freien Markt für Geld und Banken steht es den Geldhaltern frei, die Depositenbank auszuwählen, die ihnen als die vergleichsweise beste erscheint. Neue Anbieter stehen stets Gewehr bei Fuß, um unzufriedene Kunden der Depositenbanken mit neueren und besseren Angeboten für sich zu gewinnen. Unter Wettbewerbsbedingungen bildet sich kein ungewolltes Monopol – genauer: kein Zwangsmonopol – heraus.

Es ist wahrscheinlich, dass sich in einem freien Markt für Geld, zusätzlich zu Depositen- und Kreditbanken, weitere Dienstleister etablieren wie zum Beispiel Devisenmarkt- und Aktienhändler, Derivat- und Kredithandelsspezialisten, Private-Equity-Firmen, M&A-Anbieter, Anbieter von Versicherungsdiensten etc. In einem freien

Markt für Geld sind auch alle Arten der heute gängigen modernen Finanz- und Risikoabsicherungstransaktionen möglich. Allerdings wäre der Kredit- und Finanzmarkt deutlich kleiner, als er es im heutigen Fiat-Geldsystem ist. Viel weniger Menschen würden im Banken- und Finanzsektor arbeiten, und Arbeitskraft und knappe Ressourcen würden in größerem Umfang, als es heute der Fall ist, in der Güterproduktion eingesetzt.

In einem freien Markt für Geld gibt es keine Zentralbank und auch keine staatlichen Aufsichts- oder Regulierungsbehörden. Alles, was zum Funktionieren eines freien Marktes für Geld erforderlich ist, ist eine funktionierende Rechtsordnung, die sicherstellt, dass die Vertragspartner ihre Pflichten erfüllen und dass Verstöße gegen Vertragsvereinbarungen wirksam sanktioniert werden: dass beispielsweise das eingelagerte Sachgeld nicht veruntreut wird, dass sichergestellt ist, dass Banknoten jederzeit zum Nennwert in das Grundgeld eingetauscht werden können. Um das zu gewährleisten, bedarf es keines staatlichen Rechtmonopols. Rechtsprechung und Rechtdurchsetzung lassen sich schließlich ebenfalls im freien Markt organisieren (dazu gleich mehr).[112]

Ein freies Marktgeldsystem – mit freier Geldwahl und Bankfreiheit – ist kein nationales, sondern ein internationales Konzept. Wenn der Handel international, über Länder- und Nationengrenzen hinweg, stattfindet, wählen die Marktakteure mit dem gleichen Kalkül das Gut zum Geld aus, wie es auf nationaler Ebene zur Anwendung kommt: Jeder Geldverwender hat einen ökonomischen Anreiz, dasjenige Gut als Geld nachzufragen, von dem er meint, dass es aus Sicht seiner Tauschpartner das attraktivste Tauschmittel ist. Die Idee eines freien Marktes für Geld ist damit im wahrsten Sinne des Wortes weltumspannend: Wie der Freihandel keine Länder- und Nationengrenzen kennt, so erstreckt sich auch ein freier Markt für Geld global.

Ein freier Markt für Geld ist – das haben die vorigen Kapitel gezeigt – unvereinbar mit dem Staat, wie wir ihn heute kennen, nämlich als einem territorialen Zwangsmonopolisten mit der Letztentscheidungsmacht über alle Konflikte in seinem Gebiet. Es steht außer Frage, dass ein freier Markt für Geld weitreichende Veränderungen im Denken der Menschen verlangt. Diese Einsicht formulierte Ludwig von Mises im Jahr 1923 so:

> *Man irrt daher sehr, wenn man meint, man könnte wieder zu geordneten Währungsverhältnissen gelangen, ohne dass sich in der Wirtschaftspolitik Wesentliches zu ändern brauchte. Was zunächst und in erster Linie nottut, ist die Abkehr von allen inflationistischen Irrlehren. Doch diese Abkehr kann nicht von Dauer sein, wenn sie nicht durch vollständige Loslösung des Denkens von allen imperialistischen, militaristischen, protektionistischen, etatistischen und sozialistischen Ideen fest begründet wird.*[113]

Der Staat (wie wir ihn heute kennen) ist ein handlungslogisches Unding, eine monströse Widersprüchlichkeit: *Er ist ein Eigentum zerstörender Eigentumsschützer und ein Recht brechender Rechtschützer.*[114] Doch was folgt aus dieser analytischen Einsicht? Ist der Staat (wie wir ihn heute kennen) ein unvermeidbares Übel, das man notgedrungen und zähneknirschend hinnehmen muss, weil es ohne ihn nicht geht, weil es ohne ihn weder Recht noch Sicherheit geben kann? Man ist versucht, diese Frage zu bejahen: Schließlich zeigt die Realität, dass es stets Personen gibt, die die Eigentumsrechte ihrer Mitmenschen missachten, die betrügen, stehlen, rauben und morden. Gegen solche Übeltäter müssen sich rechtschaffene Menschen schützen, und daher braucht es Recht und Sicherheit und deren Durchsetzung. Nur so ist ein friedvolles und produktives Miteinander der Menschen in der Gemeinschaft möglich. Der Schluss liegt also nahe, dass der Staat unverzichtbar ist.

Doch hüten wir uns vor Schnellschüssen. Wenn man Affen Fahrrad fahren sieht, so kann man daraus nicht schließen, dass *nur* Affen Fahrrad fahren können. Denkt man so, unterliegt man einem logischen Fehlschluss, einem *Non-Sequitur*. Werden die Güter Recht und Sicherheit nachgefragt, weil sie als notwendig und unverzichtbar angesehen werden, heißt das noch nicht, dass *nur* der Staat (wie wir ihn heute kennen) diese Güter bereitstellen kann. Vielmehr können Recht und Sicherheit auch – und übrigens besser und wirtschaftlicher – im freien Markt organisiert und produziert werden: Wie jedes andere Gut auch können Recht und Sicherheit durch das freie Angebot und die freie Nachfrage in der gewünschten Menge und Qualität bereitgestellt werden. *Für die Bereitstellung der Güter Recht und Sicherheit ist kein Zwangsmonopol erforderlich.*

Der Gegenentwurf zum Staat (wie wir ihn heute kennen) ist die *Privatrechtsgesellschaft*. Sie zeichnet sich dadurch aus, dass für alle Menschen immer und überall die gleichen Regeln gelten: dass ein jeder Selbsteigentum hat und dass jeder Eigentum an den rechtmäßig, das heißt auf nicht-aggressivem Wege erworbenen externen Gütern besitzt. Und da für alle das gleiche Recht gilt, gibt es neben dem Privatrecht auch kein öffentliches Recht. Die Idee der Privatrechtsgesellschaft ist keinesfalls gleichzusetzen mit Anarchie. Weit gefehlt! Die Privatrechtsgesellschaft zeichnet sich vielmehr durch eine ganz klare Unterscheidung zwischen »Mein« und »Dein« aus, und Verletzungen des Eigentums sind strafbar und werden sanktioniert.

Es würde hier zu weit führen, eingehend darzulegen, wie eine Privatrechtsordnung in der Praxis aussehen und funktionieren würde; dazu sei auf die Literatur verwiesen.[115] An dieser Stelle sollen dennoch ein paar skizzenhafte Anmerkungen zu Recht und Sicherheit genügen. Derartige Gedankenbilder sind hilfreich, um auch die Idee des freien Marktes für Geld besser verstehen zu können.

In einer Privatrechtsordnung wird das Gut *Sicherheit* im freien Markt angeboten. Auf der Anbieterseite stehen Versicherungsunternehmen, die im Wettbewerb mit anderen Unternehmen Sicherheitsleistungen (Diebstahl-, Personenschutzversicherungen und anderes mehr) anbieten. In Versicherungsverträgen wird die Sicherheitsleistung genau spezifiziert, die wechselseitigen Rechte und Pflichten werden vertraglich niedergelegt (wie zum Beispiel Ausschluss von Fahrlässigkeit auf Seiten des Versicherten oder auch die

Entschädigung im Schadensfall). In den Versicherungsverträgen werden unabhängige Schlichtungsstellen – die ebenfalls untereinander im Wettbewerb um freiwillig zahlende Kunden stehen – bestimmt, die im Streitfall zwischen Versicherungsnehmer und Versicherungsgeber anzurufen sind.

Unter Wettbewerbsbedingungen ist damit zu rechnen, dass die Preise für Versicherungsschutz und Streitfallschlichtung fallen (während sie im heute staatlich monopolisierten Sicherheits- und Rechtsapparat chronisch steigen). Und nicht nur die Versicherungsleistungen werden im freien Markt für Sicherheit stärker auf die Nachfragewünsche des Kunden ausgerichtet (in Bezug auf Umfang und preisliche Gestaltung), auch Friedfertigkeit und Konfliktvermeidung werden auf diese Weise befördert: Wer sich nachweislich gut und freundlich verhält gegenüber seinen Mitmenschen, stellt ein geringe(re)s Risiko dar und wird mit vergleichsweise niedrigen Versicherungsprämien belohnt.

Da eine Versicherung vertraglich verpflichtet ist, beim Eintritt des Schadensfalles (beispielsweise bei einem Einbruch) den Versicherungsnehmer zu entschädigen, wird sie viel Aufwand betreiben, um das Eintreten eines Schadensfalles zu verhindern. Und ist der Schaden dennoch entstanden, wird die Versicherung alles daransetzen, den Täter aufzuspüren und haftbar zu machen, da ansonsten sie die Entschädigung bezahlen muss, was wiederum ihren Gewinn schmälert. Der freie Markt für Sicherheit schreckt Straftaten ab, weil sich mögliche Täter äußerst effizienten privaten Versicherungsanbietern und Polizeiagenturen gegenübersehen. Derartige Versicherungs- und Rechtsverträge lassen sich nicht nur national, sondern selbstverständlich auch international etablieren, für private Haushalte wie auch Unternehmen.

In einer Privatrechtsgesellschaft ist ein freier Markt für Geld eine im wahrsten Sinne des Wortes natürliche Erscheinung: Ein freier Markt für Geld ist handlungslogische Folge des Selbstbestimmungsrechts der Menschen bei der Geldwahl. Durch die freiwillige Übereinkunft der in die weltweite Arbeitsteilung eingebundenen Menschen würde sich (vermutlich sehr rasch) ein einheitliches Weltgeld herausbilden. Ein frei gewähltes Weltgeld unterscheidet sich kategorisch von einem einheitlichen Fiat-Weltgeld, dem die Leidenschaft der demokratischen Sozialisten gilt. Ein im freien Markt für Geld gewähltes Weltgeld wäre im wahrsten Sinne des Wortes ökonomisch und ethisch gutes Geld, das der Menschheit bestmöglich dient, das ein friedvolles und kooperatives Zusammenleben der Menschen auf dieser Welt bestmöglich fördert.

EPILOG

Eine bessere Welt ist möglich

»Der Fortschritt unserer Wissenschaft findet gegenwärtig sein Hemmnis in der Herrschaft irrthümlicher methodischer Grundsätze.«

– Carl Menger

Die Entwicklung der Menschheit ist nicht vorprogrammiert. Sie folgt keiner vorbestimmten Gesetzesmäßigkeit, wie es noch Karl Marx und Friedrich Engels ihren Lesern weismachen wollten. Es sind vielmehr die Ideen (oder: Theorien), die das Handeln der Menschen leiten; das ist eine handlungslogische, eine mit logischen Mitteln nicht widerlegbare Aussage. Und weil sie wahr ist, erklärt sich auch, warum alle, die nach Macht über ihre Mitmenschen streben – ob Feudalherren, Könige, Kaiser, Zaren, Diktatoren, demokratische Regierungsvertreter oder Oligarchen –, die Hoheit über die Ideen erlangen wollen: Wer bestimmt, welche Ideen als wahr und richtig angesehen werden und welche nicht, der besitzt wahre Macht über seine Mitmenschen.

Heutzutage ist es vor allem der Staat (wie wir ihn kennen), der in besonderem Maße nach der Meinungshoheit greift und der seine Machtposition auf diese Weise immer weiter auszubauen versucht. Mittlerweile nehmen die meisten Menschen daran keinen Anstoß (mehr). Für sie ist der Staat etwas Gutes: Er ist Arbeitgeber, Ausbilder, Anwalt, Richter, Schutzpatron, Umweltschützer, verlässlicher Schuldner, pünktlicher Rentenauszahler, Garant für stabiles

Geld und ausreichend Kredit, Kämpfer gegen Ungerechtigkeit und Hüter über gerechte Entlohnung, Gesundheits- und Altersvorsorgepatron und vieles andere mehr. Ja, für viele Menschen lässt sich der Staat aus dem, was man gemeinhin als »gutes Leben« ansieht, nicht mehr wegdenken.

Der demokratische Sozialismus als vorherrschende Ideologie des modernen Staates hat ganze Arbeit geleistet. Er hat nicht nur das Meinungs- und Wertespektrum der Menschen umgeformt, sondern er hat das Vorstellungsvermögen vieler Menschen getrübt: Wer meint denn heute noch, dass es den meisten Menschen und ihren Familien, ihren Freunden, ihrer Gemeinde und ihren Mitbürgern viel besser gehen würde, wenn es den Staat (wie wir ihn heute kennen) *nicht* gäbe? Dass es ohne diesen Staat weniger Wirtschaftskrisen und Kriege auf der Welt gäbe? Vermutlich die wenigsten. Vielen Menschen ist auch nicht einsichtig, wohin die unreflektierte Akzeptanz des Staates (wie wir ihn heute kennen) tatsächlich führt: in die Unfreiheit, in die Knechtschaft.

Dass diese handlungslogische Konsequenz des Staates bis auf den heutigen Tag weitgehend vertuscht werden kann, ist vor allem auf eine Ursache zurückzuführen: Die Sozial- und Wirtschaftswissenschaften stehen auf Kriegsfuß mit der *a priori*-Theorie. Sie folgen nämlich der naturwissenschaftlichen Methode, um Erkenntnisse zu gewinnen. Sie formulieren Hypothesen (»Wenn-dann-Aussagen«) und testen daraufhin deren Wahrheitsgehalt anhand von Beobachtungsdaten. Das aber ist ein Verfahren, das aus einer Reihe von Gründen im Bereich der Sozial- und Wirtschaftswissenschaften nicht sinnvoll angewendet werden kann und das zudem die Sozial- und Wirtschaftswissenschaften politisiert und korrumpiert.

Die naturwissenschaftliche Methode, die in den letzten Jahrzehnten immer stärker und ungehemmter in der Volkswirtschaftslehre angewandt worden ist, hat Skeptizismus und Relativismus kultiviert – nach dem Motto »Es gibt keine Wahrheit, alles ist anzuzweifeln« und »Jede Erkenntnis ist nur relativ, niemals allgemeingültig wahr«. Das hat dazu beigetragen, dass in den heutigen

Sozial- und Wirtschaftswissenschaften *a priori*-Erkenntnisse zurückgewiesen werden: Man ignoriert oder verwirft die Einsicht, dass es im Bereich des menschlichen Handelns unumstößliche Gesetzmäßigkeiten gibt, die sich mit logischem Denken ergründen und begründen lassen.

Dadurch sind Wirtschaft und Gesellschaft aus Sicht der Sozial- und Wirtschaftswissenschaftler zu so etwas wie einem Versuchslabor oder Experimentierfeld degradiert worden: Man kann noch so absonderliche Theorien aushecken und trotzdem mit dem Verweis auf allseits akzeptierte Wissenschaftlichkeit beanspruchen, dass der Wahrheitsgehalt dieser Theorien letztlich nur durch Ausprobieren, durch einen Praxistest, festgestellt werden kann. Und wenn eine Theorie politisch verheißungsvoll klingt, wird man sie in die Tat umsetzen wollen – und kein Soziologe und Ökonom wird ernste Einwände dagegen erheben können, wenn er nicht als unwissenschaftlich, fortschrittsfeindlich und engstirnig abgestempelt werden will.

Dass politische Kräfte die Möglichkeit nutzen, die Sozial- und Wirtschaftswissenschaft für eigene Zwecke einzuspannen, kann nicht überraschen. Vor allem Parteien und Regierungen fördern und bezahlen mit Steuergeldern vorzugsweise diejenigen Wissenschaftler, die politisch genehme Theorien formulieren und verbreiten und die mit dem Verweis auf gut begründete Wissenschaftlichkeit einen Praxistest für ihre Theorie einfordern. Der Staat als Arbeits- und Einkommensquelle für die Wissenschaft – dass er von privilegierten Wissenschaftlern gelobhudelt, verklärt und glorifiziert wird, ist da wenig überraschend. Doch das damit angesprochene Problem ist eigentlich noch viel größer, wie es Murray N. Rothbard verdeutlichte:

> *Seit den frühen Ursprüngen des Staates haben seine Herrscher sich stets, als eine notwendige Stütze ihrer Herrschaft, einer Allianz mit der Klasse der Intellektuellen in der Gesellschaft zugewandt. Die Masse schafft sich nicht ihre eigenen abstrakten Ideen oder durchdenkt diese Ideen unabhängig; sie folgt passiv den*

Ideen, die angenommen und verbreitet werden von der Gruppe der Intellektuellen, die zu effektiven Meinungsmachern in der Gesellschaft werden. Und da es genau das Machen von Meinungen zugunsten der Herrschenden ist, das der Staat beinahe schon verzweifelt braucht, formt das eine feste Basis für die jahrhundertealte Allianz zwischen den Intellektuellen und den herrschenden Klassen des Staates. Die Allianz beruht auf einem quid pro quo: Auf der einen Seite verbreiten die Intellektuellen unter den Massen die Idee, der Staat und seine Herrscher seien weise, gut, manchmal göttlich und zumindest unausweichlich und besser als jede denkbare Alternative. Im Gegenzug für diese Beschönigung der Ideologie bindet der Staat die Intellektuellen ein als Teil der herrschenden Elite, gewährt ihnen Macht, Status, Prestige und materielle Sicherheit.[116]

Weltgeld und Weltstaat, die in den vorigen Kapiteln thematisiert wurden, sind nur möglich durch Ideen, die von der Öffentlichkeit als richtig und gut angesehen werden. Damit die Hoffnung auf eine bessere Welt gerechtfertigt ist, damit der Weg nicht über ein Weltgeld in den Weltstaat führt, ist daher Aufklärung nötig – ganz so wie sie Immanuel Kant einst formuliert hat:

Aufklärung ist der Ausgang des Menschen aus seiner selbstverschuldeten Unmündigkeit. Unmündigkeit ist das Unvermögen, sich seines Verstandes ohne Leitung eines anderen zu bedienen. Selbstverschuldet ist diese Unmündigkeit, wenn die Ursache derselben nicht am Mangel des Verstandes, sondern der Entschließung und des Mutes liegt, sich seiner ohne Leitung eines anderen zu bedienen. Sapere aude! Habe Mut, dich deines eigenen Verstandes zu bedienen! ist also der Wahlspruch der Aufklärung.[117]

Auf die Volkswirtschaftslehre übertragen, lässt sich Kants Aufklärungsgedanke wie folgt in die Tat umsetzen: *Mit unvoreingenommener logischer Denkarbeit zur Einsicht kommen, dass die Volks-*

wirtschaftslehre keine Erfahrungswissenschaft, sondern eine apriorische Handlungswissenschaft ist.[118] Die Volkswirtschaftslehre gewinnt ihre Theorien nicht durch »Testen«, sondern durch strenges handlungslogisches Denken. Und das strenge handlungslogische Denken ist auch die Prüfinstanz, um die Richtigkeit oder Falschheit von Theorie abschließend beurteilen zu können; die Erfahrung kann das nicht leisten.

Wird die Volkswirtschaftslehre in diesem Sinne verstanden und betrieben, wird dem Treiben des demokratischen Sozialismus, der seit Jahrzehnten auf die Errichtung eines Weltstaates mit eigenem Weltgeld hinarbeitet und auf diesem Weg bereits recht weit vorangeschritten ist, der Boden entzogen. Der Verweis auf böse Erfahrungen, auf Fehlentwicklungen und Krisen wird den demokratischen Sozialismus nicht entmachten und überwinden können. Das können nur die Einsicht in die besseren Ideen, kann nur der Kampf der Vernunftargumente leisten. Dass sich die besseren Ideen durchsetzen, dazu soll dieses Buch einen Beitrag leisten.

ANHANG

Über die Verbindung zwischen den apriorischen Handlungskategorien und der Realität

In diesem kurzen Anhang soll einer wichtigen Frage nachgegangen werden: Wie ist es möglich, dass die apriorischen Kategorien des menschlichen Handelns, die dem menschlichen Erkenntnisvermögen (Geist oder Verstand) entstammen, mit der wirklichen Lebenswelt übereinstimmen? Anders gefragt: Wie können die Kategorien des menschlichen Handelns Erkenntnisse über die reale Lebenswelt bereitstellen? Schließlich sind sie ja nur Erkenntnisse über den menschlichen Geist selbst.[119] Warum gehorchen die Dinge in der erfahrenen Realität zum Beispiel dem Ursache-Wirkungs-Zusammenhang (der Kausalität), wenn dieser doch eine Kategorie ist, die der menschliche Geist entwirft? Muss man nicht zu dem Schluss gelangen, dass der menschliche Geist die Realität erschafft, und wäre genau das nicht eine recht fragwürdige idealistische Annahme?

Eine mögliche Antwort auf diese wichtige(n) Frage(n) lässt sich wie folgt entwickeln: Die apriorischen Handlungskategorien entstammen dem menschlichen Erkenntnisvermögen. Das menschliche Handeln ist unzweifelhaft an Körperlichkeit gebunden, an die menschlich-physische Existenz in der realen Welt. Menschliches Handeln ist sozusagen immer und überall körperlich oder leiblich; man kann auch vom a priori der Leiblichkeit sprechen.[120] Wer zum Beispiel etwas sagt, muss seine Stimmbänder zum Schwingen bringen; wer von hier nach da schreitet, muss seine Beine zum Laufen einsetzen; wer denkt, muss sein Gehirn arbeiten lassen.

Die apriorischen Handlungskategorien des Handelnden, sein Geist und sein Verstand, haben über die Körperlichkeit beziehungsweise Leiblichkeit eine denknotwendige Verbindung mit der physischen Welt: Die handlungslogischen Kategorien, die beanspruchen, Erkenntnisse über die wirkliche Welt bereitzustellen (wie der Satz »Der Mensch handelt«), folgen aus der Interaktion der physischen Körperlichkeit des Handelnden mit der realen Welt. Die Kategorien des Handelns sind damit nicht nur mentale, geistige Zustände, sondern sie sind zugleich auch immer verbunden mit den Eigenschaften der realen Welt, in der gehandelt wird, sie lassen sich auf sie zurückführen.

Zu klären ist nun, wie die Interaktion des Handelnden mit der physischen Welt ein für die reale Welt brauchbares Erkenntnisvermögen hervorbringt. Ludwig von Mises bietet eine evolutionstheoretische Erklärung an: Die Verstandeskategorien haben sich im Zuge der Evolution herausgebildet.[121] Diejenigen waren erfolgreich, deren Verstand in der Lage war, die reale Welt richtig zu erfassen, zu deuten und zielgerecht zu reagieren. Ihre Eigenschaften haben sich in der Evolution durchgesetzt. Diejenigen, die dazu nicht in der Lage waren, gingen unter. Man kann daher von einem rückkoppelnden Prozess sprechen, der zwischen dem Verstand der Handelnden und der realen Welt abgelaufen ist: Die apriorischen Handlungskategorien, über die der handelnde Mensch verfügt, bestimmen die Anschauung, die Wahrnehmung der realen Welt. Und die reale Welt bestimmt, und zwar über die Handlungserfolge und -misserfolge, die Bedingungen, unter denen der Handelnde die reale Welt wahrnimmt und anschaut.

Die Lehre des menschlichen Handelns, die auf der unbestreitbar wahren Aussage ansetzt, dass der Mensch handelt, eröffnet die Möglichkeit, der grundlegenden und hartnäckigen Kritik am Idealismus (als Gegenpol zum Realismus) und vor allem an Immanuel Kants »transzendentalem Idealismus« wirksam zu begegnen. Diese Kritik lautet in etwa wie folgt: Die Leugnung einer subjektunabhängigen Welt sei unhaltbar, und Kants transzendentaler Idealismus sei widersprüchlich. Der Idealismus besagt, dass die Realität, so wie der Handelnde sie wahrnimmt, nichts anderes sei als ein Inhalt menschlicher Akte, dass die Realität ausschließlich ein menschlich-kognitives Produkt sei. Der Realismus hingegen meint, die reale Welt, ihre konkrete Existenz, sei unabhängig von den mentalen Zuständen der Handelnden.

Immanuel Kant ist jedoch kein Idealist im voranstehend genannten Sinne. Dazu soll abschließend ein Begründungsversuch gegeben werden. Kant argumentiert, dass es das »Ding an sich« gibt (er spricht von »Noumenon«: die gedachte Sache, die Vorstellungen nicht erfahrbarer Gegenstände), im Gegensatz zur Erscheinung (die er als »Phänomenon« bezeichnet). Wir erfahren, so Kant, die Dinge, wie sie unser Erkenntnisvermögen uns erscheinen lässt, und aus ihnen formt der Verstand Erkenntnisse. Den Dingen der realen Welt, die wir erfahren, auferlegen wir Eigenschaften, die auf die Ausübung unseres Erkenntnisvermögens zurückgehen.

Eine zentrale Einsicht in Kants »Kritik der reinen Vernunft« lautet: Unsere Erkenntnis richtet sich nicht nach den Gegenständen der realen Welt, sondern die Gegenstände der Erfahrung richten sich nach unserem Erkenntnisvermögen. Beispielsweise sind Zeit und Raum nicht Eigenschaften, die den »Dingen an sich« zukommen, sondern sie sind »reine Anschauungsformen«, sie gehen auf die Ausübung unseres Erkenntnisvermögens zurück: Das menschliche Erkenntnisvermögen nimmt die Dinge in Raum und Zeit wahr.

Nun scheint es zwar idealistisch zu sein, wenn man sagt, dass die Dinge nicht wirklich so sind, wie sie von uns erfahren werden, sondern dass wir die Dinge nur so erfahren, wie es unser Erkenntnisvermögen zulässt – und so argumentiert Kant. Doch er verbindet diese Auffassung mit einer wichtigen Einsicht. Sie lautet: Dass wir die Dinge nicht so erfahren, wie sie wirklich sind, sondern nur wie sie uns erscheinen, eröffnet die Möglichkeit, dass es wahre synthetische Urteile a priori über die Gegenstände der Erfahrung gibt.

Die Frage in Kants Transzendentalphilosophie lautet: Wie sind synthetische Urteile a priori möglich? Die Antwort lautet wie folgt: Wenn ein Gegenstand ohne die Bedingung *F*, die auf die Ausübung unseres menschlichen Erkenntnisvermögens zurückgeht, niemals Inhalt einer objektivierbaren Erfahrungserkenntnis sein kann, dann ist die Aussage »Alle Gegenstände der Erfahrung erfüllen notwendigerweise die Bedingung F« ein synthetisches Urteil a priori. Der Grundsatz der Transzendentalphilosophie lautet: »Bedingungen der Möglichkeit objektiver Erfahrung, die auf unser Erkenntnisvermögen und seine Ausübung zurückgehen, sind Bedingungen der erfahrenen Gegenstände selbst und werden von diesen Gegenständen in synthetischen Urteilen a priori behauptet.«[122]

Wenn man bis hierhin zustimmt, dann kann der Satz »Der Mensch handelt« als ein synthetisches Urteil a priori im kantschen Sinne verstanden werden: Es lässt sich keine objektivierte Erfahrung machen, die dem Satz »Der Mensch handelt« und den darin enthaltenen Kategorien widersprechen könnte. Alle Erfahrung über menschliches Handeln ist an die (praxeo-)logischen Handlungskategorien gebunden, sie wird nur durch ihre Anwendung möglich. Und wie vorstehend gezeigt, bedarf es keiner idealistischen Annahme, um zu zeigen, dass der Satz »Der Mensch handelt« und die in ihm enthaltenen Kategorien (als reine Verstandsbegriffe) wahres Wissen über die physische Welt bereitstellen.

Lassen wir abschließend dazu Ludwig von Mises zu Wort kommen: »Das ›wirkliche Ding‹, mit dem die Praxeologie es zu tun hat, ist das menschliche Handeln, das eines Stammes ist mit der menschlichen Vernunft. Dass die Vernunft durch blosses Denken das Wesen des Handelns zu ergründen vermag, ist im Ursprung des Handelns aus der Vernunft gelegen. Die durch widerspruch- und fehlerfreies Denken gewonnenen Sätze der Praxeologie sind nicht nur vollkommen sicher und unbestreitbar wie die Sätze der

Mathematik; sie beziehen sich mit aller ihrer Sicherheit und Unbestreitbarkeit auf das Handeln, wie es im Leben und in der Wirklichkeit geübt wird. Die Praxeologie vermittelt daher exaktes Wissen von wirklichen Dingen.«[123]

Literatur

Andreski, S. (1974): Die Hexenmeister der Sozialwissenschaften. Mißbrauch, Mode und Manipulation einer Wissenschaft, List Verlag, München.

Apel, K.-O. (1973): Das Apriori der Kommunikationsgemeinschaft und die Grundlagen der Ethik, in: Transformation der Philosophie. Zwei Bände, Suhrkamp, Frankfurt a. M.

Bastiat, C.-F. (2001): Der Staat – die große Fiktion. Ein Claude-Frédéric-Bastiat-Brevier, M. und C. Diem (Hrsg.), Ott Verlag, Thun.

Block, W. (2009): The Privatization of Roads and Highways. Human and Economic Factors, Ludwig von Mises Institute, Auburn, Alabama.

Bonn, M. J. (1953): So macht man Geschichte, List Verlag, München.

Borio, C., Toniolo, G. (2006): One Hundred and Thirty Years of Central Bank Cooperation: A BIS Perspective, BIS Working Papers, No. 197.

Boyle, A. (1967): Montagu Norman. A Biography, Weybright and Talley, New York.

Broadbent, B. (2016): Central Banks and Digital Currencies, Rede, 2. März (www.bis.org/review/r160303e.pdf).

Cohen, M. R., Nagel, E. (2002 [1934]): An Introduction to Logic and Scientific Method, Simon Publications.

Cooper, R. N. (1984): A Monetary System for the Future, in: Foreign Affairs.

Dürr, D. (2006): Entstaatlichung der Rechtsordnung. Ein Modell ohne staatliches Rechtsetzungs- und Gewaltmonopol, in: Individuum und Verband, Festgabe zum Schweizerischen Juristentag 2006, Schulthess, S. 397–414.

Eichengreen, B. (2010): Managing a Multiple Reserve Currency World, University of California, Berkeley (https://eml.berkeley.edu/~eichengr/managing_multiple_res_curr_world.pdf).

Einzig, P. (1932): Montagu Norman. A Study in Financial Statemanship, London.

Federal Reserve Bank of Boston (1984): The International Monetary System: Forty Years After Bretton Woods, Proceedings of a Conference Held at Bretton Woods, New Hampshire.

Ferguson, N. (2017): The Square and the Tower. Networks, Hierarchies and the Struggle for Global Power, Penguin Books, UK et al.

Friedman, M. (1994): Money Mischief. Episodes in Monetary History, Hartcourt Brace & Company, San Diego, New York, London.

Habermas, J. (1983): Moralbewußtsein und kommunikatives Handeln, Suhrkamp, Frankfurt a. M.

Halevy, E. I. (1929): A History of the English People, Epilogue Vol. I, 1895–1905, Ernest Benn Limited.

Harwick, C. (2016): Cryptocurrency and the Problem of Intermediation, in: The Independent Review, Vol. 20, Nr. 4, S. 569–588.

Hayek, F. A. v. (2001): The Road to Serfdom, Routledge Classics, London und New York.

Hayek, F. A. v. (1960): Die Verfassung der Freiheit, J. C. B. Mohr (Paul Siebeck), Tübingen.

Herder, J.G. (1794): *Ideen zur Philosophie der Geschichte der Menschheit, Zweiter Theil,* Christian Gottlieb Schmieder, Carlsruhe.

Hoppe, H.-H. (2012): Der Wettbewerb der Gauner. Über das Unwesen der Demokratie und den Ausweg in die Privatrechtsgesellschaft, Holzinger Verlag, Berlin.

Hoppe, H.-H. (2007): Economic Science and the Austrian Method, Ludwig von Mises Institute, Auburn, Alabama.

Hoppe, H.-H. (2006): On the Ultimate Justification of the Ethics of Private Property, in: The Economics and Ethics of Private Property. Studies in Political Economy and Philosophy, 2nd edition, Ludwig von Mises Institute, Auburn, Alabama, S. 339–345.

Hoppe, H.-H. (2006): The Justice of Economic Efficiency, in: The Economics and Ethics of Private Property. Studies in Political Economy and Philosophy, 2nd edition, Ludwig von Mises Institute, Auburn, Alabama, S. 331–338.

Hoppe, H.-H. (2006): Democracy. The God That Failed. The Economics and Politics of Monarchy, Democracy, and Natural Order, Transaction Publisher, New Brunswick (USA) und London (UK).

Hoppe, H.-H. (1983): Kritik der kausalwissenschaftlichen Sozialforschung. Untersuchungen zur Grundlegung von Soziologie und Ökonomie, Studien zur Sozialwissenschaft, Westdeutscher Verlag, Opladen.

Höffe, O. (2007): Immanuel Kant, C. H. Beck, München.

Höffe, O. (1999): Demokratie im Zeitalter der Globalisierung, C. H. Beck, München.

Hülsmann, J. G. (2007): Die Ethik der Geldproduktion, Edition Sonderwege, Manuscriptum, Waltrop und Leipzig.

Hülsmann, J. G. (1997): Political Unification. A Generalized Progression Theorem, in: Journal of Libertarian Studies, 13 (1), S. 81–96.

International Monetary Fund (1969): The International Monetary Fund 1945 – 1965. Twenty Years of International Monetary Cooperation, Volume III: Documents, Horsefield, J. K. (Hrsg.), Washington, D. C.

Janich, P. (2015): Handwerk und Mundwerk. Über das Herstellen von Wissen, C. H. Beck, München.

Jaspers, K. (1988): Vom Ursprung und Ziel der Geschichte, Piper, München und Zürich.

Jevons, W. S. (1888): Elementary Lessons in Logic. Deductive and Inductive, MacMillan and Co, London und New York.

Kant, I. (1968): Kritik der reinen Vernunft, I. Heidemann (Hrsg.), Philipp Reclam jun., Stuttgart.

Kant, I. (1961): Kritik der praktischen Vernunft, Philipp Reclam jun., Stuttgart.

Kant, I. (1783): Beantwortung der Frage: Was ist Aufklärung?, Berlinische Monatsschrift, S. 481–494.

Knapp, G. F. (1921): Staatliche Theorie des Geldes, 3. Aufl., Verlag von Duncker & Humblot, München und Leipzig.

Kohr, L. (2001): The Breakdown of Nations, Green Books, Devon, UK.

Kuehnelt-Leddihn, E. v. (1990): Leftism Revisited. From de Sade and Marx to Hitler and Pol Pot, Regnery Gateway, Washington, D. C.

Laughlin, J. L. (1903): The Principles of Money, Charles Scribner's Sons, New York.

LeBor, A. (2014): Tower of Basel. The Shadowy History of the Secret Bank That Runs the World.

Lühmann, H. (2017): »Europa, eine dämliche Idee«, in: *Die Welt*, 14. Dezember (www.welt.de/kultur/literarischewelt/plus185548620/Michel-Houellebecq-Europa-eine-daemliche-Idee.html).

Machlup, F. (1934): Führer durch die Krisenpolitik, Beiträge zur Konjunkturforschung, Verlag Julius Springer, Wien.

Marx, K., Engels, F. (1946): Manifest der Kommunistischen Partei. Mit Vorreden von Karl Marx und Friedrich Engels, Phönix Verlag, Hamburg.

Menger, C. (1883): Untersuchungen über die Methode der Sozialwissenschaften, und der Politischen Oekonomie insbesondere, Verlag von Duncker & Humblot, Leipzig.

Menger, C. (1871): Grundsätze der Volkswirthschaftslehre. Erster, Allgemeiner Theil, Wilhelm Braumüller, Wien.

Michels, R. (1911): Zur Soziologie des Parteiwesens in der modernen Demokratie. Untersuchungen über die oligarchischen Tendenzen des Gruppenlebens, Verlag von Dr. Werner Klinkhardt, Leipzig.

Mises, L. v. (1998): Human Action. A Treatise on Economics, The Scholar's Edition, Ludwig von Mises Institute, Auburn, Alabama.

Mises, L. v. (1932): Die Gemeinwirtschaft. Untersuchungen über den Sozialismus, Lucius & Lucius, Stuttgart.

Mises, L. v. (1957): Theory and History. An Interpretation of Social and Economic Evolution, Ludwig von Mises Institute, Auburn, Alabama.

Mises, L. v. (1953): Theory of Money and Credit, Yale University Press, New Haven.

Mises, L. v. (1940): Nationalökonomie. Theorie des Handelns und Wirtschaftens, Edition Union, Genf.

Mises, L. v. (1923): Die geldtheoretische Seite des Stabilisierungsproblems, Verlag von Duncker & Humblot, München und Leipzig, S. 1–37.

Mises, L. v. (1919): Nation, Staat und Wirtschaft. Beiträge zur Politik und Geschichte der Zeit, Manz'sche Verlags- und Universitäts-Buchhandlung, Wien und Leipzig.

Münkler, H. (2005): Imperien. Die Logik der Weltherrschaft – vom alten Rom bis zu den Vereinigten Staaten, Rowohlt, Berlin.

Olson, M. (1965): The Logic of Collective Action. Public Goods and the Theory of Groups, Harvard University Press, Cambridge, Massachusetts, London, England.

Oppenheimer, F. (1907): Der Staat, 3. Aufl., Literarische Anstalt, Rütten & Loening, Frankfurt a. M.

Orwell, G. (1984): 1984, Ullstein GmbH, Frankfurt a. M., Berlin, Wien.

Polleit, T. (2019): A Brief Note on Bank Circulation Credit and Time Preference *(demnächst erscheinend)*.

Polleit, T. (2019): Kritik der ökonomischen Erkenntnis, Ludwig von Mises Institut Deutschland, 22. Februar.

Polleit, T. (2017): Bewahrt die wirtschaftliche Globalisierung. Freihandel und Polit-Globalismus sind nicht das gleiche, in: Schweizerzeit, 27. Januar, S. 20.

Polleit, T., Prollius, M. v. (2014): Geldreform. Vom schlechten Staatsgeld zum guten Marktgeld, FinanzBuch Verlag, München.

Poser, H. (2001): Wissenschaftstheorie. Eine philosophische Einführung, Philipp Reclam jun., Stuttgart.

Poser, A. M. v. (1998): Europäische Währungsunion. Der Weg zum Euro-Kapitalmarkt, 3. Aufl., Deutscher Sparkassen Verlag, Stuttgart.

Poser, A. M. v., Polleit, T. (1997): Wieviel Euro für eine D-Mark?, in: ZfgK, 14.

Puster, R. W. (2014): Dualismen und ihre Hintergründe, Hinführung zu Mises, L v.: Theorie und Geschichte. Eine Interpretation sozialer und wirtschaftlicher Entwicklung, H. Akston Verlags GmbH, München, S. 7–50.

Rogoff, K. (2001): Why Not a Global Currency?, in: AEA Papers and Proceedings, Vol. 91 (2), S. 234–247.

Rothbard, M. N. (2011): Praxeology as the Method of the Social Sciences, in: Economic Controversies, Ludwig von Mises Institute, Auburn, Alabama, S. 29–58.

Rothbard, M. N. (2011): Praxeology. The Methodology of Austrian Economics, in: Economic Controversies, Ludwig von Mises Institute, Auburn, Alabama, S. 59–79.

Rothbard, M. N. (2009): Man, Economy, and State, The Scholar's Edition, Ludwig von Mises Institute, Auburn, Alabama.

Rothbard, M. N. (1998): The Ethics of Liberty, New York University Press, New York und London.

Rothbard, M. N. (1973): For a New Liberty, 2nd edition, Ludwig von Mises Institute, Auburn, Alabama.

Rothbard, M. N. (1963): What Has Government Done to Our Money?, Ludwig von Mises Institute, Auburn, Alabama.

Salerno, J. T. (2010): Two Traditions in Modern Monetary Theory. John Law and A. R. J. Turgot, in: Money, Sound & Unsound, Ludwig von Mises Institute, Auburn, Alabama, S. 1–60.

Salerno, J. T. (2002): *Introduction* zu Rothbard, M. N.: A History of Money and Banking in the United States. The Colonial Era to World War II, Ludwig von Mises Institute, Auburn, Alabama, S. 7–43.

Stell, B. (2013): The Battle of Bretton Woods. John Maynard Keynes, Harry Dexter White, and the Making of a New World Order, Princeton University Press, Princeton und Oxford.

Störig, H. J. (2004): Kleine Weltgeschichte der Philosophie, S. Fischer Verlag GmbH, Frankfurt.

Tetens, H. (2013): Wissenschaftstheorie. Eine Einführung, C. H. Beck, München.

Tetens, H. (2006): Kants »Kritik der reinen Vernunft«. Ein systematischer Kommentar, Philipp Reclam jun., Stuttgart.

Tetens, H. (1994): Geist, Gehirn, Maschine. Philosophische Versuche über ihren Zusammenhang, Philipp Reclam jun., Stuttgart.

Tugan-Baranowsky, M. (1908): Der moderne Sozialismus in seiner geschichtlichen Entwicklung, Verlag von O. V. Böhmert, Dresden.

Vaubel, R. (1986): Currency Competition Versus Governmental Money Monopolies, in: Cato Journal, Vol. 5, No. 3, Winter, S. 927–942.

Zhou, X. (2009): Reform the International Monetary System, Governor of the People's Bank of China, BIS Review, 41, 23. März.

Anmerkungen

1 Jaspers (1988): *Vom Ursprung und Ziel der Geschichte*, S. 246.

2 Ebenda.

3 Siehe hierzu Störig (2004): *Kleine Weltgeschichte der Philosophie*, S. 197 ff.

4 So schreibt Jevons (1888): *Elementary Lessons in Logic* (S. 3): »The laws of thought are natural laws with which we have no power to interfere.«

5 Siehe hierzu Poser (2001): *Wissenschaftstheorie*, S. 108–119.

6 Apriorische Aussagen lassen sich vorab, im Vorhinein, das heißt vor jeder Wahrnehmung als wahr oder falsch einsehen. Bei ihnen geht es nicht um die zeitliche Dimension zwischen Wahrnehmung und Aussage, sondern um die Rolle der Wahrnehmung zur Begründung von Aussagen. Eine apriorische Aussage lässt sich unabhängig von Wahrnehmungen begründen oder zurückweisen (widerlegen).

7 Siehe Höffe (2007): *Immanuel Kant*, S. 57–63, insb. S. 58.

8 Zur Logik des Handelns siehe Mises (1940): *Nationalökonomie, Erster Teil*, S. 11–114; Rothbard (2009): *Man, Economy, and State*, Kapitel 1; Rothbard (2011): *Praxeology as the Method of the Social Sciences*, S. 29–58, und *Praxeology: The Methodology of Austrian Economics*, S. 59–80; Hoppe (2006): *On Praxeology and the Praxeological Foundation of Epistemology*.

9 Hierzu Mises (1957): *Theory and History*, S. 3 f. und S. 64.

10 Siehe hierzu auch zum Beispiel Tetens (1994): *Geist, Gehirn, Maschine*.

11 Das heißt übrigens *nicht*, dass alles unsicher ist. Wenn es Unsicherheit im menschlichen Handeln gibt, muss es auch Sicherheit geben; die Sicherheit ist das *logische Korrelat* zur Unsicherheit.

12 Kant (1968): *Kritik der reinen Vernunft*, B 25.

13 Ebenda, B 197.

14 Tetens (2006): *Kants »Kritik der reinen Vernunft«*, S. 35–36.

15 Die Logik des Handelns macht die Versuche, ökonomische Theorien als richtig oder falsch auszuweisen, zu *entscheidbaren Wahrheitsfragen*, um eine Formulierung des Philosophen Rolf W. Puster zu verwenden (2014, *Dualismen und ihre Hintergründe*, S. 31).

16 Mises (1940): *Nationalökonomie*, S. 20.

17 Siehe Apel (1973): *Das Apriori der Kommunikationsgemeinschaft und die Grundlagen der Ethik*; Habermas (1983): *Moralbewusstsein und kommunikatives Handeln*.

18 Siehe hierzu und im Folgenden Hoppe (2006): *On the Ultimate Justification of the Ethics of Private Property*, S. 339 ff., sowie *The Justice of Economic Efficiency*, S. 331 ff.

19 Rothbard (1982): *The Ethics of Liberty*, S. 45–50; siehe auch die Einleitung von Hoppe, insb. S. xvi–xvii.

20 Kant (1961): *Kritik der praktischen Vernunft*, S. 50 [54–55].

21 Mises (1940): *Nationalökonomie*, S. 146.

22 Siehe Mises (1940): *Nationalökonomie*, S. 55.

23 Würde man beispielsweise annehmen, dass Handeln keine Zeit erfordert – wie wäre dann ein einfaches Angebot-und-Nachfrage-Modell zu beurteilen? Wäre ein Handeln ohne zeitliche Erstreckung möglich, so wären alle Ziele, die der Handelnde verfolgt, sofort und unmittelbar erreicht – und es gäbe keinen Anlass und keine Möglichkeit zu handeln. Es gäbe dann kein Handeln mehr. Doch das lässt sich nicht widerspruchsfrei denken: Der Mensch kann nicht *nicht* handeln. Jedes noch so einfache Angebot-und-Nachfrage-Modell muss, damit es sinnvoll (und realitätsbezogen) ist, explizit oder implizit annehmen, dass jedwedes Handeln in der Zeit stattfindet. Ohne das Handeln in der Zeit gäbe es keine Angebot-und-Nachfrage-Kurve!

24 Bonn (1953): *So macht man Geschichte*, S. 53 f.

25 Mises (1940): *Nationalökonomie*, S. 387 f.

26 Zu den Grundlagen einer solchen Geschichtsinterpretation siehe Salerno (2002): »Introduction«, S. 7–43.

27 Mises (1940): *Nationalökonomie*, S. 129.

28 Mises (1940): *Nationalökonomie*, S. 128.

29 Mises (1940): *Nationalökonomie*, S. 138 f.

30 Auf den Aspekt der »Staatslosigkeit« kommen wir in Kapitel 22 noch zu sprechen.

31 Diese Auffassung geht auf Georg Friedrich Knapp (1842–1926) und sein Buch *Staatliche Theorie des Geldes* (1905) zurück.

32 Dieser Gedanke wird von Hauptstromökonomen meist nicht verfolgt. Vielmehr wird *ad hoc* argumentiert. So plädiert Rogoff (2001, *Why Not A Global Currency?*) für zumindest drei oder vier Währungen, die weltweit Bestand haben sollten. Eichengreen (2010, *Managing a Multiple Reserve Currency World*) meint, ein multiples Währungssystem wird entstehen, basierend auf US-Dollar, Euro und Renminbi.

33 Menger (1871): *Grundzüge der Volkswirthschaftslehre*, S. 259.

34 Es sei hier nur darauf hingewiesen, dass das Regressionstheorem *a priori* gilt, es lässt sich aus der Logik des menschlichen Handelns ableiten.

35 Hülsmann (2007): *Die Ethik der Geldproduktion*, S. 200.

36 Eine bekannte Definition des logischen Widerspruchs findet sich in George Orwells Dystopie *1984* (1949) in Form des *Zwiedenkens* (S. 197, kursiv im Original): »*Zwiedenken* bedeutet die Gabe, gleichzeitig zwei einander widersprechende Ansichten zu hegen und beide gelten zu lassen.« Und weiter: »Bewußte Lügen erzählen, während man ehrlich an sie glaubt.« (S. 198)

37 Solange der Einzelne sich dem Staat freiwillig unterwirft, solange er das denkt und tut, was er von Staats wegen soll, besteht scheinbar kein Problem. Das Problem wird aber offenkundig, wenn er das nicht, sondern etwas anderes will. Dann zeigt sich das hässliche Gesicht des Staates, dann zwingt ihn der Staat zum Gehorsam. Beispiel Besteuerung: Es gibt viele Menschen, die sagen, dass sie gern Steuern zahlen, dass sie Steuern nicht als Raub ansehen, weil Steuern zum Nutzen des Gemeinwesens eingesetzt werden. Doch damit können sie ihre Aussage nicht überzeugend begründen. Der Beweis besteht darin, sich die Freiheit zu nehmen und dem Staat die Steuern zu verweigern – und die Reaktion des Staates wird zeigen, welche Natur

Steuern haben: gewaltsame Enteignung, möglicherweise verbunden mit Haft oder Schlimmerem.

38 Franz Oppenheimer war der Doktorvater von Ludwig Erhard (1897–1977), der ihn sehr verehrt hat.

39 Oppenheimer (1929): *Der Staat*, S. 15.

40 Hobbes' Auffassung ist seit jeher nicht unumstritten. Während er den Urtrieb des menschlichen Handelns im »egoistischen« Verlangen nach Selbsterhaltung sieht, verorten ihn zum Beispiel Richard Cumberland (1631–1718), Samuel Pufendorf (1632–1694) und John Locke (1632–1704) in der »Geselligkeit«.

41 Gerade kleine und gut organisierte Interessengruppen beeinflussen die staatliche Gesetzgebung und Regulierung besonders wirksam zu ihren Gunsten, wie Mancur Olson (1932–1998) in seinem Buch *The Logic of Collective Action* aus dem Jahr 1965 erklärt.

42 Bastiat (2001): *Der Staat – die große Fiktion*, S. 64 f.

43 So Hoppe (2006): *Democracy: The God That Failed*, S. 229.

44 Siehe hierzu Rothbard (1963): *What Has Government Done to Our Money?*

45 371,25 Grains Feinsilber und 24,75 Grains Feingold entsprachen 1 US-Dollar; 1 Feinunze Gold (troy ounce, das sind 31,10347... Gramm) entsprach 480 Grains. Weil der Dollar als 371,25 Grains Silber definiert war, entsprach 1 Feinunze Silber etwa 1,2929 US-Dollar (480 Grains dividiert durch 371,25 Grains pro Feinunze), und der Preis für 1 Feinunze Gold entsprach etwa 19,3939 US-Dollar (480 dividiert durch 24,75). Siehe hierzu Friedman (1994): *Money Mischief*, S. 53 ff.

46 Siehe hierzu zum Beispiel Stell (2013): *The Battle of Bretton Woods.*

47 Siehe hierzu Polleit (2014): *Geldreform*, S. 247 f.

48 Fiat-Geld kann auch geschaffen werden, indem zum Beispiel die Zentralbank neues Geld druckt und damit ihre Angestellten bezahlt.

49 Siehe Mises (1953): *The Theory of Money and Credit*, S. 139–143.

50 Vereinfacht gesprochen: Wenn die Marktzinsen sinken, treibt das die Barwerte der abgezinsten künftigen Zahlungen in die Höhe – und damit auch deren Marktpreise.

51 Siehe hierzu Polleit (2019): *A Brief Note on Bank Circulation Credit and Time Preference.*

52 Mises (1940): *Nationalökonomie*, S. 404.

53 Siehe hierzu Polleit (2011): *Fiat Money and Collective Corruption*; ders. (2012): *Kollektive Korruption.*

54 Siehe Machlup (1934): *Führer durch die Krisenpolitik*, S. 41–44.

55 Mises (1940): *Nationalökonomie*, S. 524.

56 Dies lässt sich mit der logischen Schlussfigur des *Modus (tollendo) tollens* erklären: Eine akzeptierte bedingte Aussage sei »Wenn *p*, dann *q*«. Angenommen wir beobachten (oder sagen) »nicht-*q*«, dann schließen wir auf die Negation des Antezedens, also auf »nicht-*p*«. Nehmen wir an, *p* steht für die Aussage »Der Mensch handelt« und *q* für die Aussage »Der Urzins ist immer und überall positiv«. Wenn wir sagen »nicht-*q*« (also »Der Urzins ist *nicht* immer und überall positiv«), dann muss »nicht-*p*« gelten (das heißt »Der Mensch kann *nicht* handeln«). »Nicht-*p*« ist hier jedoch (praxeo-)logisch falsch: Man kann den Satz »Der Mensch handelt« nicht

widerspruchsfrei verneinen: Wer sagt »Der Mensch handelt *nicht*«, der handelt und widerspricht damit dem Gesagten. Zum *Modus tollendo tollens* siehe Cohen, Nagel (2002), S. 101–105.

57 Die Annahme eines Urzinses von null impliziert, dass es keine Knappheit im Bereich des menschlichen Handelns gibt – und das ist ein logischer Widerspruch. Siehe dazu Mises (1940): *Nationalökonomie*, S. 479 f.; auch Herbener (2013): *Comment on »A Note on Two Erroneous Ways of Defending the PTPT of Interest«*, S. 322 f.

58 Selbst die schlimmsten Erfahrungen mit dem Sozialismus – man denke an Stalin, Hitler, Mao Zedong, Pol Pot – reichen nicht aus, ihn endgültig zu diskreditieren. Das hat vor allem folgenden Grund: Im Bereich des menschlichen Handelns, der menschlichen Geschichte kann die Erfahrung niemals den überzeugenden und abschließenden Beweis dafür liefern, dass etwas so verlaufen musste, wie es verlaufen ist. Die Geschichte des menschlichen Handelns bildet stets einen Komplex vieler Einzelerscheinungen, deren jeweiliger Einfluss auf das Endresultat niemals gesondert bestimmt werden kann. Daher lassen sich aus der menschlichen Geschichte auch keine Gesetzmäßigkeiten ableiten, wie man es aus naturwissenschaftlichen Untersuchungen kennt. (Hier lässt sich in der Regel mittels Laborexperiment der isolierte Einfluss eines Faktors auf das Endergebnis herausfiltern.) Eine das menschliche Handeln betreffende Theorie wie zum Beispiel der Sozialismus kann folglich durch Erfahrung weder als wahr bestätigt noch als falsch widerlegt werden. Von eben dieser Einsicht machen die Sozialisten regen Gebrauch. Dass der Sozialismus, wo und wann er in die Tat umgesetzt wurde, nicht die erhofften Ergebnisse gebracht hat, erklären sie so: Der Sozialismus sei nicht konsequent genug umgesetzt worden. Beim nächsten Versuch müsse man beherzter vorgehen – und dann werde sich zeigen, dass der Sozialismus funktioniere. Oder beim nächsten Mal müssten nur fähigere Personen an den Schaltstellen des Sozialismus platziert werden, und sie würden den Sozialismus schon zum Sieg führen und wie versprochen eine gerechtere und friedvollere Welt erschaffen. Viele weitere Ausflüchte und Rechtfertigungsversuche ließen sich anführen, mit denen das Scheitern des Sozialismus und die Schrecken, die er den Menschen bringt, entschuldigt werden. Zur Geschichte des Sozialismus siehe Kuehnelt-Leddihn (1990): *Leftism Revisited*, insb. Teil II, »Leftism in History«, S. 33 ff.

59 Siehe Mises (1932): *Die Gemeinwirtschaft*, insb. 1. Teil, III. § 4., S. 56–61.

60 Siehe Polleit (2017): *Bewahrt die wirtschaftliche Globalisierung.*

61 Siehe dazu Hoppe (1983): *Kritik der kausalwissenschaftlichen Sozialforschung*, S. 11–15, S. 25–29 und S. 44–49 und hier Kapitel 3.

62 Zu den Grenzen des Zukunftswissens siehe Tetens (2013): *Wissenschaftstheorie*, S. 94 ff.

63 Andreski (1972): *Die Hexenmeister der Sozialwissenschaften*, S. 16.

64 Mises (1940): *Nationalökonomie*, S. 25.

65 Leopold Kohr (2001, *The Breakdown of Nations*, S. 74) schreibt dazu unverblümt: »The League of Nations was the product of World War I, and the United Nations of World War II. None of these glorified vast-scale organizations was ever worth its price, and it makes one shudder to think of the price of an ultimate single World State.«

66 So beispielsweise Münkler (2005) in seinem Buch *Imperien*. Er spricht zwar ausdrücklich »Die Logik der Weltherrschaft« (im Untertitel des Buches) an und stellt auch »die Rationalität der Akteure, eben auf die Logik der Weltherrschaft« (S. 9) ab.

Die handlungslogische Einsicht, dass der Staat einen (eigentumsverletzenden) aggressiven Expansionsdrang hat, bleibt dabei jedoch außen vor.

67 193 Staaten sind Mitglieder der Vereinten Nationen, zwei sind es nicht (Vatikanstadt und Palästina); nicht berücksichtigt sind Taiwan, die Cook Islands, Niue, Abhängige *(Dependencies)* und andere.

68 Das ist eine Gegenposition zu der weitverbreiteten Auffassung, auf der Welt würde sich ein *Gleichgewicht* zwischen wenigen großen Staaten einspielen. So argumentierte zum Beispiel noch George Bernard Shaw (1856–1950), Mitglied der sozialistischen intellektuellen *Fabian Society*: »... The world is to the big and powerful states by necessity: and the little ones must come within their borders or be crushed out of existence«, zitiert nach Halevy (1929): *A History of the English People*, Fußnote 1, S. 105.

69 Der Begriff *Progressionstheorem*, er stammt von Joseph T. Salerno (2010, *Two Traditions in Monetary Theory*, S. 49), bezeichnet kurz gesprochen ein *pfadabhängiges Voranschreiten im handlungslogischen Denken*: Welche logischen Konsequenzen resultieren, wenn unter bestimmten Bedingungen, die durch das vorangehende Handeln geschaffen wurden, gehandelt wird? Hierzu zum Beispiel auch Hülsmann (1997): *Political Unification*.

70 Im demokratischen Sozialismus – wie in jeder Demokratie – entbrennt der Kampf um Vorrechte: Jeder versucht, dem anderen zuvorzukommen, mehr Privilegien einzuheimsen als die anderen. Dabei wird es immer Gewinner und Verlierer geben – allein schon deswegen, weil es nicht Privilegien für alle geben kann!

71 Man kann auch *zentralistischer Sozialismus* sagen. Siehe hierzu Tugan-Baranowsky (1908): *Der moderne Sozialismus in seiner geschichtlichen Entwicklung*, S. 132.

72 Die Fremdherrschaft, der ein Individuum ausgesetzt ist, gibt es außen und innen. Damals wie heute ist die Fremdherrschaft von innen meist weniger anschaulich als die von außen.

73 Herder (1794): *Ideen zur Philosophie der Geschichte der Menschheit*, S. 315. Mit Blick auf Europa äußerte sich der französische Schriftsteller Michel Houellebecq (* 1958) ganz in dem Sinne Herders: »Es ist meine Überzeugung, dass wir in Europa weder eine gemeinsame Sprache noch gemeinsame Werte haben oder gemeinsame Interessen, dass, in einem Wort, Europa nicht existiert und dass es nie ein Volk bilden oder eine mögliche Demokratie unterstützen wird, einfach deshalb, weil es kein Volk bilden will. Europa ist nur eine dumme Idee, die sich in einen schlechten Traum verwandelt hat, aus dem wir vielleicht erwachen sollten.« Zitiert nach Lühmann (2017): »Europa, eine dämliche Idee«.

74 Als Faustregel gilt: Je größer die Zuwanderungszahl pro Jahr ist im Vergleich zur Bevölkerung im Zuwanderungsland, desto größer ist die Wahrscheinlichkeit, dass die Zuwanderer sich nicht assimilieren.

75 Darauf weist Mises (1919): *Nation, Staat und Wirtschaft*, S. 31–45, hin.

76 Dieser Gedanke findet sich zum Beispiel bei Hayek (2001): *The Road to Serfdom*, S. 144: »The belief in the community of aims and interests with fellow-men seems to presuppose a greater degree of similarity of outlook and thought than exists between men merely as human beings.«

77 Neben Michels zählen zu den bedeutenden Denkern, die sich mit der Elitenherrschaft beschäftigt haben, Vilfredo Pareto (1848–1923), Gaetano Mosca (1858–1941)

und José Ortega y Gasset (1883–1955). Der britische Historiker Niall Ferguson (* 1964) hat die Thematik jüngst in seinem Buch *The Square and the Tower* (2017, dt. Ausg.: »Türme und Plätze«) einer neuen Perspektive unterzogen: als Wettbewerb zwischen Hierarchien und Netzwerken.

78 Schon Friedrich August von Hayek hatte sich 1944 eingehend mit der Frage beschäftigt: Warum gelangen in sozialistischen Apparaturen die Schlimmsten an die Spitze? Siehe hierzu Hayek (2001): *The Road to Serfdom,* Kapitel 10, »Why the Worst Get on Top«, S. 138–156.

79 Hayek (1960): *Die Verfassung der Freiheit,* S. 369.

80 Einen guten Überblick gibt die Federal Reserve Bank of Boston (1984): *The International Monetary System: Forty Years After Bretton Woods.*

81 Zu den Details siehe International Monetary Fund (1969): *The International Monetary Fund, 1945–1965,* S. 3–96.

82 Siehe hierzu Mundell (1999): *The International Monetary System and the Case for a World Currency,* S. 7; er führt hier fünf Gründe ins Feld.

83 Streng genommen steigt die globale Geldmenge nur dann, wenn ein Land, das vom IWF bestimmt wird, einem anderen Land einen Betrag in der eigenen Währung bereitzustellen, dafür die eigene Geldmenge ausweitet.

84 Siehe hierzu Bundesbank (2010): *Finanzierung und Repräsentanz im Internationalen Währungsfonds,* S. 57–58.

85 Siehe hierzu zum Beispiel Poser (1998): *Europäische Währungsunion.*

86 Deutschland hat damit im EZB-Rat das gleiche Stimmrecht wie Luxemburg oder Slowenien.

87 Siehe zum Beispiel Poser, Polleit (1997): *Wieviel Euro für eine D-Mark?*

88 Einen Überblick geben Borio und Toniolo (2006): *One Hundred and Thirty Years of Central Bank Cooperation: A BIS Perspective.* Als Beispiel sei die Deutsche Golddiskontbank genannt, die 1924 gegründet wurde, um den deutschen Außenhandel zu fördern und benötigte Devisen zu erwirtschaften. Möglich wurde dies, weil die Bank von England auf Bitten der Reichsbank bereit war, der neuen Bank Pfund-Kredite zu gewähren. Siehe Boyle (1967): *Montagu Norman,* S. 172–173.

89 Siehe zum Beispiel LeBor (2014): *Tower of Basel: The Shadowy History of the Secret Bank That Runs the World.*

90 Zur Rolle der Bank von England in dieser Zeit siehe Einzig (1932): *Montagu Norman: A Study in Financial Statesmanship, Capital VI.*

91 Siehe hierzu Borio und Toniolo (2006): *One Hundred and Thirty Years of Central Bank Cooperation: A BIS Perspective,* Tabelle 2, S. 4.

92 Beispielsweise beliefen sich im März 2019 die jederzeit fälligen Sichtverbindlichkeiten der Euro-Banken auf 7.281 Milliarden Euro. Die Guthaben, die die Euro-Banken bei der EZB hielten – und die in Bargeld eingetauscht werden konnten –, betrugen aber nur 1.972 Milliarden Euro.

93 In den Kreis des US-Dollar-Liquidität-Swap-Abkommens wurden nachfolgend weitere Zentralbanken aufgenommen: Reserve Bank of Australia, Banco Central do Brasil, Bank of Canada, Danmarks Nationalbank, Bank of England, Bank of Japan, Bank of Korea, Banco de Mexico, Reserve Bank of New Zealand, Norges Bank, Monetary Authority of Singapore und Sveriges Riksbank. Im November 2011 vereinbarte die Fed

zudem Liquidität-Swap-Abkommen in Fremdwährungen mit der Bank of Canada, Bank of England, Bank of Japan, Europäischen Zentralbank und Schweizer Nationalbank. Dadurch wurde für US-Banken ein problemloser Zugang zu Fremdwährungen gesichert. Am 31. Oktober 2013 erschien dazu übrigens eine knappe Pressemitteilung: Die Zentralbanken gaben bekannt, dass sie ihre bestehenden, *bisher befristeten* Liquidität-Swap-Abkommen in *unbefristete* Abkommen überführt haben.

94 Machlup (1934): *Führer durch die Krisenpolitik*, S. 160.

95 Im August 1971 beendete die US-Regierung die Goldeinlösbarkeit des US-Dollar. Im März 1973 beschloss die G10, dass sechs Mitglieder der Europäischen Gemeinschaft ihre Währungen mit festen Wechselkursen versahen und fortan gegenüber dem US-Dollar einen flexiblen Wechselkurs haben sollten. Das markierte gewissermaßen das wirkliche Ende des Systems von Bretton Woods.

96 Siehe Carney (2019): *The Growing Challenges for Monetary Policy in the Current International Monetary and Financial System*, S. 15: »As a consequence, it is an open question whether such a new Synthetic Hegemonic Currency (SHC) would be best provided by the public sector, perhaps through a network of central bank digital currencies.«

97 Zhou (2009): *Reform the International Monetary System*, insb. S. 2.

98 Vertreter der Bank von England haben sich schon frühzeitig mit dieser Thematik beschäftigt. Siehe hierzu Broadbent (2016): *Central Banks and Digital Currencies*.

99 Die Kollaboration wurde nun allerdings durch den Amtsantritt von US-Präsident Donald J. Trump im Januar 2017 empfindlich gestört.

100 Es sei erwähnt, dass sich die Erwartung, China werde sich von der Diktatur der Kommunistischen Partei lösen und sich der Demokratie zuwenden, bislang nicht bestätigt hat. Eher scheint das Gegenteil der Fall zu sein: Der Nationale Volkskongress, das chinesische Pseudoparlament, hat Präsident Xi Jinping im März 2018 eine Regentschaft auf Lebenszeit abgesichert. Mao Zedong hatte noch 1982 Partei und Regierung getrennt, und er hatte auch eine Regelung eingeführt, nach der es alle zehn Jahre zu einem Führungswechsel kommt. Xi Jinpings Ermächtigung muss Erinnerungen an die Willkürherrschaft wecken.

101 Siehe hierzu Marx, Engels (1946; zuerst 1848): *Manifest der Kommunistischen Partei*.

102 Ludwig von Mises schrieb hellsichtig schon 1912 in *Theorie des Geldes und der Umlaufsmittel* dazu (S. 475 f.): »Die einzige Weltumlaufsmittelbank oder das Weltkartell der Umlaufsmittelbanken werden es in der Hand haben, die Umlaufsmittelzirkulation schrankenlos zu vermehren.«

103 Wem kommt der Zinsverlust der Bankkunden zugute? Die Banken buchen 4 Prozent vom Guthaben der Kunden ab und überweisen das Geld an die Zentralbank, die dann das Geld (als Gewinnausschüttung) auf das Konto des Staates überweist. Es sind also letztlich der Staat und die von ihm privilegierten Gruppen, die an der Enteignung der Sparer verdienen.

104 Ein einzelner Geldhalter kann zwar seine Sichteinlage gegen, sagen wir, eine Aktie eintauschen. Der Verkäufer der Aktie wird jedoch dann Besitzer der Sichteinlage, sie verschwindet folglich dadurch nicht aus dem Geldsystem.

105 Durch die Kreditaufnahme bei der Weltzentralbank gewinnen sie 2 Euro (sie leihen sich 100 Euro und zahlen nach einem Jahr 98 Euro zurück), und durch die Kreditvergabe verlieren sie 1 Euro (sie leihen 100 Euro und bekommen 99 Euro nach einem Jahr zurück).

106 Man spricht besser von Krypto*einheiten*, denn viele der sogenannten Krypto*währungen* verdienen (noch) nicht die Bezeichnung *Währung* oder *Geld*, weil sie bislang noch kein (sehr) verbreitetes, kein allgemeines Tauschmittel sind.

107 Beispielsweise weil immer mehr Investoren ihre Wertpapiere verkaufen. Im Markt steigt das Angebot, sodass bei unveränderter Wertpapiernachfrage die Kurse fallen beziehungsweise die Marktzinsen steigen.

108 Siehe hierzu Harwick (2016): *Cryptocurrency and the Problem of Intermediation.*

109 Mises (1953): *The Theory of Money and Credit*, S. 414.

110 Ebenda.

111 Siehe hierzu Laughlin (1903): *The Principles of Money*, S. 40–43.

112 Siehe dazu Dürr (2006): *Entstaatlichung der Rechtsordnung.*

113 Mises (1923): *Die geldtheoretische Seite des Stabilisierungsproblems*, S. 37.

114 Siehe hierzu Kapitel 7.

115 Siehe zum Beispiel Rothbard (1973): *For a New Liberty*, Teil II, 11., 12. und 13., S. 249 ff.; auch Hoppe (2006): *Democracy: The God That Failed*, S. 239 ff.; ders. (2012): *Der Wettbewerb der Gauner*, S. 73 ff.; auch Block (2009): *The Privatization of Roads and Highways.*

116 Rothbard (1973): *For a New Liberty*, S. 67 (eigene Übersetzung).

117 Kant (1783): *Beantwortung der Frage: Was ist Aufklärung?*, S. 516.

118 Für eine Übersicht der Argumente siehe Polleit (2019): *Kritik der ökonomischen Erkenntnis.*

119 Siehe an dieser Stelle Hoppe (2007): *Economic Science and the Austrian Method*, S. 17–22.

120 Diese Formulierung verwendet Höffe (2007): *Immanuel Kant*, S. 43; siehe auch Janich (2015): *Handwerk und Mundwerk*. Er weist darauf hin, dass man meistens von *Körper* spricht, wenn eigentlich *Leib* gemeint ist (S. 227): »Der Unterschie

d ist einfach zu benennen: ein Teil eines Körpers ist wieder ein Körper; ein Teil eines Leibes ist aber nicht selbst ein Leib, weil er nämlich abgetrennt nicht lebensfähig ist.«

121 Siehe hierzu Mises (1940): Nationalökonomie, S. 36 f.

122 Tetens (2006): *Kants »Kritik der reinen Vernunft«*, S. 113.

123 Mises (1940) : *Nationalökonomie*, S. 20.

Über den Autor

Thorsten Polleit, geboren 1967, ist seit April 2012 Chefvolkswirt der Degussa, Europas größtem Edelmetallhandelshaus. Zuvor war er 15 Jahre im internationalen Investment-Banking tätig. Von 2014 bis 2018 war er Honorarprofessor für Volkswirtschaftslehre an der Universität Bayreuth. Thorsten Polleit wurde mit dem O.P. Alford III Prize in Libertarian Scholarship ausgezeichnet. Er ist Adjunct Scholar am Ludwig von Mises Institute, Auburn, Alabama, USA, und Präsident des Ludwig von Mises Institute Deutschland. Thorsten Polleit ist Mitgründer eines Alternative Investment Fund (AIF). Seine private Webseite ist: *www.thorsten-polleit.com.*

Vom intelligenten Investieren

Thorsten Polleit

Gibt es zeitlose Prinzipien für erfolgreiches Investieren? Thorsten sagt: Ja, es gibt sie! Wer sie verinnerlicht und konsequent anwendet, vermeidet unnötige Fehler und hat eine gute Ausgangsposition, um erfolgreich investieren zu können. Der Autor empfiehlt, von den besten Investoren zu lernen – denjenigen, die über lange Zeit hohe Renditen auf das eingesetzte Kapital erzielt haben und dabei umsichtig mit den Risiken des Investierens umgegangen sind. Zu ihnen zählen Namen wie zum Beispiel Benjamin Graham, Warren E. Buffett, Charles T. Munger und Philip A. Fisher.
Der Leser findet in diesem Buch die wichtigsten Prinzipien für intelligentes Investieren – zusammengestellt in einer komprimierten, verständlichen und gut lesbaren Form.

256 Seiten | Hardcover | 14,99 € (D) | 15,50 € (A) | ISBN 978-3-95972-134-9

Crashkurs Geld

Andreas Marquart

Warum verliert unser Geld stetig an Kaufkraft? Wieso schlittern wir von einer Wirtschaftskrise in die nächste? Und würde besseres Geld gar unsere Umwelt schonen und Kriege verhindern? Andreas Marquart liefert die Antworten auf diese und weitere Fragen, bei denen sich Politik und vermeintliche Experten immer wieder aufs Neue im Kreis drehen.
Unabhängig von der betrachteten Währung, ob Euro, US-Dollar, Schweizer Franken oder chinesischer Yuan, die Probleme reiner Papiergeldwährungen sind überall auf der Welt gleich. Warum wird dennoch an einem solch nachteiligen System festgehalten? Diesen und anderen Sachverhalten rund ums Papiergeld geht dieses Buch auf den Grund. Er legt den Finger in die Wunde und serviert Argumente, bei denen der gesunde Menschenverstand sagt: »Ja, logisch!« Dabei zeigt er auch Wege, wie es besser geht, getreu dem Prinzip: Gutes Geld – schöne Welt.

176 Seiten | Hardcover | 16,99 € (D) | 17,50 € (A) | ISBN 978-3-95972-233-9